항우를 이긴

유방을 경영한

장량의 비책

황석공 소서 素書

註解 한의학박사 김태희

우공출판사

★ 세창서관에서 간행된 비서삼종(祕書三種)1) 중 황석공소서(장상영주註)를 기본으로 하고 도장(道藏)2)에 수록된 황석공 소서 중 장상영주註와 위노주註를 참고하여 세창서관 본에 도장의 위노주註를 합하였다.

★ 장상영이 주한 것을 "장주", 위노가 주한 것을 "위주"라 함

★ 본문에서 세창서관본과 도장본이 다른 부분이 있을 경우, 도장에 있는 장상영주는 "도장"이라 표시하고 도장의 위노주는 "위노주"라 표시했다.

★ 본문이 장상영주에는 없으나 위노주에는 있는 것은 "魏○"으로 표시하였다.

★ 장주에는 문장이 붙어 있으나 위노주에 본문이 떨어져 있는 경우 세창서관본을 위주로 하였고,
위노주에서 떨어져 있는 부분은 원문에서 [魏註]를 따로 표시 하여 구분하였고 주해에서는 구분하지 않았다.
문장이 떨어져 있다는 것이 의미의 차이를 나타내지 않는다고 보았기 때문이다.

★ 원문에서 장주와 위주가 서로 다른 부분은 'MD이솝체'로 표시하였다.

★ 조선왕조실록3)과 승정원일기4) 중에서 본문의 내용을 이해하는데 도움이 된다고 생각되는 부분을 그대로 인용하였다.

★ 필요한 한자는 문장의 끝에 ※를 달아 자전 찾기를 했다.

★ 역사적 사실 또는 인물에 대해 백도백과5)에서 인용, 편집하여 번역하였고 별도 표시하지는 않았다.

---

1) 비서삼종(황석공소서) 세창서관, 서울, 1966
2) 李一民. 道藏. 文物出版社 上海書局 天津古籍出版社
3) 국사편찬위원회 조선왕조실록 http://sillok.history.go.kr
4) 한국고전DB. sjw.history.go.kr.
5) baidu百科 baike.baidu.com

인간사 판단의 기준을 제시한 소서를 주해하면서

1. 우물 안 개구리

　책을 볼 때마다 몰랐던 것이 나타나 그 동안 우물 안 개구리였었나 하는 생각을 지울 수가 없었다. 우물 속이라는 좁은 범위 내에서 다 알고 있었다고 자부했던 것이 부끄러운 것이다. 이와 비슷한 말로 관규管窺가 있다. 관을 통해 바깥을 본다는 것인데 관 바깥은 보이지 않기 때문에 전체적으로 다 보지 못하고 좁은 소견을 말할 때 쓰이는 말이다.

　또 높이 올라갈수록 멀리 보인다는 말도 있고, 무식할수록 용감하다는 말이 있다.

　높이 올라갈수록 멀리 보인다는 것은 계단 오르듯 하나씩 오르면서 올라간 만큼 앞이 멀리 보이는 것을 말하는데 처음에는 그렇다. 하지만 오르면 오를수록 멀리 보일 것 같았는데 어느 순간부터 갑자기 앞을 막아 아무것도 보이지 않는 벽이 생기기 시작했다. 처음엔 3개월마다 6개월마다 생기더니 2-3년에 한 번씩 생기곤 했는데 밑도 끝도 없는 벽이라 답답하기가 말할 수 없다. 얼마 전까지 저 멀리 보이던 실 같이 보이던 것이 더 올라보니 시냇물인 것을 알게 되고 더 올라가보니 시냇물 속에 있는 세세한 것들까지도 보이게 되었다. 언제부턴가 멀리 보이면서 더 가깝고 확대되어 보이기 시작하였다. 산에 오를수록 멀리 보이지만 작게 보이는 것과는 확실히 다른 것이다. 하지만 갑자기 나타나는 벽이 주는 답답함에 실같이 보이던 것이 시냇물이던 도랑이던 무슨 소용이 있나하는 생각도 들고, 벽이 나타나면 그냥 뒤돌아서라고 마음먹은 적이 많았다. 이런 과정이 반복되자 이제까지 알고 있었던 모든 것이 잘못된 이론으로 들어나게 되고 다시 이론을 세우기를 여러 차례 하였다. 하지 않으리라 마음먹어도 어느새 뒤돌아 벽을 허물고 있었고 앞이 보이게 되면 잠깐은 기쁨을 느끼지만 또 벽이 나타나고 올라간 것도 아주 조금씩만 올라 가있는 것을 알았다. 잠깐 느끼는 작은 기쁨 때문에 계속해서 벽을 허물고 가지만 끝이 어딘지 모르고 아직도 더 멀리 보지 못해 모르는 부분이 많다는 것은 이때까지 올라온 것을 돌아보면 당연히 알 수 있는 것이다. 정말 끝이 없다는 걸 알게 된 것이다. 그래도 주위에 나처럼 다른 계단을 오르는 사람들이 언제부턴가 보여 그다지 외롭지만은 않은 것 같다.

2. 황석공 소서의 구입

　대학 다닐 때 같은 과 같은 학년에 한 친구가 있었다. 성품이 조용하고 부드러웠는데, 가끔

궁금한 것을 물어보면 답을 해주어 항상 나보다 많은 책을 보고 있구나 생각을 했다. 언제인가 얘기하는 도중 이 친구가 소서를 권했다. 그 친구가 권하는 책이니 당장 서점에 갔더니 없어서 어렵게 세창서관을 찾아가서 구했다. 그 후 대학에 있을 때는 대학원생들에게도 추천 했으니 한의서를 제외하고 오랫동안 본 책이며 이 책의 덕을 많이 보았다 생각하고 있다. 이 친구 박원장은 지금도 개업의로 있으면서 연구를 계속하여 얼마 전 영추 장은암주註를 번역하여 책을 보내 주었다. 한의학에서 가장 기본이 되는 책이 황제내경이다. 내경은 소문과 영추로 구성되어 있는데 영추경은 침에 대한 이론이 많아 침경針經이라고도 한다. 소문보다 구체적인 면이 있지만 이해가 쉽지는 않다. 여러 의가醫家들이 주를 했는데 이 친구는 그 중 장은암의 주를 제일로 보았고 이를 번역하여 '황제내경 영추집주'를 출간했다. 모처럼 내용을 잘 알고 쓴 글인데다 조용하고 부드러운 문체를 보니 그를 보는 듯해 반가웠다.

3. 한문의 번역에 대하여

사람들은 한문을 전공자를 제외하면 거의 읽지 않는 경향이 있다. 더욱이 한문 즉 고문古文과 백화문은 다른데 마치 우리의 고문과 현대문이 다른 것과 같다. 중국어는 잘 하지만 한문은 현재 중국 사람들조차도 독해를 잘 하지 못하니 우리나라 사람들은 더 말할 나위가 없다.

온고지신溫故知新이라 하니 한문으로 된 많은 서적을 한글로 번역해야 하는 필요성이 있다. 하지만 번역을 할 때 상당한 고민을 해야 하는 부분이 있다. 원문의 뜻과 느낌을 살려 현재의 우리말로 표현해야 하는데 이것이 한문만 안다고 되는 것이 아니라 우리말과 문장을 구성하는 능력이 있어야 가능한 일이다. 이 능력이 부족하니 할 수 없이 가능한 직역을 하여 느낌을 살리고, 주석을 달아 뜻을 이해하도록 하였으나 모든 것이 다 전달되었다고 보기에 뭔가 부족한 점이 있었다. 그래서 직역을 조금 완화시키고 원문을 같이 실어보기로 했다. 사실 한자로 된 원문이 많을수록 판매에는 손해가 날 것이 뻔하다는 것을 몇 번의 출판 경험으로 알고 있다. 완벽한 번역을 못했다는 사실을 감추기도 하고 더 깊은 이해를 원하는 사람들을 위해서라는 변명을 핑계로 원문을 싣기로 한 것이다.

4. 번역의 목적

이 책을 처음부터 번역하고자 한 것은 아니었다. 혼자 읽는 것으로 만족했기 때문이다.

진단학을 하다 보니 치법治法에 관한 서적이나 내용이 부족함을 알아 이에 대해 상당한 오랜 기간 동안 정리를 하였다. 결국 치법의 대 원칙이 무엇이고 어떻게 변화하여 적용하게 하느냐를 설명할 수 있겠다 생각이 들었고 적절한 설명을 이 황석공 소서를 통해 가능하겠다고 보았다.

한의학의 근간을 이루는 이론 중 하나는 음양이론이다.

이 음양이론은 주역에서 근거한다고 하고, 주역은 변화를 말한다고 하여 변화를 강조한다. 따라서 한의학에서도 이를 인용하여 '변화'를 강조하여 각자 다 다른 것이 정상인 것처럼 말하고 있다. 하지만 고전 중 특히 임상기록을 적은 수많은 책(한의학에서는 의안醫案이라 한다)을 보면 각기 다른 시대를 살았지만 그들 경험의 기록은 모두 일치한다. 결국은 정해진 규칙이 있고 이 규칙이 한의학이론인 것이다. 이들은 모두 실제 임상을 통해 만들어진 것으로 요즘의 임상실험과 같은 것으로 볼 수 있다. 이 책에서도 '此乃數之所得이니 不可與理違니라'한 것처럼 경우의 수가 많아도 이치는 정해져 있다는 것이다.

치법에 대한 설명도 황석공 소서를 빌어 설명하면 한의학의 주된 이론이 음양이론이고, 이를 알려면 주역부터 공부해야 한다고 하면서 변화만 말하게 되는 잘못을 저지르기 쉬울 것 같다는 생각이 들었다.

그래서 치법과 소서를 관련지어 설명하는 것을 포기하기로 했다.

오히려 이 책이 가지고 있는 살면서 지혜를 얻을 수 있는 부분이 많으므로 이 부분을 전하는 것도 상당한 뜻이 있을 거라 생각한다.

번역을 하는 동안 우연히 여러 곳에서 번역하여 블로그에 실을 글을 많이 볼 수 있었고, 우리나라에서는 현토하여 출간되었고, 중국에서도 최근까지 지속적으로 출판되고 있다.

많은 관심을 가지고 있다는 증거일 것이다.

하나 원문이나 번역 상 오류가 발견되기도 하였다. 필자도 충실히 번역하였다고 하나 역시 완벽하다고 자신 있게 말할 수는 없다. 그리고 더 노력한다고 나아지지 않는 것이 필자의 전부인 것이다.

2020년

한의학 박사　海遠 **김 태 희**

목 차

제1편: 주해

序 ··· 1
제1장 原始 ·· 7
제2장 正道 ·· 19
제3장 求人之志 ·· 25
제4장 本德宗道 ·· 66
제5장 遵義 ·· 88
    위노주에만 있는 문장 ·· 142
제6장 安禮 ·· 143
    장주에만 있는 문장 ·· 176
    위노주에만 있는 문장 ·· 198

제2편: 원문

序 ··· 1
제1장 原始 ·· 3
제2장 正道 ·· 7
제3장 求人之志 ·· 9
제4장 本德宗道 ·· 13
제5장 遵義 ·· 17
    위노주에만 있는 문장 ·· 26
제6장 安禮 ·· 27
    장주에만 있는 문장 ·· 33
    위노주에만 있는 문장 ·· 37

제1편: 주해

黃石公素書序

　　黃石公素書六篇은 按前漢列傳애 黃石公이 圯橋所授子房素書이니 世人이 多以三略으로 爲是나 盖傳之者이 誤也라. 晋亂에 有盜이 發子房塚하야 於玉枕中에 獲此書하니 凡一千三百三十六言이라 上有秘戒호대 不許傳於不道不神不聖不賢之人하고 非其人이면 必受其殃이오 得人不傳이면 亦受其殃이라하니 嗚乎이라 其愼重이 如此로다.

□해석▶ 황석공소서 여섯 편은 전한열전에 보면 황석공이 이교다리에서 장자방에게 소서를 주었다고 하는데 세상 많은 사람들이 이 책을 삼략[6]이라고 하나 잘못 전해진 것이다. 진나라의 혼란[7] 중에 도독이 장자방의 묘를 도굴하여 벼개에서 이 책을 찾았다 하니 모두 1336자로 되어 있다. 첫 머리에 비전할 때 경계해야 하는 말이 있는데 도를 갖춘 사람이 아니거나不道, 신을 갖춘 사람이 아니거나不神, 성인이 아니거나不聖, 현인이 아닌不賢 사람에게 전해지는 것을 허락하지 않으므로, 비전 받을 수 있는 자격이 있는 사람이 아닌데 전해진다면 반드시 재앙이 있을 것이요, 그러한 자격이 있는 사람을 만났는데도 전하지 않는다면 역시 재앙이 있을 것이라 했다. 오호라 그 신중함이 이와 같다.

---

[6] 삼략은 무경칠서(武經七書) 중 하나로 황석공소서와는 다른 책이다. 자세한 내용은 ≪三略直解≫解題, 金成愛, 동양고전종합DB db.cyberseodang.or.kr ▶ PopBookInfo 참조

[7] 유비, 조조, 손권의 삼국시대를 지나 조조의 위나라가 권력을 잡았다. 3대 조방에 이르러 조상이 전횡을 하며 대립하던 사마의를 항상 주의하였다. 형주자사로 부임하러 간 이승이 사마의의 풍병을 빙자하여 더 이상 회복하기 힘든 것처럼 한 속임수에 넘어갔다. 이승의 말을 들은 조상은 안심하고 사냥을 즐겼는데 이때를 틈타 249년 고평능의 변을 일으켜 조씨의 위나라를 제거하고 사마염이 266년 진(晉)나라를 세우게 된다.

★ 진秦나라 시황제는 BC221년 천하를 통일한 후 BC218년 순행을 하던 중 장량과 창해역사가 철퇴를 던졌으나 맞지 않았다. 이후 장량은 숨어 지내다 이교에서 황석공을 만나 이 책을 전해 받았다. 시황제는 BC211년 다섯 번째 순행을 하던 중 병세가 악화되어 BC210년에 사망했다. 당시 동행하던 호해를 조고가 주축이 되어 황제로 모시고 장자인 부소와 몽염 장군에게는 불효와 불충으로 자살하도록 유서를 변조하여 자결하게 하였다. 당시 승상이며 조고의 일을 방조하였던 이사는 결국 조고의 모함으로 허리를 잘리는 요참형腰斬刑을 당하여 죽었다. 실력이나 권력이 월등히 우월했던 이사가 조고에게 죽임을 당한 것에 대해서 생각해 볼 점이 있다하겠다. 조고는 호해를 허수아비 황제로 만들어 권력을 남용하였고 사회는 혼란해지기 시작했다. BC209년에 진승·오광의 반란이 일어나 전국적으로 소란한 상태가 되었고 이 당시 항우와 유방의 활약이 컸었다.

공자 영이 BC206년 10월 함양으로 먼저 들어온 유방에게 항복하여 진은 완전 멸망하였다.

BC 202년 유방의 군대가 항우를 해하(안휘성)에서 포위하고 11월에 탈출하던 항우를 오강의 나룻터(안휘성 동북쪽)로 몰아내 자살하게 하였고 한나라를 세웠다.

黃石公은 得子房而傳之하고 子房은 不得其傳而 葬之러니 後五百餘年 而盜이獲之하야 自是로 素書이 始傳於人間이나 然이나 其傳者는 特黃石公之言이라 而公之意을 豈可以言盡哉아. 余이 竊嘗評之컨대 天人之道이 未嘗不相爲用이니 古之聖賢이 皆盡心焉이라.

◎해석◎ 황석공은 자방을 만나 전하였고 자방은 그 전할 사람을 만나지 못해 묘에 같이 묻어 버렸다. 훗날 500여년이 지나 도둑이 훔쳐서 이로 인해 소서가 비로소 세상에 전해지게 되었다. 그러나 전해지는 것이 특히 황석공이란 사람의 말을 통해서이기 때문에 황석공의 뜻을 어찌 말로 다 표현할 수 있겠는가. 내가 살면서 살펴 평론해 보건데 하늘과 사람의 도가 서로 쓰임이 되지 않는 경우가 없는데 옛날의 성현들이 모두 그 마음을 다하여 도를 말한 것일 것이다.

堯는 欽若昊天[8]하시고 舜은 齊七政[9]하시고 禹는 敍九疇하시고 傅說[10]

---

8) 서전書傳 부언해附諺解 학민문화사영인 권1 요전堯典 p68 "乃命羲和하사 欽若昊天하여 曆象日月星辰하여 敬授人時" 羲和 희씨, 화씨. 欽공경하다. 昊하늘호 큰모양호. 曆所以紀數之書즉 달력을 말함. 象所以觀天之

은 陳天道하고 文王은 重八卦하시고 周公은 設天地四時之官하시며 又立三公11)하야 以燮理陰陽히시고 孔子는 欲無言12)하시고 老聃은 健之以常無有하시고 陰符經13)애 曰 宇宙이 在乎手하고 萬化이 生乎身이라 하니 道至於此則鬼神變化이 皆不能逃吾之術이온 而況於刑名14)度數15)之間者歟아.

◉해석◉ 요임금은 하늘을 공경하시고 순임금은 칠정을 갖추고 우임금은 이 세상을 아홉으로 나누어 구주로 구분하고, 부열은 천도를 진술하고 문왕은 팔괘를 다시 세우고 주공은 천지사시를 살피는 관청을 세우고 또 삼공을 만들어 음양의 이치에 맞도록 조화롭고 순리에 따르는 정치를 하도록 하셨고, 공자는 하늘이 말을 하지 않아도 사시가 저절로 돌아가고 만물이 저절로 생겨나는 것처럼 말을 하지 않으려 했고 노자는 무유를 항상 지키게 하시고 음부경에 말하기를 우주가 손안에 있고 만물의 변화가 우리 몸에서

器如下篇璣衡之屬是也상은 하늘을 관찰하는 기구로 다음 편에 나오는 기(璣)와 형(衡) 등이 이에 속한다. 人時謂耕穫之候 凡民事早晩之所關也인시는 경작하고 수확하는 시기를 말하며 대개 백성의 농사일을 일찍 시작하거나 늦게 시작하는데 관련한 것이다. 기후가 빨리 시작하거나 늦게 시작하는 해가 있으므로 달력으로 이를 미리 공포를 하여 농사일에 도움을 주는 일이 제왕의 일 중 하나였고 이를 정리하는 것이 가장 급한 일 중 하나다.
9) 서전 상개서 권1 순전舜典 p125,126 : "正月上日 受終於文祖 在璿璣玉衡以齊七政 上日 朔日也 葉氏曰上旬之日. 受終者舜於是終帝位之事 而舜受之也. 文祖者堯始祖之廟 未詳所指爲何人也. 在 察也": 정월 초하루 요의 사당에서 요가 제왕의 업무를 마치고 순이 그 일을 이어 받았다. 선기와 옥형을 관찰하여 일곱 가지 정책(즉 일 월 오성)을 가지런히 정리했다. 세수(歲首)를 세운다는 것은 정월 초하루를 어느 달로 하느냐를 정하는 것으로, 고대 중국에서는 제왕이 창업한 다음에는 반드시 이를 새로 정하였다. 12간지 가운데 자(子)·축(丑)·인(寅)은 각각 천(天)·지(地)·인(人)이 열리는 때를 상징하는데, 주(周)나라에서는 자월(子月)을, 상(商)나라에서는 축월(丑月)을, 하나라에서는 인월(寅月)을 각각 세수로 삼았다.
  ★ 준기璿璣는 천체가 돌아가는 것을 표시하고 옥형玉衡을 통해 준기를 보아 칠정을 가지런히 하는데 요즘 혼천의(渾天儀)와 같은 것이다. 칠정은 일월(日月)오성(五星)을 말한다. 이는 순이 처음 제위에 올라 가장 먼저 한 업무가 기형을 살펴 칠정을 가지런하게 한 것이다.
10) 부열 은나라 고종(소을의 아들 무정)때 재상. 고종은 은나라를 부흥시킨 황제로 그가 부열에게 명령한 것이 서경(書經) 열명(說命)편에 있다.
11) 삼공은 주나라 성왕이 어릴 때 성왕을 보좌하기 위해 만든 직책으로 태사(太師) 태부(太傅) 태보(太保)를 말하며 그 아래에 육경(六卿)이 있었다. 태사는 강태공이, 태보는 소공(召公)이, 태부는 주공이 맡았다.
12) 논어. 명문당. 1976. 서울. p367. 陽貨제17篇 "子이曰予欲無言하노라 子貢이曰子如不言이시면 則小子이 何述焉이리잇고 子이曰天何言哉시리오 四時이 行焉하며 百物이 生焉하나니 天何言哉시리오"
13) 도교의 경전으로. 447자의 단문으로 되어 있다. 원래 병가에 속하는《주서음부(周書陰符)》와 도가에 속하는《황제음부(黃帝陰符)》의 두 종류가 있었는데, 현재는《도장(道藏)》27권에 후자만이 전한다.
14) 형은 형(形)과 같은 글자로 사실, 법령, 명분을, 명은 명칭을 뜻하며 전국시대 신불해(申不害)가 주장한 것으로 후에 형명지학(刑名之學)이라고 하며 줄여 형명(刑名)이라 한다. 상벌을 명확히 해야 한다는 뜻을 나타낸다.
15) 계량(計量)단위

생긴다 하니 도가 이에 이르러서는 귀신변화가 모두 나의 술수에서 벗어날 수 없으니 형명도수와 같이 법으로 정해진 규칙에 의해 판단하거나 계량단위로 구분하는 말단에 해당하는 문제들에 있어서야 말할 필요가 없다.

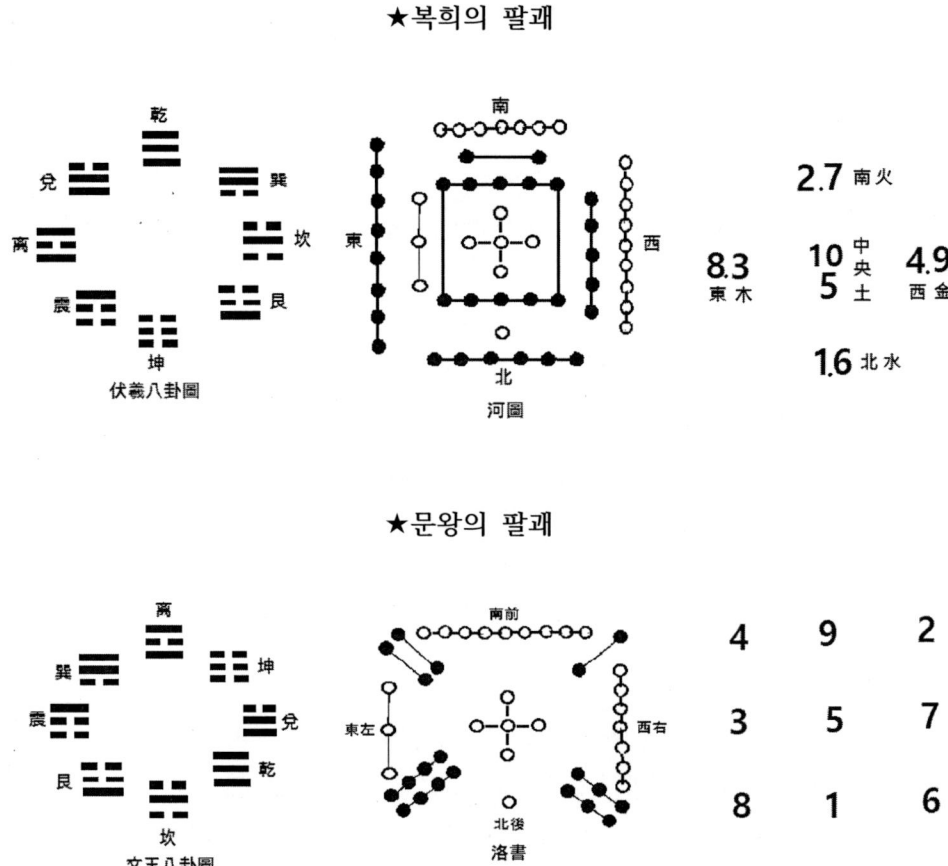

★ 복희 팔괘도는 하도를 보고 그린 것으로 하수에서 나타난 용마의 등에 그려져 있던 문양이라 한다. 문왕 팔괘도는 낙서를 보고 그린 것으로 낙수에서 나온 거북의 등에 있는 문양이라 한다. 복희가 64괘로 우주의 원리를 설명하였고 문왕은 각 괘와 효에 설명을 부쳤고 공자는 그에 대해 십익十翼에서 설명하였는데 오늘날 주역이다. 복희팔괘는 선천先天을, 문왕팔괘는 후천後天을 설명하고 있다고 하며 이는 구조와 기능으로 나누어 설명하는 것과 비슷하다 할 수 있다.

黃石公은 秦之隱君子也이라 其書이 簡하고 其意深하니 雖堯舜禹文傅說周公孔老이나 亦無以出此矣라. 然則黃石公이 知秦之將亡과 漢之將興 故로 以此書로 授子房而子房者이 豈能盡知其書哉아. 凡子房之所以爲子房者는 僅能用其一二耳라. 書에曰 陰計外泄者는 敗라하니 子房이 用之하야 嘗勸高帝하야 王韓信이오 書에曰 小怨不赦면 大怨必生이라하니 子房이 用之하야 嘗勸高帝하야 侯雍齒矣오 書에曰 決策於不仁者는 險이라하니 子房이 用之하야 嘗勸高帝하야 罷封六國矣오 書에曰 設變致權은 所以解結이라하니 子房이 用之하야 嘗勸四皓而立惠帝矣오 書에曰 吉莫吉 於知足이라하니 子房이 用之하야 嘗擇留自封矣오 書애曰 絶嗜禁慾은 所以除累라하니 子房이 用之하야 嘗棄人間事하고 從赤松子遊矣라. 嗟乎라 遺粕棄滓도 猶足以亡秦項而帝沛公이론 況純而用之하고 深而造之者乎아.

◘**해석**◘ 황석공은 진나라의 숨은 군자이다. 그 책이 간단하고 뜻은 깊어 비록 요, 순, 우, 문, 부열, 주공, 공자, 노자라도 역시 이보다 더 나을 수 없을 것이다. 그러나 황석공이 진나라가 망하는 것을 알고 한나라가 장차 흥할 것을 알았기 때문에 이 책을 장자방에게 주었으나 장자방이 어찌 그 책의 내용을 다 알았겠는가. 대개 장자방이 그토록 훌륭할 수 있었던 것은 겨우 책 내용 중 한두 가지를 썼을 뿐이다. 책에 말하기를 음계를 바깥에 발설하면 패한다는 말이 있어 장자방이 이를 써서 일찍이 고제 유방에게 권하여 한신을 왕으로 임명하였다. 책에 말하기를 작은 원한을 풀지 않으면 큰 원한이 반드시 생긴다고 하였으니 장자방이 이를 써서 고제 유방에게 권하여 옹치에게 벼슬을 내렸다. 책에 말하기를 책략을 결정하는데 인으로 하지 않으면 위험하다 하였는데 장자방이 이를 이용하여 일찍이 사호에게 권하여 혜제를 황태자로 옹립하도록 하였다. 책에 말하기를 족함을 아는 것보다 다 길한 것은 없다고 하였으니 장자방이 이를 이용하여 스스로 봉지를 받지 않는 것을 택하였다. 책에 말하기를 기호를 끊고 욕심을 금지하는 것은 연루됨을 제거하는 것이라 하였으니 장자방이 이를 써서 일찍이 인간사를 버리고 적송자를 따라 유람한 것이다. 오호라 남은 술찌개미나 버린 찌꺼기도 충분히 진나라 항우가 망하고 패공인 유방이 황제가

되는 것을 알 수 있었는데 항차 순수하게 쓰고 깊게 만들어 가는 자야 어떠했겠는가.

自漢以來로 章句文辭之學이 熾而知道之士이 極小하니 如諸葛亮·王孟16)·房喬17)·裴度18)等輩는 雖號爲一時賢相이나 之於先王大道하야는 曾未足以知髣髴이니 此書所以不傳於不道·不神·不聖·不賢之人也이라 離有離無之爲道오 非有非無之謂神이오 有而無之謂聖이오 無而有之之謂賢이니 非四者면 雖口誦此書나 亦不能身行之矣리라. 宋, 張商英19), 天覺은 撰하노라

◑해석◐ 한나라 이래로 장구와 문장에 대한 연구가 치열하나 도를 아는 선비가 극히 적었다. 제갈량, 왕맹, 방교, 배도 등의 무리는 비록 한 때의 현명한 재상으로 불리우나 선왕의 도에 가서는 아는 것이 비슷하다고 하기에는 부족하다. 이 책이 도를 갖춘 사람이 아니거나不道, 신을 갖춘 사람이 아니거나不神, 성인이 아니거나不聖, 현인이 아닌不賢 사람에게 전해지면 안 된다고 하였다. 유에서 분리되고 무에서 분리된 것을 도라 하고, 유도 아니고 무도 아닌 것을 신이라 하고, 있으나 없게 하는 것을 성이라 하고, 없으나 있게 하는 것을 현이라 하는데 도인, 신인, 성인, 현인 이 네 종류의 사람이 아니면 이 책을 외우더라도 역시 실천하기는 힘들 것이다.

송 장상영 천각은 찬하노라

---

16) 왕맹(王猛) : (325년-375년) 중국 오호십육국 시대 전진(前秦)의 승상. 자(字)는 경략(景略)이다. 부견 때 재상을 했다. 부견은 동진(東晉)과 383년 비수(淝水)전투에서 대패하여 멸망하였고 불교를 숭상하였다.
17) 방교(房喬): (579-648) 자(字)는 방현령(房玄玲). 이세민이 그를 기실참군으로 임명함. 박학하며 정사를 잘 다스려 두여회(杜如晦)와 함께 정관(貞觀)의 방두(房杜)라 일컬어 졌음. 당나라 때의 네 사람의 현명한 재상(방교, 두여회, 요숭(姚崇), 송경(宋璟)) 중 한명.(구당서 방현령전)
18) 배도(裴度): (763-839년) 당나라 헌종-문종 때의 재상. ; '一勝一負 兵家常勢'라 하여 당나라 헌종(憲宗)이 처음 쓴 말(구당서 배도전)
19) 장상영(張商英): (1043-1122) 송 휘종 때 재상으로 상영은 이름, 호는 무진거사(無盡居士), 자는 천각(天覺). 처음에는 불교를 믿지 않았으나 나중에 유연히 유마경(維摩經)을 읽고 불교를 깨침. 저서는 <호법론護法論>이 있음

原始章 第一

1. 夫道德仁義禮五者는 一體也이라

●해석● 도, 덕, 인, 의, 예 다섯 가지는 모두 하나다.

[張註] : 離而用之則有五하고 合而渾之則爲一이니 一은 所以貫五오 五는 所以衍一이라.

●해석● 떼어서 쓰면 다섯 가지고 합하여 섞으면 하나가 된다. 하나는 다섯을 관통하고 다섯은 하나로 흘러 모인다.   ※ 衍:넘치다 흐르다 가다

[魏註] : 夫有道者必有德 德者必懷仁 旣懷其仁 必行其義 故有道德仁義之君 必以禮下於人 是以道德仁義禮五者闕一不可也.

●해석● 도가 있으면 반드시 덕이 있고 덕이 있으면 반드시 인을 품는다. 이미 인을 품으면 반드시 의를 실행하므로 도덕인의를 가진 군자는 반드시 예로써 사람에게 내리니 이런 까닭에 도·덕·인·의·예 다섯 가지는 하나라도 없어서는 안 되는 것이다.

2. 道者는 人之所蹈이니 使萬物로 不知其所由오

●해석● 도는 사람이 밟고 다니는 길이니 만물이 도의 유래를 알지 못한다.

[張註] : 道之衣被萬物이 廣矣大矣라 一動息一語黙과 一出處一飮食과 大而八紘之表와 小而芒芥之內이 何適而非道也이리오 仁不足以名故로 仁者이 見之에 謂之仁이오 智不足以盡故로 智者이 見之에 謂之智오 百姓은 不足以見故로 日用而不知也이라.

◐해석▶ 도가 만물에 미치는 것은 광대하다. 한번 움직이고 멈추는 것과─動息 한번 말하고 침묵하는 것과─語黙 한번 나가서 벼슬하거나 은거하는 것과─出處 한번 음식을 먹고 마시는 것과─飮食 크게는 동서남북 사방과 그 사이 간방間方인 팔굉의 바깥과八紘之表 작게는 겨자씨 속까지芥之內 어찌 모든 곳에 도가 적용되지 않은 것이 있겠는가? 인은 이름을 붙여 구별하기에는 부족하므로 인자가 보고 '인'이라하고, 지혜는 다함이 없으므로 지혜로운 자가 보고 '지'라 하는데 백성은 보아도 모든 것을 볼 수 없으므로 도를 날마다 쓰고 있지만 도의 유래를 알지 못한다 하는 것이다.

[魏註] : 君不違民利 使民遂成其性 爲之道理.

◐해석▶ 군자는 백성의 이익을 저버리지 않으니 백성으로 하여금 그 성性을 완성시키므로 도리道理라 한다.

★ 도라고 하는 것은 사물이 변화하는 이치 또는 사람이 살아가는 이치와 같은 것이다. 사물이 변화하는데 사람이 그 이치를 모른다고 변화하지 않고, 살아가는 이치를 모른다고 사람이 죽지 않는 것과 같다. 이는 도를 모른다고 해도 모든 만물이 도에 의해 즉 이치대로 변화한다는 것을 말한다.

★ 중용20)에 "道 猶路也. 孟子曰夫道若大路 然本此以釋道字. 人物各循其性之自然 則其日用事物之間 莫不各有當行之路 是則所謂道也"

◐해석▶ 도란 길과 같다. 맹자께서 도는 큰 길과 같은 것이다. 그러나 본래 이는 도라는 글자를 해석한 것이다. 사람과 사물이 각각 그 타고난 성질性의 자연스러움을 따르게 되어있으므로 날마다 쓰는데 있어서 각각 당연히 가야하는 길이 반드시 있으니 이러하므로 도라고 말하는 것이다 라 하셨다.

3. 德者는 人之所得이니 使萬物로 各得其所欲이오.

◐해석▶ 덕은 사람이 얻고자 하는 것이니 만물로 하여금 각각 그 바라는 욕심대로 얻게 하는 것이다.

---

20) 原本備旨中庸集註, 明文堂, p3, 1976, 서울

[張註]: 有求之謂欲이니 欲而不得이 非德之至也이라 求於規矩者는 得方圓而已矣오 求於權衡者는 得輕重而已矣로되 求於德者는 無所欲而不得이니 君臣父子이 得之以爲君臣父子하고 昆蟲草木이 得之以爲昆蟲草木하고 大得以成大하고 小得以成小하고 邇之一身과 遠之萬物에 無所欲而不得也이라.

◘해석◘ 구하는 것이 있는 것을 바라는 것, 즉 욕欲이라고 하니 바라는 것이 있음에도 얻지 못하는 것은 덕의 지극함이 아니다. 규거規矩에서 얻고자 하는 것은 네모와 원을 얻으면 되는 것이고 저울에서 얻고자 하는 것은 가볍고 무거운 중량을 얻으면 되는 것이다. 덕에서 얻는 것은 바라는 바를 얻지 못하는 것이 없으니 군신부자가 덕을 얻어 군신부자가 되고 곤충초목이 덕을 얻어 곤충초목이 되고 많이 얻으면 크게 이루고 적게 얻으면 작게 이루니 가깝게는 한 몸과 멀리는 만물에 이르기 까지 얻고자 하여 얻지 못하는 것이 없다.

[魏註]: 爲君之道 處其厚 不處其薄 法於天道 不言而信.

◘해석◘ 군자의 도가 되는 것은 후한 곳에 위치하고 박한 곳에 위치하지 않으며 천도에 기준을 두고 있어 말하지 않아도 믿는다.

4. 仁者는 人之所親이니 有慈惠惻隱之心하야 以遂其生成이오.

◘해석◘ 인은 사람이 친하게 하는 것이니 지혜롭고 측은 한 마음이 있으면 저절로 생성되는 것이다.

[張註]: 仁之爲體如天하니 天無不覆오 如海하니 海無不容이오 如雨露하니 雨露이 無不潤이니 慈惠惻隱은 所以用仁者也이라. 非親於天下而天下이 自親之하야 無一夫不獲其所하고 無一物不獲其生이라 書에曰 鳥獸魚鼈이 咸若이라하고 詩에曰 敦彼行葦여 牛羊勿踐履라하니 其仁之至也이니라.

◐해석◑ 인을 체로 말한다면 하늘과 같으니 하늘이 덮지 않는 곳이 없고 또 바다와 같으니 바다는 수용하지 않는 것이 없고 비와 이슬 같으니 비와 이슬은 적시지 않는 것이 없어서 자혜·측은은 인의 용用이 된다. 천하와 친하지 않아도 천하가 스스로 친하게 하여 한낱 개인이라도 그 자리를 얻지 못하는 것이 없고 한낱 물건이라도 생겨나는 것을 얻지 못하는 것이 없다. <상서 이훈21)>에 말하기를 '새와 짐승 물고기와 자라들이 모두가 편안하지 않음이 없다'라 하고 시22)에 말하기를 싹이 나와 수북하게 모여 있는 저 길가의 갈대를 소와 양이 밟지 아니하면 바야흐로 싹이 자라고 형체를 형성하여 잎이 윤택하게 되리라라고 하니 인의 지극함이다.

[魏註]: 為人君親萬姓皆如赤子 使民仰之如慈親 故云人之所親. 慈者常念萬物恐失其所 謂之慈, 惠者賜也與也. 重人之才而與方便各得其所 謂之惠, 惻隱者能憫惻于微細 憂及于人 常念之如赤子也.

◐해석◑ 사람의 임군이 되어 만백성을 모두 갓난아이처럼 친하게 하며 백성이 부모를 바라보듯 하게 하므로 사람이 친하게 하는 바라고 말했다. 자慈란 만물이 그 맡은 바를 잃을까 항상 염려하는 것을 말한다. 혜惠란 하사하여 내려 주거나賜 주는與 것을 말한다. 사람의 재능을 중시하고 각각 그 맡은 바를 얻을 수 있도록 방편을 주는 것을 혜라 한다. 측은惻隱이

---

21) 서전(書傳) 전계서 권2 상서(商書) 이훈(伊訓) p48 "曰 嗚呼 古有夏先后 方懋厥德 罔有天災 山川鬼神 亦莫不寧 曁鳥獸漁鼈咸若 于其子孫不率 皇天降災 假手于我有命 造攻自鳴條 朕哉自亳.... 有命有天命 謂湯也. 桀不率循先王之道 故天降災. 借手于我 成湯以誅之. 哉始也. 鳴條 夏所宅. 亳湯所宅也"
말하기를 오호라, 옛날에 하나라의 선후 임금들이 바야흐로 그 덕을 힘쓰셨기 때문에 하늘의 재앙이 없었고, 산천귀신 역시 편안치 아니함이 없으며, 새와 짐승과 고기와 자라가 다 같이 편안하였다. 그 자손들에 이르러 따르지 않아서 큰 하늘이 재앙을 내려 천명이 있는 나 즉 탕임금의 손을 빌려 공격을 명조(하나라 걸 임금의 자리)부터 시작하였으니 짐은 비로서 박(탕임금의 자리)에서 시작하였다.
★ 상서 이훈(伊訓)은 탕임금의 손자인 태갑(太甲)이 즉위하였을 때 이윤이 글을 지어 훈계한 내용이다.
※ 懋: 힘쓸 무 노력할 무. 曁: 및 기, 함께 기, 이르다 기. 亳: 땅이름 박, 상나라 탕의 도읍지.
22) 시전(詩傳) 부언해 학민문화사 영인 권三 생민지십(生民之什) pp191-192 : "敦彼行葦 牛羊勿踐履 方苞方體 維葉泥泥, 戚戚兄弟 莫遠具爾 或肆之筵 或授之几" 싹이 나와 수북하게 모여 있는 저 길가의 갈대를 소와 양이 밟지 아니하면 바야흐로 싹이 자라고 형체를 형성하여 잎이 윤택하게 되리라. 친하고 친한 형제를 멀리하지 말고 가까이 하면 혹 자리를 펴며 혹 기댈 궤를 주리라.
○興也 敦 聚貌 勾萌之時也. 行 道也 勿 戒止之詞也. 苞 甲而未坼也. 體 成形也. 泥泥 柔澤貌. 戚戚 親也. 莫 猶勿也. 具 俱也. 爾 與邇同. 肆 陳也. ○疑此 祭畢而燕父兄耆老之詩. 故 言敦彼行葦 而牛羊 勿踐履 則方苞方體 而葉泥泥矣 戚戚兄弟 而莫遠具爾 則或肆之筵而或授之几矣
※ 敦:모일 단. 筵:대자리 연, 깔개 좌석 연. 几:안석 궤 책상 궤. 燕:잔치 연 주연 연. 慇:은근하다 친절하다 은. 懃:은근하다 친절하다 근. 藹:수두룩할 애 초목우거질 애.

란 미세한 부분에 대해서도 근심하고 슬퍼하여 근심이 모든 사람에게 미치는데 항상 갓난아이를 보듯이 염려하는 것이다.

5. 義者는 人之所宜니 賞善罰惡하야 以立功立事오.

[해석] 의라는 것은 사람이 마땅히 해야 하는 옳은 것이니 선함을 상주고 악함을 벌하여 공을 세우고 일을 세우는 것이다.

[張註] : 理之所在을 謂之義오 順理而決斷은 所以行義니 賞善罰惡은 義之理也오 立功立事은 義之斷也이라.

◐해석◑ 이치가 있는 곳을 의라 하며 이치를 따라 결단하면 의를 행하는 것이다. 선을 상주고 악을 벌하는 것은 의의 이치다. 공과 일을 세우는 것은 의의 결단이다.

[魏註] : 懲奸勸善 濟弱扶危 謂之義. 賞善者不以私嫌而廢功, 罰惡者不以親戚而免誅 然後可以成功立事也.

◐해석◑ 간사함을 징벌하고 선을 권하며 악한 것을 구제하고 위험에 넘어가지 않도록 붙드는 것을 의라 말한다. 선을 상주는 것을 개인적인 싫어함으로 공을 폐하지 않고, 악을 벌하는 것을 친척이라 벌주는 것을 면하지 않은 후에야 공을 이루고 일을 세울 수 있다.

6. 禮者는 人之所履니 夙興夜寐하야 以成人倫之序이니.

◐해석◑ 예는 사람이 마땅히 밟아가야 하는 것이니 일찍 일어나고 늦게 자면서 부지런히 일하여 인륜의 질서를 이루는 것이다.

[張註] : 禮는 履也이니 朝夕之所履踐而不失其序者이 皆禮也이라 言動視聽을 造次에 必於是면 放僻奢侈從何而生乎아.

◘해석▶ 예는 밟아가는 것이다. 아침저녁으로 실천하여 그 차례와 질서를 잃어버리지 않는 것이 모두 예이다. 말과, 움직임과, 보는 것과 듣는 것을 아주 짧은 시간이라도 반드시 이와 같이 한다면 방벽사치가 어찌 생기겠는가? ※ 造次: 짧은 동안

[魏註] : 夫爲人君之長 晝夜恭勤于禮節 乃能化被于人倫 令尊卑有序 使非法不行 謂之傳敎 詩云人而無禮胡不遄死.

◘해석▶ 대개 사람의 우두머리가 되어 밤낮으로 예절을 잘 받들어 행동하면 인륜에 교화를 입혀 높고 낮은 사람의 순서가 생기게 하고 예법에 맞지 않으면 행동하지 않게 되니 이를 전교傳敎라 한다. 시23)에 말하기를 사람이 예의가 없다면 어찌 빨리 죽지 않는가 라 했다.

7. 夫欲爲人之本인데 不可無一焉이니라.

◘해석▶ 하고자 하는 바 욕심은 사람의 근본인데 어찌 하나도 없을 수 있겠는가

[張註] : 老子24)이曰 失道而後에 德이오 失德而後에 仁이오 失仁而後에 義오 失義而後에 禮니 失者는 散也이라. 道散而爲德하고 德散而爲仁하고 仁散而爲義하고 義散而爲禮니 五者이 未嘗不相爲用이나 而要其不散者는 道妙而已라 老子는 言其體故로 曰禮者는 忠言之薄而亂之首라 하고 黃石公은 言其用故로 曰 不可無一焉이니라.

---

23) 시경(詩經) 국풍(國風) 四 鄘風·相鼠, 1983, 명문당, 서울, p68 : 相鼠有皮 人而無儀, 人而無儀 不死何爲, 相鼠有齒 人而無止, 人而無止 不死何俟, 相鼠有體 人而無禮, 人而無禮 胡不遄死. [해석] 쥐를 보니 가죽이 있는데 사람이 가죽과 같은 바깥으로 갖추어진 위의(威儀)가 없다. 사람이 위의가 없으면 죽지 않고 무엇을 하려는가. 쥐를 보니 이빨이 있다 사람이 되어 용지(容止:진퇴와 거동 등 몸가짐)가 없다. 사람이 용지가 없으면 죽지 않고 무엇을 기다리는가. 쥐를 보니 몸뚱어리가 있는데 사람이 되어 몸뚱어리와 같은 예의가 없다. 사람이 예의가 없으면 어찌 빨리 죽지 않고 있는가.
★ 쥐를 서충(鼠蟲)이라 하여 가장 천악(賤惡)한 것으로 보았다. 이런 쥐에게도 있는 가죽 즉 사람에게는 위표를 갖추는 위의, 쥐에게 있는 이빨 즉 사람에게는 몸가짐, 쥐에게 있는 몸뚱어리 즉 사람에게는 바깥으로 들어나는 예의가 없다면 쥐보다 못하므로 죽어야 한다는 것으로 임금에게 또는 임금과 신하사이에 예의가 있어야 한다는 것을 말한다. ※ 鄘:나라이름 용. 遄:빠를 천
24) 李一民, 道藏 第11冊, 道德經古本篇, 卷下 11-485, 文物出版社 上海書局 天津古籍出版社

◉해석◐ 노자가 말하기를 도를 잃은 다음에 덕이요 덕을 잃은 다음에 인이요 인을 잃은 다음에 의요 의를 잃은 다음에 예라 했다. 잃는다는 것은 흩어진 것을 말한다. 도가 흩어져 덕이 되고 덕이 흩어져 인이 되고 인이 흩어져 의가 되고 의가 흩어져 예가 되니 이 다섯은 서로 쓰임이 되지 않는 것이 없으나 요체는 흩어지지 않는 것이어서 도가 묘할 따름이다. 노자는 체를 말하였으므로 예는 충언이 얇아서 어지러움의 으뜸이라 하였고 황석공은 용을 말하였으므로 하나도 없을 수 없다고 했다.

★ 노자 도덕경 38장에 나오는 문장이다. "上德不德, 是以有德, 下德不失德, 是以無德. 上德無爲而無以爲, 下德爲之而有以爲. 上仁爲之而無以爲, 上義爲之而有以爲. 上禮爲之而莫之應, 則攘臂而扔之. 故失道而後德, 失德而後仁, 失仁而後義, 失義而後禮. 夫禮者忠信之薄, 而亂之首. 前識者, 道之華, 而愚之始. 是以大丈夫處其厚, 不居其薄, 處其實, 不居其華. 故去彼取此"
　※ 攘: 물리칠 양 제거하다. 扔: 꺽을 인, 당길 잉 끌어당기다 부수다 깨다. 前識: 축적된 경험이나 기억 선입견

◉해석◐ 상덕이 덕이 아닌 것처럼 하는 것은 덕이 있는 것이고, 하덕이 덕을 잃지 않으면 덕이 없는 것이다. 상덕은 무위하여 하고자 하는 것이 없고 하덕은 하고자 하여 하는 것이 있다. 상인은 무엇을 하고자 하나 하는 것이 없고 상의는 무엇을 하고자 하여 무엇을 하는 것이 있다. 상예는 무엇을 하고자 하여 응답이 없으면 팔을 빼어 당긴다. 그러므로 도를 잃은 후에 덕이 있고 덕을 잃은 후에 인이 있고 인을 잃은 후에 의가 있고 의를 잃은 후에 예가 있다. 대개 예라는 것은 충과 신의 얇은 것으로 어지러움의 시작이다. 선입견과 같은 전식은 도의 화려한 껍질이며 어리석음의 시작이다. 이 때문에 대장부는 두터움에 거처하고 얇음에 거처하지 않고 진실에 거처하며 외화에 거처하지 않는다. 그러므로 도를 잃은 후에 덕이라고 하는 것처럼 저것이 없어지면 이것을 취한다고 한 것이다.

★ 잃는 다는 것은 없어지다 흩어진다는 뜻으로, 망치 등으로 잘게 부수거나 물과 같은 용매에 녹이면 원래 형체는 없어진다. 도가 잘게 부수어져 있거나 녹아있으면 도라는 점에서는 동일하지만 형태는 다른 것이 된다. 결국 도가 없어지고 덕, 인, 의가 없어진다고 하는 것은 망치나 물과 같은 용매에 의해 형태가 바뀌게 되는 것을 실실이라 표현하고 이 망치나 용매 같은 것을 욕심이라고 본 것이다. 형태가 바뀌더라도 본질은 바뀌지 않으므로 '未嘗不相爲用이나 而要其不散者는 道妙而已라' 하였다. 노자는 체로 설명하였고 황석공이 하나도 없을 수 없다

고 한 것은 사람에게 욕심이 없을 수 없으므로 형태를 변하게 하는 욕심을 말하므로 용이라 하였다.

★ 도란 길과 같은 것이라고 앞에서 말하였다. 이는 사람들이 항상 다니는 길이 도라는 것이다. 즉 이 말은 도란 특별한 소수의 사람만 행하고 아는 것이 아니라 누구든 지식, 권력, 재력, 출신 등에 관계없이 가능하다는 말이다. 항상 우리가 사는 일상 속에 있기 때문이다.

8. 賢人君者는 明於盛衰之道하고 通乎成敗之數하고 審乎治亂之勢하고 達乎去就之理라.

■해석■ 현명한 군주는 성쇠의 도에 밝고 성공과 실패의 수(혹은 수순)를 잘 알고 어지러움을 다스리는 세력을 잘 살필 줄 알아서 나아가고 물러나는 이치에 통달해 있다.

[張註] : 盛衰有道하고 成敗有數하고 治亂有勢하고 去就有理라.

■해석■ 성하고 쇠퇴하는 것에 도가 있고 성공과 실패에 규칙數이 있고 어지러움을 다스리는 데는 세력이 있어 이에 따라 하고 나아가고 물러나는 것에는 이치가 있다.

[魏註] : 能審乎盛衰者謂之賢人, 君有道即就明其盛也, 君無道即隱明乎衰也. 通乎成敗者 君有道 能匡君之美, 君無道 終不同其醜而故為惡也. 雖居敗世而不亡身故云通. 君有道則理可就而成之 君無道則亂可捨而去之 故曰去就之理也.

■해석■ 능히 성쇠를 살필 수 있는 자를 현인이라 한다. 군주에게 도가 있으면 그 성하게 되는 것은 명확하나 군주에게 도가 없으면 쇠퇴하게 되는 것이 숨겨져 있다. 성공하고 실패하고를 잘 아는 사람은 군주에게 도가 있으면 군주의 장점을 보좌할 수 있다. 군주에게 도가 없으면 끝내는 추하게 되는 것이 아니라 결국 악이 된다. 비록 패한 세상에 있어도 몸을 망치지 않기 때문에 통달通한 것이라 말한다. 군주가 도가 있으면 이치가 성취될 수 있어 성공하며 군주가 도가 없으면 어지러워 가히 버리고 떠나게 되므로 거취의 이치가 있다고 말한 것이다.

9. 故로 潛居抱道하고 以待其時하야

◐해석◐ 그러므로 조용히 거처하여 도를 가지고 있으면서 때를 기다린다.

[張註] : 道는 猶舟也오 時는 猶水也니 有舟楫之利하고 無江河而行之면 亦莫
見其利涉也이라.

◐해석◐ 도는 배와 같고 때는 물과 같은 것이니 배로 노 저어야 좋은 때가 있고 강하가 없을 때 간다면 배로 건너는 이로움이 없을 것이다.

[魏註] : 潛者隱也 賢人君子混于世 非遇明君而不顯其道 故曰待其時也.

◐해석◐ 잠겨있다는 것은 숨은 것을 말한다. 현인군자는 세상에 섞여있어 명군을 만나지 않으면 그 도를 나타내지 않으므로 때를 기다린다고 말한 것이다.

★ 맹자 공손추公孫丑 장구 상25) "齊人이 有言曰 雖有智慧나 不如乘勢며 雖有鎡基나 不如待時라하니 ○ 鎡基 田器也. 時 謂耕種之時."

◐해석◐ 제인이 말하기를 비록 지혜가 있더라도 시대적 세력을 올라타는 것만 못하고 비록 호미가 있어도 시기를 기다림만 못하다. ○자기는 밭을 가는 기구다. 시란 씨 뿌리는 시기를 말한다.

★ 맹자 공손추公孫丑 장구 상26) "宋人이 有閔其苗之不長而揠之者이러니 芒芒然歸하야 謂其人曰 今日에 病矣와라 予이 助苗長矣와라하야늘 其子이 趨而往視之하니 苗則槁矣리라 天下之不助苗長者이 寡矣니 以爲無益而舍之者는 不耘苗者也이오 助之長者는 揠苗者也이니 非徒無益이라 而又害之니라"

◐해석◐ 송나라 사람이 묘를 심어 그 묘가 빨리 자라지 않는 것을 근심하여 키가 크게 보이도록 뽑아 올렸다. 아무것도 모른 채 집으로 돌아와 집안사람에게 말하기를 오늘 피곤하구나

---

25) 맹자 명문당 1976 서울 p69
26) 맹자 싱게서 p76

내가 묘가 자라도록 도와주었다고 하였다. 그 아들이 달려가 보니 묘는 말라있었다. 세상에 묘가 자라도록 도우지 않는 사람은 적다. 아무런 이익이 없다 하여 버리는 자는 묘를 가꾸지 않는 사람이요 자라기를 돕는 사람은 묘를 뽑아 올리는 사람이니 모두 이익은 되지 않을 뿐더러 오히려 해가 된다.

10. 若時至而行則能極人臣之位하고 得機而動則能成絶代之功하나니 如其不遇면 沒身而已라.

◉해석◉ 만약 때가 이르러 행한다면 신하의 위치에서 최대치를 다 하고 기회를 얻어 움직인다면 전대미문의 공을 이룰 것이다. 만약 때나 기회를 만나지 못한다면 몸을 숨겨 있을 따름이다.

[張註] : 養之有素하야 及時而動이면 機不容髮이니 豈容擬議者哉아.

◉해석◉ 도를 닦을 때 미리 예측하여 키움이 있고 때가 되어 움직이면 기회를 이용하여 움직임에 털끝만큼의 오차도 용납하지 않으니 어찌 계획 세움을 쉽게 헤아릴 수 있겠는가

[魏註] : 君臣道合 能建立事功 華夷歸德 自然位極人臣. 若非道而處雖得之不久也. 機者謀也. 夫人藏機于心 如弩之有關也. 若審其物而發 則物無不中, 乘其時而動 卽物無不成. 故弩不可虛發 機不可亂施. 弩虛發卽狂 機亂施卽敗. 惟得時而動 得機而發 則如神而成功也. 沒者隱也. 言君臣道不相合 不可以贊 則隱之于世 身不可妄仕, 身不仕 無禍及也. 是以其道足高而名垂于後世 謂之聖人.　　※ 關:화살먹일완

◉해석◉ 군주와 신하가 도를 합하여야 능히 일과 공적을 세우고 중국민과 외부 세력이 덕으로 귀화하게 되어 자연히 신하로서 최대의 자리를 다하게 된다. 만약 도가 아니면 자리를 비록 얻는다 해도 오래가지 못한다. 기機란 도모하는 것을 말한다. 대개 사람이 마음에 기회를 품고 있는 것은 쇠뇌에 화살먹이는 곳이 있는 것과 같다. 만약 그 사물을 살펴 발사하면

사물에 적중하지 않는 것이 없다. 때를 맞추어 움직이면 어떤 일이든 성공하지 못하는 것이 없다. 그러므로 화살은 헛방을 쏘는 것이 아니며 기회는 아무 때나 어지럽게 시행할 수 있는 것이 아니다. 화살을 헛되게 쏘면 미쳤다고 하고 기회를 도모하는 것을 아무 때나 어지럽게 시행하면 실패한다. 오직 때를 얻어 움직이며 기회를 얻어 시작하면 귀신과 같이 성공한다. 몰沒이란 숨는 것을 말한다. 군신이 도가 서로 맞지 않아 돕지 않으면 세상에 숨어서 함부로 벼슬하지 않으며 벼슬을 하지 않으면 화가 미치지 않는다. 이 때문에 그 도가 족히 높고 이름이 후세에 까지 내려오므로 성인이라 말한다.

★ 중용27)에 "君子는 依乎中庸하야 遯世不見知而不悔하나니 唯聖者이아 能之니라 ○ 不爲素隱行怪則依乎中庸而已 不能半塗而廢 是以 遯世不見知而不悔也 中庸之成德 知之盡 仁之至 不賴勇而裕如者 正吾夫子之事而 猶不自居也 故曰 唯聖者能之而已." ★自는 子思를 말한다.

◐해석▶ 군자는 중용에 의존하여 세상에 알려지지 않아도 후회하지 않으니 오직 성인만이 가능하다. ○ 몰래 숨거나 괴이한 행동을 하지 않으며 중용에 의존할 따름이며 중도에 그만두지 않으니 이런 까닭에 세상에 알려지지 않아도 후회하지 않는다. 중용이 덕을 이루는 것은 지의 다함이고 인의 지극함이지 용기에 의존하지 않고 너그러운 것은 바로 나의 스승 공자의 일이니 자사인 내가 있지 못한 곳이다. 그러므로 오직 성인만이 가능할 따름이다.

11. 是以로 其道이 足高而名重於後代니라.

◐해석▶ 이런 까닭에 도는 충분히 높고 이름은 후대에까지 중요 인물로 전해진다.

[張註] : 道高則名隨於後而重矣라.

◐해석▶ 도가 높으면 이름이 후대에 이어져 중하게 된다.

---

27) 중용, 전게서, p30

魏○是以其道足高而名垂于後世謂之聖人

◀해석▶ 이런 까닭에 도가 충분히 높으면 이름이 후대에 내려가 성인이라 부르게 된다.

[魏註] : 言行此道者 皆履于高貴 名播後代 是以謂之聖人.

◀해석▶ 언행이 이 도와 같으면 모두 고귀함을 밟아 이름이 후대에 전해지므로 성인이라 말한다.

右第一章은 言道不可以無始라.

위 제1장은 도가 그 시작이 없으면 불가함을 말한다.

★ 옛날 책은 우측에서 좌측으로 위에서 아래로 글을 썼기 때문에 우右라 하는 것은 앞부분 또는 윗부분을 말한다.

★ 1-6까지는 도, 덕, 인, 의. 예를 설명하였다. 여기서는 도를 이루는 여러 요소를 덕, 인, 의, 예로 단계별로 범위를 축소하여 설명한 것이다.
7-11까지는 앞서 말한 도와 예까지가 저절로 이루어 져야 하나 역사를 보거나 또는 누구나 살다보면 반드시 그렇지 않은 경우가 있음을 흔히 경험하게 된다. 세상이 도로 이루어져 도에 의해 변화되어야 하나 그렇지 않다는 것과 그럴 경우 어떻게 행동하는가에 대한 설명이라 할 수 있다.

正道章 第二

12. 德足以懷遠하며 信足以一異하며 義足以得衆하며 才足以鑑古하며 明足以照下면 此는 人之俊也오

◐해석◑ 덕이 족하여 멀리까지 품으며 믿음이 족하여 모든 이의 믿음을 얻으며 의가 족하여 대중을 얻고 재능이 족하여 옛것을 살피고 명석함이 족하여 아래를 밝히면 이는 사람 중 준俊이라 한다.

[張註] : 懷者는 中心悅而誠服之謂也오 有行有爲而衆人이 宜之則得乎衆人矣라.

◐해석◑ 회라는 것은 마음속이 기뻐 진실로 복종하는 것을 말한다. 행동하고 일을 도모함에 있어 대중이 그것을 옳다고 여기면 많은 사람을 얻을 수 있다.

[魏註] : 不顧小節而謀遠大 是謂有德. 天之於人 無言而四時行寒暑不差毫釐 故君子法於天 不可無信 設彼法度終始 如一. 不私於財 不厚於己 然後能伏其衆也. 才非文才也 謂公才也. 能思前王之行 有美德者行之 其不善者省而非之 此為鑑古. 夫君子處人之上 如鏡在臺無物不照 能參人是非 故為明君也. 行此五事得名之俊才也.

◐해석◑ 작은 마디를 살피지 않고 멀리 크게 도모하는 것을 덕이 있다고 한다. 하늘이 사람에게 아무 말 없어도 사시사철동안 추위와 더위를 한 치의 오차 없이 진행하고 있다. 그러므로 군자는 하늘에 그의 법을 두었기 때문에 믿음이 없을 수 없고 그 법은 처음이나 끝을 헤아려 본다면 하나와 같이 변함없다. 사사로이 재물을 모으지 않고 자신에게 후하게 하지 않은 다음에야 대중을 감복시킬 수 있다. 재능이란 문장의 재능이 아니라 공공적인 일을 할 수

있는 재능을 말한다. 능히 전왕의 행동을 생각하여 미덕이 있으면 따라서 실행하고 선하지 않는 것은 생략하여 없애는 것 이것이 옛것을 살피는 것鑒古이다. 대개 군자는 보통 사람의 위에 위치하므로 거울이 누대에 있어 비추지 않는 물건이 없는 것처럼 사람의 시비를 살펴볼 수 있으므로 명군이 되는 것이다. 이 다섯 가지 일을 행할 수 있으면 준재라 이름을 얻을 수 있다.

★ 一異[28] : 彼此相同曰一, 反是曰異. 一與異皆偏於一方之見 (이것과 저것이 같은 것을 일(一)이라 하고 이와 반대되는 것을 이(異)라 한다. 일과 이는 모두 한 방향으로 편향된 견해다.)

★ 信足以一異 , 義足以得衆。 에 대해 王씨의 주[29]가 다음과 같다

注曰 :【有行有为而衆人宜之 则得乎衆人矣. 天無信 四时失序, 人無信 行止不立. 人若志誠守信 乃立身成名之本. 君子寡言 言必忠信, 一言議定 再不肯改議失約. 有得有為而衆人宜之 則得乎衆人心. 一異者 言天下之道一而已矣 不使人分門別户. 赏不先于身 利不厚于巳, 喜樂共用 患難相恤. 如漢先主結義于桃園, 立功名于三国, 唐太宗集義于太原, 成事于隋末, 此是義足以得衆道理。】

◘해석◘ 왕씨 왈 행동이 있고 하고자 함이 있어 대중이 옳다고 하면 대중을 얻는 것이다. 하늘이 믿음이 없으면 사시의 질서가 없어지고 사람에게 믿음이 없으면 행동거지나 몸가짐이 서지 않는다. 사람이 만약 뜻이 진실 되고 믿음을 굳게 지켜야 비로소 입신 성명할 수 있는 근본이 된다. 군자는 말이 적고 말에는 반드시 충과 신이 있어야 하며 한마디의 말과 뜻이 정해지면 다시 뜻을 바꾸거나 약속을 잃지 않도록 해야 한다. 얻는 것이 있고 하고자 하는 바가 있어 대중이 옳다고 한다는 것은 대중의 마음을 얻었다는 것이다. 일이는 천하의 도가 하나일 뿐이어서 사람들로 하여금 각각으로 나누고 구별하지 못하게 하는 것이다. 자신에게 먼저 상을 주지 않고 이익을 자신에게 후하게 하지 않으며 기쁨과 즐거움은 같이 나누고 아픔과 어려움은 서로 구한다. 예를 들면 한나라 선주인 유비가 도원에서 결의하여 삼국에 이름을 떨쳤고, 당태종이 태원에 모여 회의를 하여 수나라 말기에 일을 성사시킨 것이다. 이는 뜻이 족히 대중의 도리를 얻은 것이다.

---

28) 중문대사전편찬위원회 중문대사전 중국문화대학출판부 민국74년 대북 권1 p113
29) 黃石公 著, 毛佩琦 主編, 李安安 譯注, 素書全集, 北京, 中國紡織出版社, 2012 p36

★ 태원太原은 이세민(당나라 태종)의 아버지인 이연이 유수留守로 부임한 곳으로 산서성에 있다. 이세민은 이곳에서 병사를 일으켜 당나라를 618년 건립하고 아버지인 이연은 당나라 초대 황제인 고조가 되었다. 이세민은 원래 장자가 아니어서 626년 현무문의 변을 일으켜 형인 황태자 건성과 동생인 제왕齊王 원길을 죽이고 황태자가 되어 태종(재위 626-649)으로 즉위하였다. 그는 연호를 정관貞觀으로 하였고, 그가 다스리는 기간을 정관貞觀의 치治라 하여 방현령房玄齡, 두여회杜如晦 등의 명재상과 왕규王珪, 위징魏徵 등의 간언을 하는 신하諫臣와 이정李靖, 이적李勣 등의 명장을 등용하여 명신을 기용하여 태평한 정치를 한 시기로 칭송받고 있다. 이에 대한 내용은 <정관정요貞觀政要>에 있다.

13. 行足以爲儀表하며 智足以決嫌疑하며 信可以使守約하며 廉可以使分財면 此는 人之豪也오

●해석▶ 행동이 충분히 의표가 있게 하고 지혜가 족하여 싫고 의심하는 것을 결정하고 믿음이 있어 가히 약속을 지키며 청렴하여 재물을 나눌 수 있으면 이는 사람의 호豪가 된다.

[張註] : 嫌疑之際는 非智면 不決이라.

●해석▶ 싫고 의심이 생길 때는 지혜가 아니면 결정할 수 없다.

[魏註] : 所行之事動合規儀 衆取則於我爲儀表. 避嫌遠疑 是爲有智. 受君之命 雖萬里越境而守信不可移也, 不厚己而薄人, 能行斯四者得名之豪士.

●해석▶ 행하는 일과 동작이 규범과 예의에 부합하여 대중이 취하면 나에게 의표가 되고 혐오를 피하고 의심을 멀리하면 이것이 지혜가 있는 것이다. 군주의 명을 받아 비록 만리 멀리 떨어진 국경을 넘어서라도 신의를 지켜 변하지 않고 나에게 후하게 하지 않으며 다른 사람에게 박하게 하지 않는다. 능히 이 네 가지를 할 수 있다면 호사豪士라는 이름을 얻을 수 있다.

14. 守職而不廢하며 處義而不回하며 見嫌而不苟免하며 見利而不苟得이면 此는 人之傑也이니라.

◦**해석**◦ 자신의 직무를 지키며 그만두지 않고, 의義의 입장에 서서 배반하지 않으며, 혐오를 보고 구차히 피하려 하지 않고, 이익을 보고 구차히 얻으려 하지 않는다면 이는 사람의 걸傑인이 된다.

[張註] : 孔子이 爲委吏 乘田之職이 是也오 迫於利害之際而確然守義者는 此不回也오 周公은 不嫌於居攝하시고 召公則有所嫌也오 孔子는 不嫌於見南子하시고 子路則有所嫌也이니 居嫌而不苟免은 其惟至明乎인져 俊者는 峻於人이오 豪者는 高於人이오 傑者는 桀於人이니 有德·有信·有義·有才·有明者는 俊之事也오 有行·有智·有言·有廉者는 豪之事也오 至於傑則才行으로 不足以明之矣라 然이나 傑勝於豪하고 豪勝於俊也이라.

◦**해석**◦ 공자께서 위리를 지냈는데 목축을 맡는 하찮은 자리였으나 하찮다고 그만두지 않았으니 이 예다. 이해가 급박하게 걸렸을 때 확연히 의를 지키는 것을 배반하지 않는 것이라 한다. 주공은 나이 어린 조카인 성왕 대신 정권을 잡아 재상인 총재家宰로 활동하는 것을 싫어하지 않았고 소공은 싫어하였다. 공자는 남자를 만나는 것을 싫어하지 않았으나 자로는 싫어했다. 혐오함에 거처를 해도 구차히 면하고자 하지 않는 것은 오직 지명 즉 지극히 밝음이다. 준이란 다른 사람보다 뛰어나다는 것이요 호는 다른 사람보다 높다는 것이요 걸은 다른 사람보다 걸출하게 빼어난 것이다. 덕이 있고 믿음이 있고 의리가 있고 재능이 있고 명석함이 있는 것은 준의 일이다. 행동이 있고 지혜가 있고 말이 있고 청렴함이 있는 것은 호의 일이다. 걸에 이르러서는 재능으로 행한다고 하는 것은 명쾌한 설명이라 하기 부족하다. 그러므로 걸이 호보다 좋고 호는 준보다 좋다.

[魏註] : 不曠其位而行今 謂之不廢. 事君盡忠 見危盡命而匡救不移 謂之不回.
非道之利 豈可苟得乎, 合義之難 豈可苟免乎 是謂人傑.

◐해석◑ 그 자리를 비우지 않고 현재 있는 대로 행하는 것을 불폐不廢라 하고 군주를 섬기는 것을 충성을 다하고 위험에 처하여 생명을 다하고 널리 구하며 옮기지 않는 것을 불회不回라 한다. 도의 이익 즉 도에 근거한 이익이 아니라면 어찌 구차히 얻을 수 있겠으며 의에 합하는 것이 어렵다면 어찌 구차히 면하겠는가? 이를 인걸이라 말한다.　　※ 曠 : 빌광(空也)

★ 1. 위리(委吏) 승전지직(乘田之職): 맹자 만장(萬章) 장구하30)에 "孔子嘗爲委吏矣 曰會計當而已矣 嘗爲乘田矣 曰牛羊茁壯 長而已矣"　　※ 茁:동물이 자라는 모양 줄

◐해석◑ 공자는 일찍이 위리를 지냈다. 말하기를 회계를 잘하면 되는 것이라 했다. 일찍이 승전을 하였는데 말하기를 소, 양이 잘 자라면 되는 것이라 했다.

★ 2. 거섭(居攝): 천자가 나이 어려 친정親政을 하지 못할 때 대신이 그 위치에서 정무를 보는 것

★ 3. 승정원일기31) 영조 1년 을사(1725)7월 3일(무술) 맑음

講對에 閔鎭遠 등이 입시하여 극심한 가뭄, 大殿을 謀害한 柳鳳輝 등과 金一鏡의 상소에 연명한 六賊의 처벌, 申致雲의 絶島定配 문제 등에 대해 논의함

시민당(時敏堂)에서 대신과 2품 이상 등이 청대하는 자리에 좌의정 민진원 등이 입시하여 역적 유봉휘 등을 토죄하는 문제 등에 대해 논의하였다

觀命(右議政李觀命)曰, 管·蔡不利孺子之說, 何所近似於周公, 而周公, 必正王法耶? 上曰, 周公, 豈以歸諸黯黮, 爲罪耶? 此等言, 置之度外矣, 第管·蔡之流言, 不但害周公, 周公旣去, 則國將何如? 以其意不但在周公故也。

---

30) 맹자 전게서 p274
31) 승정원일기 596책(탈초본 32책), 영조 1년7월3일, 기해[무술], 1725년, 雍正(淸/世宗)3년, 한국고전DB, sjw.history.go.kr.

[해석] 이관명이 아뢰기를 "관숙(管叔)과 채숙(蔡叔)이, 주공(周公)이 어린 성왕(成王)에게 이롭지 않을 것이라고 퍼뜨렸던 말[주-D005]은 어떤 점이 주공과 비슷하기에 주공이 기어이 국법을 바로잡은 것입니까?" 하니,

상이 이르기를, "주공이 어찌 암담한 상태에 귀결하는 것을 죄로 생각했겠는가. 이런 말은 마음에 두지 않았을 것이다. 다만 관숙과 채숙이 퍼뜨린 말은 주공을 해칠 뿐만이 아니었으니 주공이 떠나 버렸다면 나라가 장차 어떻게 되었겠는가. 그들의 의도가 주공만을 겨냥했던 것은 아니었기 때문이다."

[주-D005] 관숙(管叔)과 …… 말 : 주(周)나라 무왕(武王)이 은(殷)나라에 승리를 거두고 붕어(崩御)하자 그의 아들 성왕(成王)이 왕위에 오르고 아우인 주공(周公)이 보좌하였다. 이때 관숙과 채숙(蔡叔)은 은나라의 왕자 무경(武庚)을 데리고 주나라를 배반하였으며, 나라 안에 "주공이 장차 유자(孺子)에게 불리하게 할 것이다."라고 유언비어를 퍼뜨렸다. 이에 주공은 관숙과 채숙을 주벌하고 〈치효(鴟鴞)〉를 지어 성왕에게 자신의 결백을 주장하였다.《詩經 鴟鴞》《書經 金縢》

ⓒ 한국고전번역원 | 허선휴 (역) | 2011

★ 4. 남자(南子): 위衛 영공靈公의 부인. 남자는 미색이 있었고 송나라 공자公子 조朝와 간통하므로 태자 괴외蒯聵가 미워하여 죽이려 하자 남자는 영공에게 태자를 참소하여 추방시켰음. 그 뒤 괴외가 임금이 되어 남자를 죽였음(춘추좌전 定公14년). 옛날 법도에 벼슬을 하면 군주의 부인을 알현하는 예의가 있어 공자는 만났으나 자로는 이를 치욕으로 여긴 것이다.

★ 5. 논어 옹야편雍也篇32) "子見南子 子路不說 夫子矢之曰 子所否者 天厭之 天厭之" ○矢 誓也, 所 誓辭也, 如云所不與崔慶者之類, 否 謂不合於禮不由其道也, 厭棄絶也.

◑해석◐ 공자가 남자를 만났다. 자로는 기뻐하지 않았다. 공자가 맹세하기를 내가 만약 잘못했다면 하늘이 미워할 것이다. 하늘이 미워할 것이다 라 하였다.

右第二章은 言道不可以非正이라

우 제2장은 도는 바름이 아니면 불가하다고 말한 것이다.

---

32) 논어 전게서 p119,120

求人之志章 第三

15. 絶嗜禁慾은 所以除累오

●해석● 기호하는 것을 끊고 욕심을 금하는 것은 연루되어 문제되는 것을 제거하는 것이다.

[張註] : 人性이 淸靜하야 本無係累나 嗜欲所牽에 捨己逐物이라.

●해석● 인성은 청정하여 본래 연루되는 관계가 없으나 기호와 욕심에 이끌려 자신을 버리고 물건을 쫓는다.

[魏註] : 君若躭玩於一事 則使民廢其業 競以所好來求寵也, 多欲卽牽累其心 是以不躭不欲 自然無其累也.

●해석● 군주가 만약 한 가지 일에 탐닉하면 백성들로 하여금 업을 폐하고 다투어 좋아하는 것으로 총애를 구하게 한다. 욕심이 많으면 그 마음이 묶여 얽히게 되니 이 때문에 탐하지 않고 욕심내지 않아야 자연히 얽히게 되는 것이 없어지게 된다.

★ 승정원일기 6책 (탈초본 1책) 인조 3년 5월 7일 갑인 23/24 기사 1625년 天啓(明/熹宗) 5년

朝講에 申欽 등이 入侍하여 孟子를 進講함

萬甲曰, 人君一動一靜, 如宮中所爲, 孰有得知者, 然隨所尙而下必化之, 昔, 齊君, 好着紫衣, 其價甚高, 一日思欲矯之, 托以惡臭, 而終不更服, 持其衣者, 乃失其利, 君上之所尙, 不可不正也。

[해석] 나만갑이 아뢰기를, "임금이 궁중에서 하는 일상생활을 누가 알겠습니까. 그러나 숭상하는 바를 따라서 아랫사람이 반드시 변화됩니다. 옛날 제(齊)나라 임금이 자색옷을 입기를

좋아하였는데 그 옷값이 매우 비싸게 되자, 어느 날 그 폐단을 바로잡고자 하여 옷에서 나는 악취(惡臭)를 핑계하여 마침내 다시는 자색 옷을 입지 않으니, 그 옷을 가지고 있던 자들이 이익을 상실했습니다. 그러므로 임금이 숭상하는 바가 바르지 않아서는 안 됩니다." 하고,

允謙曰, 人君之治民, 非必以法制禁令之末, 而爲之, 可以回風俗礪世道, 使斯民, 咸囿於 吾化之中者, 惟在於躬行之間, 若根本不正, 則其末不成, 須於本源上戒飭焉。

[해석] 오윤겸이 아뢰기를, "임금이 백성을 다스림에 반드시 말단에 해당하는 법제(法制)와 금령(禁令)을 가지고 하지 않아도 풍속을 바꾸고 세도(世道)를 닦아서 이 백성들로 하여금 모두 우리 임금의 교화 가운데에 함께 들어 있게 하는 것은 오직 임금이 몸소 행하는 사이에 달려 있습니다. 만약 근본이 바르지 않다면 그 말단이 제대로 되지 않을 것이니, 반드시 본원상(本源上)에서 경계하고 신칙해야 할 것입니다." 하고,

ⓒ 한국고전번역원 | 소진희 (역) | 2003

16. 抑非損惡은 所以禳過오

◘해석◘ 옳지 않은 것을 억제하고 나쁜 것을 덜어내는 것은 과실을 피하기 위함이다.

[張註] : 禳은 猶祈禳而去之也이니 非至於無抑하고 惡至於無損하면 過可以無 禳矣라.

◘해석◘ 양은 기도하여 없애도록 하는 것이다. 옳지 않은 것이 있어도 억제하지 않는데 까지 이르고 나쁜 것이 있어도 덜지 않는데 까지 이르면 과실이 생겨도 피할 수 없다.
※ 禳 기도할 양 피할 양

[魏註] : 抑者遏也 遏其是非之心, 損者滅也 滅其造惡之事 可以除己之過.

◘해석◘ 억이란 막는 것이다. 시비의 마음을 막는 것이다. 손이란 없애는 것이다. 악을 만드는 일을 없애는 것은 자신의 과실을 제거할 수 있다.

★ 과실이 없을 수는 없기 때문에 항상 기도하는 마음으로 없기를 바라는 것이다. 기도만 한다고 되는 것이 아니라 옳지 않은 것은 억제하고 나쁜 것은 적게 하려고 하는 끊임없는 노력을 통해 기도하는 마음이 이루어 질 것이다.

17. 貶酒闕色은 所以無汚오

◘해석◘ 술을 물리치고 여색을 멀리하는 것은 오점이 생기지 않게 함이다. ※ 貶:물리칠 폄

[張註] : 色敗精이니 精耗則害神하고 酒敗神이니 神傷則害精이라.

◘해석◘ 색은 정을 없애고 정이 소모되면 신을 해진다. 술은 신을 없애고 신이 손상되면 정을 해친다.

[魏註] : 酒色於人損而無益 使人神不清 智不明, 神濁卽滅筭, 智暗卽聽政不審也.

◘해석◘ 주색은 사람에게 손해만 끼치고 이익이 없고 사람의 정신을 흐리게 하고 지혜를 밝지 않게 한다. 정신이 탁하면 계산이 없어지고 지혜가 어두워지면 정치를 들어도 살피지 않게 된다. ※ 筭:산가지산

★ 동의보감 주상酒傷편에 보면 술이 위胃로 들어가면 술의 성질이 뜨겁고熱, 위上로 올라가기 때문에 위기胃氣가 조화롭지 않게 되어 담痰을 만들고 또 정기精氣를 소모시킨다耗竭고 했다. 담痰은 위胃에서 울체되면 열을 만든다. 이 열은 위上로 올라가 폐에 나쁜 영향을 주는 적사賊邪가 되어 폐가 건조하게 된다. 폐가 건조하게 되면 기를 생성하는 기능을 떨어뜨릴 뿐 아니라 기를 소모시킨다. 또 폐는 소변을 위上에서 조절하는 기능을 가지고 있는데 폐의 상황이 나빠지면 소변이 아래下에서 시원하게 나오지 않게 되고 폐는 대장과 더불어 표리의 관계가 있으므로 대변도 시원하게 나오지 않게 된다. 결국 배설작용이 원활하게 되지 않아 건강이 나빠지게 된다. 이런 이유 등으로 술을 오래, 많이 먹게 되면 몸 전체가 손상되는 허로虛勞가 된다 했다.

18. 避嫌遠疑는 所以不悞오

◧해석▷ 혐오하는 것을 피하고 의심을 멀리하는 것은 그릇되지 않기 위함이다.
  ※ 悞: 그릇오 속일오 의심할 오

[張註] : 於跡에 無嫌하고 於心에 無疑면 事乃不悞爾라.

◧해석▷ 행적에 혐오하는 것이 없고 마음에 의심이 없으면 일은 그릇됨이 없게 될 것이다.

[魏註] : 處於嫌疑 寧無禍患.

◧해석▷ 혐의가 있는 곳에 있으면 어찌 화나 우환이 없겠는가.

★ 배나무 밑에서 갓끈을 고치지 말고, 외밭에서 신을 고쳐 신지 말라

19. 博學切問은 所以廣知오

◧해석▷ 널리 공부하고 절실히 묻는 것은 넓게 알기 위함이다.

[張註] : 有聖賢之質하고 而不廣之以學問은 不勉故也이라.

◧해석▷ 성현의 자질이 있는데 학문으로 넓히지 않는 것은 힘쓰지 않기 때문이다.

[魏註] : 前王之教 傳於典籍 博而覽之以成學業, 切問者有不明之義 切而問之以廣其智.

◧해석▷ 전왕의 가르침은 문헌으로 전해진다. 넓게 두루 섭렵하여 학업을 이루어야 한다. 절문이란 분명하지 않은 뜻이 있으면 자세히 물어서 지혜를 넓히는 것이다.

★ 중용33)에 "博學之 審問之 愼思之 明辯之 篤行之 ○此 誠之之目也 學問思辨 所以擇善而爲知 學而知也, 篤行 所以固執而爲仁 利而行也 程子曰 五者廢其一 非學也"

◉해석◉ 널리 학습하고 살펴 물으며 신중하게 생각하고 분명하게 분별하며 독실하게 행동하라하였다. ○이는 성실하게 하려면 해야 하는 목록이다. 학, 문, 사, 변은 선을 택하여 지로 하는 것이니 배워서 아는 것이고, 독실한 행동은 고집하여 인으로 하는 것이니 이익이 있어 행하는 것이다. 정자가 말하기를 박학 심문 신사 명변 독행 이 다섯 가지에서 하나라도 하지 않으면 학문이 아니라 하였다.

★ 중용34)에 "或生而知之 或學而知之 或困而知之 及其知之 一也. 或安而行之 或利而行之 或勉强而行之 及其成功 一也. 子曰 好學 近乎知, 力行 近乎仁, 知恥 近乎勇. ○知之者之所知 行之者之 所行 謂達道也 以其分而言則所以知者 知也 所以行者仁也 所以至於知之成功而一者 勇也 以其等而言則生知安行者知也 學知利行者仁也 困知勉行者勇也"

◉해석◉ 혹 나면서부터 아는 경우도 있고 혹 공부해 아는 경우도 있고 혹 어려움을 당해 아는 경우도 있지만 알고 나면 모두 같다. 혹 저절로 행동하기도 하고 혹 이익이 있어 행동하기도 하고 혹 애써 행동하기도 하는데 성공하여서는 모두 같다. 공자께서 말씀하시기를 배우는 것을 좋아하는 것은 지에 가깝고, 힘써 행하는 것은 인에 가깝고, 수치를 안다는 것은 용에 가깝다고 하셨다. ○안다고 하는 지와 행한다고 하는 행은 도에 도달한 것이다. 나누어 말한다면 안다고 하는 것은 지이며 행하는 것은 인이다. 안다고 하는 것의 성공함에 이르러서는 하나로 같다는 것은 용이다. 그 등급을 나누어 말한다면 생지·안행은 지이고, 학지·이행은 인이며 곤지·면행은 용이다.

★ 논어35) 권19 자장(子張)에 "子夏이曰博学而篤志하며 切問而近思하면 仁在其中矣니라."

◉해석◉ 자하가 말씀하시기를 널리 배우고 뜻을 돈독하게 하며 절실히 묻고 자신의 미치지 못한 일에 대한 생각을 하여 사思에 가깝게 하면 인은 그 중에 있다고 하셨다.

★ **승정원일기 9책 (탈초본 1책) 인조 3년 9월 26일 신미 23/23 기사 1625년 天啓(明/熹宗) 5년**

資政殿에 吳允謙 등이 입시하여 孟子를 進講한 뒤 상전을 濫施하는 문제, 인재 등용 문제 등에

---

33) 중용 전게서 p86
34) 중용 상게서 p72-74
35) 논어 명문당 1976 p391

대해 논의함

자정전에서 주강을 행할 때 지사 오윤겸 등이 입시하여 《맹자》를 진강한 뒤 가자가 지나치게 시행되는 문제 등에 대해 논의하였다

○午正, 上御資政殿。畫講入侍, 知事吳允謙, 參贊官崔鳴吉, 特進官張維, 參贊官徐景雨, 檢討官沈之源, 記事官黃㦿·具鳳瑞, 睦性善。講孟子告子上篇。上讀前受音一遍。鳴吉進講, 自孟子曰, 仁之勝不仁也。止然況聖人之道乎? 上讀新受音一遍, 大文釋一遍,

◉해석◉ 정오에 상이 자정전(資政殿)에 나아가 주강을 행하였다. 지사 오윤겸(吳允謙), 참찬관 최명길(崔鳴吉), 특진관 장유(張維), 참찬관 서경우(徐景雨), 검토관 심지원(沈之源), 기사관 황호(黃㦿)·구봉서(具鳳瑞)·목성선(睦性善)이 입시하였다. 《맹자》 고자 상편을 강하였다. 상이 전에 배운 대목을 음으로 한 번 읽었다. 최명길이 진강하였는데, '맹자왈인지승불인야(孟子曰仁之勝不仁也)'에서 '연황성인지도호(然況聖人之道乎)'까지였다. 상이 새로 배운 대목을 음으로 한 번 읽고 대문(大文)을 한 번 해석하였다.

鳴吉講論旨義曰, 仁者, 天理之正, 不仁者, 人慾之僞, 以理揆之, 僞不勝眞, 而天理之微, 如泉始達, 必須擴充, 可勝私慾, 工夫未盡, 牽於血氣, 天理之心微, 物慾之弊重, 則仁反不勝矣。且仁雖本貴, 而未至於熟, 反不如衆技之有成, 成仁之道, 在於不息, 不息之義, 如羿之敎射, 大匠之誨人, 雖是末藝, 必有其法, 況學者工夫, 豈無其法乎? 入小學則知事親之方, 入大學, 則習新民之道, 此誠學者規模也。

◉해석◉ 최명길이 지의(旨義)를 강론하기를, "인(仁)이란 바른 천리(天理)이고 불인(不仁)이란 거짓된 인욕(人慾)입니다. 이치로 보면 거짓이 진실을 이기지 못하는 것이지만, 은미(隱微)한 천리는 샘물이 처음 솟아나는 것과 같아서 반드시 확충(擴充)을 해야만 사욕(私慾)을 이길 수가 있고, 공부가 미진하여 혈기(血氣)에 이끌려서 천리가 발현되는 마음이 미약하고 물욕이 일어나는 것이 클 경우에는 인이 도리어 불인을 이길 수 없습니다. 그리고 인은 본래 귀중한 것이지만 익숙하게 행하는 경지에 이르지 않으면 도리어 기예(技藝)로 일가(一家)를 이루는 것보다 못한 법입니다. 인을 완성하는 방도는 쉬지 않고 행하는 데에 달려 있는데, 쉬지 않고 행한다는 뜻은 예(羿)가 활쏘기를 가르치고 도목수(都木手)가 기술을 가르칠 때처럼 쉬지 않아야 한다는 것입니다. 아무리 하찮은 기예라도 반드시 그 법(法)을 따르는데, 더구나 학자의 공부에 있어 어찌 그

법이 없겠습니까. 소학(小學)에 들어가면 어버이를 섬기는 방도를 알게 되고 대학(大學)에 들어가면 백성을 새롭게 하는 방도를 익히니, 이것이 진실로 학자의 정식(程式)입니다." 하였다.

上曰, 爲仁不熟, 反不如他道之有成, 此言, 何如? 鳴吉曰, 此言觀來, 似有可疑, 而蓋勸其成熟也. 有如不有博奕之語, 言雖抑揚, 而實勸學者矣. 大槪此言, 勸其成熟, 然爲仁不成, 豈不如他道乎? 僉曰, 聖敎允當.

◙해석◙ 상이 이르기를, "'인을 행함에 있어 익숙하게 하지 않으면 도리어 다른 기예로 일가를 이루는 것보다 못하다.'고 하였는데, 이 말이 어떤가?" 하니, 최명길이 아뢰기를, "이 말을 보면 의심스러운 점이 있는 듯합니다만, 이는 익숙하게 행하기를 권면하는 뜻에서 한 말이니, '하루 종일 마음을 쓰는 곳이 없기보다는 장기나 바둑이라도 두는 것이 낫다.'는 말과 같은 어법입니다. 말이 과장된 부분이 있긴 하지만 실제로 학자에게 권면하는 뜻에서 한 말입니다." 하자, 상이 이르기를, "대체로 이 말이 익숙하게 행하기를 권면하는 뜻에서 한 말이기는 하나 인을 행하되 제대로 이루지 못한 것이 어떻게 다른 기예로 일가를 이루는 것보다 못하겠는가." 하니, 모두 말하기를, "성상의 하교가 지당하십니다." 하였다.

鳴吉曰, 爲學之道, 上下豈異? 聖上立志如此, 何患不以政令言之. 正其義不謀其利, 明其道不計其功者多, 必須勉勵無間, 使至極地, 毋患仁道之高遠而難行也. 漢武, 多欲之主, 而古人猶許其有大志, 立志旣定, 惟在充擴而已.

◙해석◙ 최명길이 아뢰기를, "학문하는 방도가 어찌 위아래가 다르겠습니까. 성상의 입지(立志)가 이러하시니, 어찌 정령(政令)으로 말하지 않는 것을 걱정할 필요가 있겠습니까. 의리를 바르게 행하고 이익을 도모하지 않으며 도를 밝히고 공(功)을 계산하지 않는 경우가 많으실 것이니, 끊임없이 노력하시어 지극한 경지에 이르도록 할 것이며, '인도(仁道)는 고원(高遠)하여 행하기 어렵다.'고 걱정할 것은 없다고 생각됩니다. 한 무제(漢武帝)는 욕심이 많은 군주였지만 옛사람들이 오히려 그의 큰 뜻은 인정하였으니, 뜻이 확고히 세워진 뒤에는 오직 그것을 확충해 나가면 되는 것입니다." 하고,

允謙曰, 他道有成, 雖如管·晏, 而聖人不取者, 蓋以有利欲也. 明道不計功者, 只爲當然之理, 立志如此, 事必正大, 若欲成事, 計其利害, 則不能光明矣. 缺十餘行

●해석▶ 오윤겸이 아뢰기를, "비록 관자(管子)나 안자(晏子:晏嬰)처럼 다른 일로 일가를 이루었더라도 성인(聖人)께서 인정하지 않았던 것은 그들이 이욕(利欲)이 있었기 때문입니다. 도를 밝히고 공을 계산하지 않는 자는 당연한 이치를 행할 뿐이니, 뜻을 이렇게 세우셨다면 반드시 일이 공명정대하게 될 것입니다. 그러나 만약 일을 이루고자 하여 이해를 계산하신다면 광명한 경지에 이를 수 없을 것입니다. - 10여 행 원문 빠짐 -

ⓒ 한국고전번역원 | 이기찬 (역) | 2003

20. 高行微言은 所以修身이오

●해석▶ 행동은 고결하게, 말은 적게 하는 것은 몸을 수련하기 위함이다.

[張註] : 行欲高而不屈하고 言欲微而不彰이라.

●해석▶ 행동이 고결하고 굽히지 않으며 말은 적게 하고 들어나지 않게 하는 것이다.

[魏註] : 高行者處下而不深 居衆而不羣 謂之高. 行微言者習先王典誥垂敎之言 以化人 謂之微言. 專而行之 謂之修身.   ※ 典誥:임금의 명령은 사람들에게 알리기 위해 작성한 문서, 垂敎:선대의 가르침을 후세에 내림

●해석▶ 고행이란 아래에 처해도 깊게 빠지지 않고 대중 속에 있다 해도 무리를 짓지 않는 것을 고행이라 한다. 미언을 행한다는 것은 선왕의 전고와 가르침을 학습하여 사람을 교화하는 것을 미언이라 한다. 전적으로 행하는 것을 수신이라 한다.

★ 승정원일기 5책 (탈초본 1책) 인조 3년 4월 28일 을사 13/14 기사 1625년 天啓(明/熹宗) 5년

徐渻 등이 입시하여 孟子를 進講함

萬甲曰, 人固有不虞之譽, 求全之毁, 孔子亦被誣於叔孫, 修己者, 當以毁譽爲外物, 而反求諸己, 觀人者, 亦如是, 則毁譽不得行矣。末世之人, 以毁譽爲善惡, 凡人不足言。至於君上, 亦以毁譽而有動於心, 觀人者, 必須觀其實行耳。

●해석● 나만갑(侍讀官 羅萬甲)이 아뢰기를, "사람에게는 진실로 예상치 못한 칭찬이 있기도 하고 완전함을 구하다가 받게 되는 비방도 있으니, 공자(孔子)가 숙손(叔孫)에게 무함(誣陷)을 당한 것도 그런 경우입니다. 자기를 닦는 자는 비방이나 칭찬을 밖에서 이르는 외면적인 문제로 여기고 도리어 자신을 반성하는 데에 심혈을 기울입니다. 사람을 관찰하는 경우에도 이렇게 한다면 비방과 칭찬이 먹혀들 수 없을 것입니다. 말세(末世)의 사람들은 비방과 칭찬을 선과 악으로 생각하는데, 일반 사람은 말할 것도 없고 임금의 경우에도 비방과 칭찬에 마음이 움직이는 경우가 있으니, 사람을 관찰하는 경우에는 반드시 그의 실제 행실을 살펴보아야 할 것입니다." 하였다.

又曰, 人之易其言也, 無責己矣者, 凡人有操守者, 自然言語簡重, 出口成章, 常人無操守故言不中節, 或以不關之言而被禍者, 多矣。孟子此言, 必有爲而發也。蓋語默最難, 朱子曰, 言有時衝口而出, 庸言之謹, 庸德之行, 豈不難哉? 人君有一言而興邦, 一言而喪邦, 尤可畏也。

●해석● 또 아뢰기를, "'사람이 말을 함부로 하는 것은 꾸짖음을 받지 않았기 때문이다.'라고 한 것은, 사람 가운데 절조가 있는 사람은 자연 말이 적고 무거워 말을 하면 의미가 있지만, 보통 사람은 절조가 없기 때문에 말이 중도(中道)에 맞지 않은 나머지 더러 상관도 없는 말로 인해 화를 당하는 경우가 많다는 것입니다. 맹자의 이 말씀은 필시 어떤 일 때문에 말한 것으로 보이는데, 말할 때 말하고 침묵할 때 침묵하기가 가장 어려운 것입니다. 주자(朱子)가 말하기를, '말이 때로 불쑥 튀어나오는 경우가 있다.'고 하였으니, 말을 삼가고 덕(德)을 행하는 것이 어찌 어렵지 않겠습니까. 더구나 임금의 한 마디 말은 나라를 흥하게도 하고 망하게도 하니, 더욱 두려운 일이라 하겠습니다." 하였다.

ⓒ 한국고전번역원 | 이기찬 (역) | 2003

21. 恭儉謙約은 所以自守오 深計遠慮는 所以不窮이오

●해석● 공손하고 검소함과 겸손하고 제한하는 것은 스스로를 지키기 위함이다. 깊이 계획

하고 멀리까지 염려하는 것은 궁색함이 없도록 하기 위함이다.

[張註] : 管仲之計, 可謂能九合諸侯矣나 而窮於王道하고 商鞅之計 可謂能强國矣나 而窮於仁義하고 弘羊之計 可謂能聚財矣나 而窮於養民이니 凡有窮者는 俱非計也이라.

●해석● 관중의 계책은 가히 제후를 아홉 번이나 회맹을 가질 수 있었다고 말할 수 있지만 왕도를 기준으로 볼 때에는 궁색하고, 상앙의 계책은 강국으로 만들 수 있었지만 인의의 기준으로 볼 때에는 궁색하며, 홍양의 계책은 재물을 모을 수는 있었지만 백성을 살찌우게 한다는 기준으로 볼 때에는 궁색하다. 궁색하다는 것은 모두 계책이 아니다.

[魏註] : 恭恭於物 人能敬之 儉約謙和可保終吉. 計不深而必敗, 慮不遠而必憂 故君子深遠計慮 而能不處於窮極之地也. ※ 恭:공손하다 조심하다 삼가다
謙:겸손할 겸

●해석● 사물을 잘 받들면 사람들이 능히 공경한다. 검소하며 검약하고 자신을 낮추어 조화롭게 하면 가히 마지막을 길하게 보존할 것이다. 계획이 깊지 않으면 반드시 패하고 생각을 멀리까지 하지 않으면 반드시 우환이 있다. 그러므로 군자는 깊고 멀리 계획하고 생각하여 아주 궁색한 처지에 처하지 않도록 한다.

★ 관중(BC723-645): 춘추시대 제齊나라의 재상
　춘추시대는 공자가 노魯나라의 은공隱公 원년(BC722)에서 애공哀公 16년(BC479) 까지의 기록을 편집하여 춘추라 하였는데 여기서 이름을 따왔다. 춘추시대에 대해 시대적 구분은 여러 설이 있으나 대체로 BC770년부터 한韓, 위魏, 조趙가 진晉나라에서 셋으로 나누어진 시기인 BC 453년 까지를 말한다.

　관중은 제나라사람인데 제나라는 주가 통일한 후 강태공에게 주었던 나라이며 제나라를 춘추시대 오패五霸 중 하나로 만든 사람이었다. 오패는 제환공齊桓公, 진문공晉文公, 초장왕楚莊王, 오왕 합려吳王 闔閭, 월왕 구천越王 句踐이다. 그는 포숙아의 추천으로 제나라 환공의 재상이 되었다. 제나라 환공은 13대 희공僖公의 셋째 아들로 첫째는 제아諸兒, 둘째는 규糾이며 셋째는 소백小白이다. 제아가 양공襄公이 되어 왕위에 올랐으나 자신의 여동생이며 노나라로 시집

간 문강과 근친상간을 하는 등 왕으로서 무지한 행동을 하였다. 그러자 규는 그의 스승인 관중과 함께 노나라로, 소백은 그의 스승인 포숙아와 함께 제나라와 가까운 거莒나라로 망명을 하였다. 그 후 양공은 사촌인 공손무지에게 살해당하고, 공손무지도 살해당하자 규와 소백은 제나라의 왕위를 찾기 위해 귀국을 서둘렀다. 소백이 지리적으로 가까워 유리한 입장이어서 먼저 도착할 것을 우려해 관중이 소백을 활로 저격하려 했으나 소백의 허리띠에 맞아 죽지 않았다. 관중은 소백이 활에 죽은 것으로 믿고 규와 더불어 늦게 제나라에 도착하였다. 먼저 제나라에 도착한 소백이 새로운 군주가 되었고 늦게 도착한 규와 왕위쟁탈전이 있었으나 규를 무찌른 다음 노나라에게 규를 죽이고 관중을 죄인으로 죽이고자 제나라로 보내도록 요청하였다. 이때 포숙아는 관중을 재상으로 삼기를 추천하여 환공이 된 소백이 받아들였고 나중에 중보仲父라는 칭호까지 내렸다. 관중은 경제를 바탕으로 한 부국강병책과 존왕尊王으로 주나라 왕실을 보호하고, 양이攘夷로 오랑캐를 무찔러 중국을 보호한다는 존왕양이尊王攘夷 정책을 써 주변 약소국 위해 토벌하는 등 활약으로 환공 7년에 견甄이란 곳에서 제후들을 소집하여 회맹會盟을 가져 패자로 등극하고 이후 규구葵丘에서 여덟 차례 더 회맹을 가졌다. 포숙아는 평소는 물론이고 환공이 죽이려고 한 관중을 재상으로 추천하여 관중은 나를 나아준 사람은 부모이나 나를 알아준 사람은 포숙이라는 말을 하였다고 하여 그들의 우정을 관포지교管鮑之交라 후세에 칭한다.

★ 상앙(B.C.395-338)

전국시대 법가法家의 대표적 인물로 진秦나라 효공孝公 때 변법變法을 시행하여 진나라를 부유하고 강대한 나라로 만들었으며 그가 혁신적으로 바꾼 법을 상앙변법商鞅變法이라 한다. 상앙의 법은 부국강병을 하도록 제정되었으나 연좌제 등 법의 구속을 많이 받는 불편함을 주었다. 특히 그는 법 시행을 엄격히 한 것으로 아래 위없이 적용하여 기존세력의 원망을 많이 받아 효공이 죽자 거열형을 받아 사망한다.

그는 남문에다 세발 길이(三丈) 나무를 놓고 북문으로 옮기면 상금을 주는데 처음에는 응하는 자가 없었으나 나중에 몇 배의 상금으로 올리자 옮기는 자가 나타나서 올린 상금을 그대로 주어 백성의 믿음을 얻었다고 한다.

★ 심홍양(B.C.155?-80)

전한시대 정치가 한무제 때의 대신으로 경제정책을 시행함. 심양홍은 한나라 초기에 소금과 철의 민간운영 허용으로 인한 국가재정의 감소를 국영화를 함으로써 재정을 충당하였고 또 공물의 운송은 균수법均輸法으로 공물의 물가는 평준법平準法으로 장악하여 중앙집권의 힘을 키웠다. 뿐만 아니라 화폐개혁을 하여 오수전五銖錢이라는 화폐를 만들어 화폐제도가 통일되었고 주류전매 등 중앙재정을 개선시키는데 힘을 썼다. 그는 이런 경제정책으로 인해 재물을 모은 취렴지신聚斂之臣의 인물로 평가되기도 한다.

★1. 승정원일기 5책 (탈초본 1책) 인조 3년 4월 28일 을사 13/14 기사 1625년 天啓(明/熹宗) 5년

徐渻 등이 입시하여 孟子를 進講함

趙翼曰, 正己而物正, 惟大人能之, 然人主必須聽信臣下之言, 若以進言之臣爲非格非之大人, 而不爲聽信, 則所謂大人者, 何從而得之哉? 上曰, 不以人廢言, 聽言之道, 豈在其人之賢否? 萬甲曰, 王安石, 宋之小人, 而一時諸儒, 或以其言爲可采者矣。

◆해석▶ 조익이 아뢰기를, "자기를 바르게 하면서 상대도 바르게 하는 것은 대인만이 할 수 있으나 임금은 반드시 신하의 말을 들어 주고 믿어 주어야 하는 것입니다. 만약 진언(進言)하는 신하를 잘못을 바로잡는 대인이 아니라 하면서 들어 주고 믿어 주지 않는다면 이른바 대인을 어디에서 얻을 수 있겠습니까." 하니, 상이 이르기를, "사람이 형편없다 하여 그 말까지 폐해서는 안 되는 것이니, 말을 들어 주는 도(道)가 어찌 그 사람의 현부(賢否)에 달려 있겠는가." 하였다.

渻曰, 若比安石於悖性之小人, 則此是過中之論。國初宋史, 未及頒布於我國, 或以爲安石當在小人之列, 而河緯地以爲, 安石當在於名臣之傳, 及宋史之頒, 安石果在名臣之傳, 安石乃一時名流, 而其執拗不通, 學術乖舛, 故變亂舊章, 幾至亡國, 而其給饋餉不絶, 建議行郊天禮等事, 自安石而行之爲善, 缺

◆해석▶ 서성(同知事 徐渻)이 아뢰기를, "만약 왕안석을 본성을 그르친 소인에 비유한다면 이는 지나친 의논입니다. 국초(國初)에 《송사(宋史)》가 아직 우리나라에 배포되지 않았을 때, 혹자가 왕안석을 소인의 대열에 속하는 인물이라고 하자, 이에 대해 하위지(河緯地)는 '왕안석은 명신전(名臣傳)에 넣어야 한다.'고 하였습니다. 그런데 막상 《송사》가 반포된 뒤

에 보니, 왕안석이 과연 명신전에 들어 있었습니다. 왕안석은 당대의 명류(名流)였으나 고집불통인 데다가 학문도 사리에 어긋나는 점이 많았으므로 옛 제도를 바꾸어 혼란스럽게 함으로써 결국 거의 나라를 망치는 데에 이르게 하였지만 군량을 끊이지 않고 공급하도록 한 것이나 건의를 통해 교천례(郊天禮)를 행하도록 한 따위의 일은 왕안석으로 말미암아 행해진 일인데, 아주 잘한 일입니다. -원문 빠짐-

翼曰, 安石學術乖舛, 而文章節行高出一世, 故一時諸公, 未有知其爲姦邪, 惟其學術乖舛, 故終至於誤國。若青苗法, 則管仲用之於齊, 商君用之於秦, 安石祖述管·商而行之, 蓋其篤學, 全不知道, 而以事功爲主故也。

●해석▶ 조익(參贊官 趙翼)이 아뢰기를, "왕안석은 학문이 사리에 어긋난 점이 많았지만 문장(文章)과 절행(節行)은 일세를 풍미하였으므로 당대의 제공(諸公)들이 그의 간사함을 아는 이가 없었던 것입니다. 그러나 그의 학문이 사리에 어긋나는 점이 많았기에 결국에는 나라를 그르치는 데에 이르게 된 것입니다. 청묘법(靑苗法)의 경우는 관중(管仲)이 제(齊)나라에서 행하고 상군(商君)이 진(秦)나라에서 사용했던 제도로, 왕안석이 관중과 상군이 행하던 것을 계승하여 행한 것입니다. 그런데 그가 이런 것을 독실하게 배운 이유는 도(道)는 전혀 모른 채 일과 공(功)을 위주로 했기 때문입니다." 하였다.　★상군(商君):상앙

ⓒ 한국고전번역원 ┃ 이기찬 (역) ┃ 2003

◎2. 중종실록 99권, 중종 37년 11월 12일 무오 5번째 기사 1542년 명 가정(嘉靖) 21년

세자(世子) 시강원(侍講院) 보덕 정원(輔德, 鄭 源)이 세자에게 학문에 힘쓰고 근면할 것을 아뢴 표문

學無窮理之明, 道無反身之誠, 心有私係, 而不能廓然於是非之地, 故事變之來, 不能應之以是心而無窮, 天下之理, 不知反之吾一身而有裕。於是, 未免有私意小智, 竊仁義之偏, 害正理而不公, 天理人慾, 昧取舍之幾, 喪道眞而莫辨。是以, 道訛而政紊, 俗淪而士散, 所謂千聖相傳心法之要者, 於是不復講矣。

◐해석◑ 학문을 함에는 이치를 궁구하는 밝은 식견이 없고 도를 닦음에는 자신을 반성하는 성의가 없으며 마음에는 사욕이 있어 시비(是非)에 확연하지 못하므로 사변(事變)이 닥치는데 이 마음으로 막힘 없이 응하지 못하고, 천하의 이치를 나의 일신에 돌이켜서 여유 있게 가질 줄을 모릅니다. 그래서 사의(私意)와 소지(小智)로 인의(仁義)를 일시 가장하여 정리(正理)를 해쳐 공평하지 못하고 천리와 인욕에 대한 취사 선택의 기준에 어두워서 진도(眞道)를 잃고도 분변하지 못합니다. 이런 때문에 도리가 그릇되고 정치가 문란하며, 풍속이 침체되고 사기(士氣)가 흩어져 이른바 천성(千聖)이 서로 전수한 심법의 요체가 이에서 다시 강명되지 않는 것입니다.

孔子嘗病此, 而嘆管仲之器小。 蓋以當時之君, 旣不知帝王之道, 管氏又無窮理誠意之學, 徒能以私意小智, 責其君上, 故不能致其主於王道故也。

◐해석◑ 공자가 일찍이 이를 병통으로 여겨 관중(管仲)의 국량이 작음을 탄식하셨으니, 이는 대개 당시의 군주가 이미 제왕의 도리를 몰랐는데 관씨(管氏)조차 궁리(窮理)·성의(誠意)의 학문이 없어 한갓 사의(私意)와 소지(小智)만을 가지고 그 군주를 도왔으므로 그 군주를 왕도 정치의 영역에 이르게 하지 못하였기 때문입니다.

孟子曰: "今之諸侯, 五霸之罪人也; 今之大夫, 今之諸侯之罪人也。" 是知世愈下, 而道愈晦, 君臣交陷於智詐, 而不知其治效, 反下於霸者之劣。 是以, 程子於王霸之辨, 戒之以審其初者丁寧。 蓋以學術之邪正, 其效至於治亂安危之有大相絶者, 而其端特在夫一念之微而已。《易》曰: "差之毫釐, 謬以千里。" 可不愼哉?

◐해석◑ 맹자孟子는 '오늘날의 제후諸侯는 오패五霸의 죄인이고, 오늘날의 대부大夫는 오늘날 제후의 죄인이다.' 하였으니, 이에서 세대가 내려올수록 도가 더욱 어두워짐을 알 수 있습니다. 임금과 신하가 함께 지사智詐에 빠져서 그 정치의 효과가 도리어 패자霸者의 하위에 밑도는 것을 알지 못합니다. 이 때문에 정자程子는 왕王·패霸를 분별함에 있어 그 처음을 살피라고 간곡히 경계하였으니, 그것은 대개 학술學術의 사邪·정正이 그 결과는 치란治亂·안위安危의 아주 동 떨어지는 지경에 이르지만 그 단서는 다만 한 생각의 은미한데 있을 뿐이기 때문입니다.《역易》에 이르기를 '호리毫釐의 차에 천리千里가 어긋나니 삼가지 않을 수 있겠는가.' 하였습니다.

【태백산사고본】 50책 99권 54장 B면【국편영인본】 18책 632면

★ 논어36) 권3 팔일八佾에 "子曰 管仲之器 小哉. 或曰 管仲儉乎 曰管氏有三歸 官事不攝 焉得儉. ○三歸 臺名 事見 說苑 攝兼也. 家臣不能具官 一人常兼數事 管仲不然 皆言其侈"

◉해석◑ 공자께서 말씀하시기를 관중의 그릇은 작도다. 혹자가 말하기를 관중은 검소했습니까? 공자께서 가로되 관중은 삼귀 즉 누대가 세 개 있었고 가신들은 관청의 일을 하지 못하게 하였는데 보통 한 사람이 여러 관직을 겸할 수 있었으나 관중은 그러하지 않았다 이들은 모두 관중이 사치함을 말한다.

◎ 논어 권14 헌문憲問에 "子曰 管仲 相桓公霸諸侯 一匡天下 民到于今 受其賜 微管仲 吾其被髮左衽矣 ○微 無也. 被髮左衽 夷狄之俗也"

◉해석◑ 공자께서 말씀하시기를 관중이 환공의 재상이 되어 제후를 호령하는 패자가 되어 천하를 바르게 하여 백성이 지금에 이르러 그 은덕을 받았다. 관중이 아니라면 우리는 오랑캐의 풍속처럼 머리를 늘어뜨리고 옷깃을 좌측으로 여미었을 것이다 라 하셨다.

★ 상앙

◎1. 정종실록 2권, 정종 1년 10월 8일 갑진 4번 째 기사 1399년 명 건문(建文) 1년

첨서중추원사(簽書中樞院事) 권근(權近)이 상서하여 시정(時政)의 여섯 가지 일을 말하다

六曰示政令之信。信者, 人君之大寶。國保於民, 民保於信。魏文侯不失虞人之期, 秦孝公不廢徙木之令, 所以全信也。

[해석] 여섯째는 정령(政令)의 신(信)을 보이는 것입니다. 신(信)이라는 것은 인군(人君)의 큰 보배이니, 나라는 백성으로 보전되고, 백성은 신(信)으로 보전되는 것입니다. 위(魏)나라 문후(文

---
36) 논어 전게서 권지3팔일 p58-59, 권지14헌문p295

侯)가 우인(虞人)과의 약속을 어기지 않았고097) , 진(秦)나라 효공(孝公)이 나무를 옮기[徙木]는 명령을 폐하지 않은 것098)은 신(信)을 온전히 한 것입니다.

[註 097] 위(魏)나라문후(文侯)가 우인(虞人)과의 약속을 어기지 않았고 : 위(魏)나라의 문후(文侯)가 우인(虞人)과 더불어 사냥하기로 약속하였는데, 그날 마침 비가 몹시 내리니, 좌우에서 만류하였으나, 문후가 말하기를,"내가 우인(虞人)과 약속하였으니, 어찌 약속한 대로 가지 않을 수 있겠는가?" 하고, 드디어 약속대로 갔다는 고사(故事).

[註 098] 진(秦)나라효공(孝公)이 나무를 옮기[徙木]는 명령을 폐하지 않은 것은 : 진(秦)나라 효공(孝公)이 상앙(商鞅)의 개혁안(改革案)을 채용할 때, 백성들이 법을 믿지 않을까 두려워하여 세 길이나 되는 나무를 도성(都城)의 남문(南門)에 세워 놓고, 백성들에게 이것을 북문(北門)으로 옮기는 자가 있으면 50금(金)을 주겠다고 선포하였는데, 한 사람이 옮기는 자가 있으므로 곧 50금을 주었다는 고사(故事). ★도목지상(徙木之賞)이라 한다

【태백산사고본】 1책 2권 12장 A면【국편영인본】 1책 157면

◎ 2. 태종실록 18권, 태종 9년 9월 19일 무자 1번 째 기사 1409년 명 영락(永樂)7년

민무질·민무구 등의 옥사와 연관된 호조 판서 이빈 등을 신문하다

"上曰: "金瞻何罪?" 對曰: "尹穆言: '瞻至吾家, 嘗言:「商君相秦, 孝公定變法之令。 惠文王, 時爲太子犯法,

[해석] 임금이 말하기를, "김첨(金瞻)은 무슨 죄인가?" 하니, 대답하기를, "윤목(尹穆)이 말하기를, '첨(瞻)이 내 집에 와서 일찍이 말하기를,「상군(商君)이 진(秦)나라 효공(孝公)을 도와 변법(變法)의 영(令)을 정하였는데, 혜문왕(惠文王)이 그때에 태자(太子)로 있으면서 법을 범하였다.

乃曰:「法之不行, 自上犯之。太子, 君嗣也, 不可刑。」刑其傅公子虔。及孝公卒, 公子虔之徒, 告商君欲反, 發吏捕之, 終以車裂。」'

[해석] 이에 상군이 말하기를, 법이 행해지지 않는 것은 위에서부터 범하기 때문이다. 태자(太子)는 임금의 저사(儲嗣)이니 형벌할 수 없다 하고, 그 스승[傅] 공자건(公子虔)을 형벌하였는데, 효공이 죽은 뒤에 공자건의 무리가 상군이 반(反)하려고 한다고 고하여, 아전[吏]을 발동시켜 상군을 잡아서 마침내 거열(車裂)하였다.

今若無咎等復起, 則當有如鞅者。臣等欲以穆言, 詰之瞻耳。"

[해석] 지금 만일 민무구閔無咎 등이 다시 일어나게 된다면 마땅히 상앙商鞅과 같은 자가 있을 것이다.」라고 하였다.' 하였습니다. 신 등이 윤목의 말로 김첨에게 힐문하고자 합니다." 하였다.

【태백산사고본】 7책 18권 24장 A면【국편영인본】 1책 508면

◎3. 성종실록 58권, 성종 6년 8월 26일 임인 4번 째 기사 1475년 명 성화(成化) 11년

법의 집행을 삼가 신중하게 하도록 의정부에 하교하다

昔舜爲天子, 皐陶爲士師, 明五刑, 克臻協中之治, 神禹之泣辠, 商湯之制官刑, 成周之陳臬事, 可見三代明德愼罰之遺意。

[해석] 옛날에 순(舜)이 천자(天子)가 되고 고요(皐陶)가 사사(士師)762) 가 되어 오형(五刑)을 밝혀서 중도(中道)에 합하는 정치에 이르게 했으며, 신우(神禹)763) 가 죄인(罪人)을 보고 울던 일과, 상탕(商湯)764) 이 관형(官刑)765) 을 제정하던 일과 주(周)나라에서 법칙을 제정한 일은, 삼대(三代)766) 의 덕을 밝히고 처벌을 신중히 하던 남긴 뜻을 볼 수가 있었다.

周德衰, 而穆王有《呂刑》之作。陵夷至後世, 鄭 子産鑄《刑書》, 魏 文侯造《法經》, 網愈密而犯愈多。逮秦皇尙殘暴, 任斯、鞅, 法酷文峻, 毒痛生靈, 二世而亡, 可不戒哉? 漢 高寬仁, 約法三章, 文、景承之, 刑措不用。

[해석] 그러다가 주(周)나라의 덕이 쇠진(衰盡)하므로서 목왕(穆王) 때에 여형(呂刑767) 의 제작(制作)이 있게 되었다. 〈그 뒤〉 세상이 점차로 쇠퇴(衰頹)해져서 후세(後世)에 이르자 정(鄭)나라 자산(子産)768) 이 형서(刑書)를 주조(鑄造)하였고, 위(魏)나라 문후(文侯)가 법경(法經)을 만들게 되었으니, 법망(法網)은 더욱 촘촘한데도 범죄는 더욱 많아졌던 것이다. 진(秦)나라 시황(始皇) 때에 이르러서는 잔인(殘忍)하고 포학(暴虐)함을 숭상하였으며 이사(李斯)와 상앙(商鞅)에게 정치를 맡겨서 형법(刑法)이 가혹(苛酷)하고 조문(條文)이 엄준(嚴峻)하여 백성들에게 해독(害毒)을 끼쳤었다. 그래서 2대(代) 만에 멸망했으니 경계하지 않겠는가? 한(漢)나라 고조(高祖)는

마음이 너그럽고 어질어서 법령(法令)을 3장(章)으로 간략하게 했는데, 문제(文帝)와 경제(景帝)가 이를 계승하여 형벌의 규정은 두되 적용하지는 않았었다.

唐 太宗力行仁義, 貞觀中, 斷死刑不滿三十, 宋 太祖不嗜殺人, 仁宗亦曰:'朕未嘗罵人以死, 況敢濫刑?'歲活人以千計, 三代以下, 玆數君, 有足可稱。 豈不以緩刑尙德, 足以結民心而致歷年之久長歟?

[해석] 그리고 당(唐)나라 태종(太宗)은 인의(仁義)를 힘써 행했으므로 정관(貞觀)769) 무렵에는 사형(死刑)을 결단한 것이 30건에 지나지 않았으며, 송(宋)나라 태조(太祖)는 사람 죽이기를 좋아하지 아니하였고, 인종(仁宗)도 또한 말하기를, '짐(朕)이 사람을 죽으라는 말로써 꾸짖지 않았으니, 하물며 감히 함부로 형벌을 가(加)할 수가 있겠는가?' 하면서 한 해 동안에 사람을 살린 것이 1천 명이나 되었으니, 삼대(三代) 이하로 이 몇 몇 군주(君主)는 칭송할 만한 것이 있었다. 그러나 어찌 형벌을 늦추고 덕을 숭상한 것으로써 민심(民心)을 결합(結合)시켜 역년(歷年)의 장구(長久)함을 초래(招來)한 것이 아니겠는가?

【태백산사고본】 9책 58권 15장 B면【국편영인본】 9책 255면

[註 762] 사사(士師) : 재판관(裁判官).
[註 763] 신우(神禹) : 하(夏)나라 우왕(禹王).
[註 764] 상탕(商湯) : 은(殷)나라 탕왕(湯王).
[註 765] 관형(官刑) : 공무(公務)를 게을리 한 사람에게 주던 형벌.
[註 766] 삼대(三代) : 하(夏)·은(殷)·주(周).
[註 767] 여형(呂刑) : 《서경(書經)》 주서(周書)의 편명(篇名)인데, 그 내용은 고대의 형정(刑政)에 관한 것임.
[註 768] 자산(子産) : 공손교(公孫僑)의 자(字).
[註 769] 정관(貞觀) : 태종의 연호.

◎4. 연산군일기 36권, 연산 6년 2월 9일 임진 1번 째 기사 1500년 명 홍치(弘治) 13년

주해: 求人之志

고형산이 사복시의 말에 대해 아뢴 것은 따를 수 없다고 하다

○壬辰/傳曰: "高荊山所啓司僕馬事, 不可從也。古云: '法如牛毛。' 豈可輕改舊法乎?"

[해석] 전교하기를, "고형산(高荊山)이 사복시(司僕寺)의 말에 대해 아뢴 것은 좇을 수 없다. 예전 말에 '법이 쇠털 같다026).'고 하였는데, 어찌 가볍게 옛 법을 고칠 것이겠는가." 하였다.

【태백산사고본】 10책 36권 15장 A면【국편영인본】 13 책 400 면

[註 026] '법이 쇠털 같다 : 법령(法令)이 엄밀하다는 것을 비유함. 두보(杜甫)의 시에 "진시임상앙(秦時姙商鞅)이 법령여우모(法令如牛毛)"라 하였음.

★ 사복시는 조선시대 임금의 가마와 말, 외양간, 목장 등을 관리하던 관청이다. 사복시가 있었던 터의 표지석은 현재 서울 종로구 종로구청어린이집 앞에 있다.　　※ 寺:절사, 관사사, 관청시, 내관시.

◎5. 명종실록 6권, 명종 2년 윤9월 18일 병신 1번 째 기사 1547년 명 가정(嘉靖) 26년

조강에 나가자 동지경연사 임권이 형벌을 신중히 하라고 아뢰다

○丙申/上御朝講。同知經筵事任權曰: "治天下國家, 不可徒事於刑。刑罰之酷, 無過商鞅, 臨渭論囚, 渭水盡赤, 而二世卽亡。夫國有罪人, 以其治化之不達也。

[해석] 상이 조강에 나아갔다. 동지경연사 임권(任權)이 아뢰었다. "천하와 국가를 다스림에 있어 형벌만을 위주로 할 수는 없습니다. 형벌을 혹독하게 쓰기는 상앙(商鞅)보다 심한 자가 없어 위수(渭水)에서 죄수를 처형할 적에 위수가 다 붉게 물들 정도였습니다만, 이세(二世)에 망하였 습니다. 대체로 나라에 죄인이 있는 것은 정치의 교화가 미치지 못하였기 때문입니다.

【태백산사고본】 5책 6권 36장 B면【국편영인본】 19책 536면

◎6. 선조실록 8권, 선조 7년 1월 21일 정유 1번 째 기사 1574년 명 만력(萬曆) 2년

조강에 유희춘이 진강하여 소인이 정치를 좌우하게 되는 경우 등을 말하다

○丁酉/有朝講。領議政李鐸、知經筵金貴榮、特進官姜暹、許世麟、大司憲朴謹元、獻納洪仁健、副提學柳希春, 皆會政院,

[해석] 조강(朝講)005) 이 있었다. 영의정 이탁(李鐸), 지경연사 김귀영(金貴榮), 특진관 강섬(姜暹)·허세린(許世麟), 대사헌 박근원, 헌납 홍인건(洪仁健), 부제학 유희춘이 모두 모였다.

柳希春、謹元相繼入坐東邊向西, 而獻納下番, 亦連坐。史官三人坐於春等之後。上讀過前受, 希春卽講弗慮胡獲, 不爲(獲) 成, 知行幷進也。一人元良, 萬邦以貞, 德化俱隆也。希春以爲: "弗慮胡獲, 弗爲胡成, 主於陽動。君罔以辯言亂舊政, 臣罔以寵利居成功, 主於陰靜。然弗慮、胡獲一句, 已包下一段。蓋愼思, 則目無以辯言亂舊政, 以寵利居成功之患矣。"

[해석] 유희춘이 즉시 진강하기를, "'생각하지 않으면 어떻게 알며 행하지 않으면 어떻게 이루겠는가.'라는 말은 지행(知行)이 함께 진보된다는 것이고 '한 사람이 지극히 선량하면 모든 나라가 바루어진다.'는 말은 덕화(德化)가 모두 융성해지는 것을 말한 것입니다. 신의 생각에는 '생각하지 않으면 어떻게 알며 행하지 않으면 어떻게 이루겠는가.'란 말은 양동(陽動)을 주로 하는 것이고 '임금은 변설(辯舌)로 구정(舊政)을 어지럽히지 말아야 하고, 신하는 총리(寵利)로 성공을 차지하지 말아야 한다.'는 말은 음정(陰靜)을 주로 하는 것입니다. 그러나 '생각하지 않으면 어떻게 알겠는가.'라는 구절은 이미 아래 대문을 포괄하고 있으니, 대개 신중하게 생각한다면 변설로 구정을 어지럽히거나 총리로 성공을 차지하는 등의 염려는 저절로 없어지는 것입니다." 하였다.

又釋傳能思能爲, 作其聰明曰: "能思能爲, 非眞能也, 乃自以爲能也。" 又曰: "不思弗爲, 安於縱弛者, 猶病而不能調理飮藥也。以辯言亂舊政, 猶病而飮毒酒, 食毒物也。其害也尤急。所謂辨言以私意, 爲喜怒好惡。人主一有私意之偏, 則小人必逢迎, 而欺罔之。

[해석] 또 그 전(傳)의 '잘 생각하고 잘 행하여 총명한 척한다.'고 한 대문을 해석하기를, "'잘 생각하고 잘 행한다.'는 말은, 참으로 잘하는 것이 아니라 스스로 능하다고 여기는 것입니다." 하고, 또 아뢰기를. "'생각하지도 않고 행하지도 않는다.'는 것은 방종과 해이를 편안히 여기는

것이니 병이 있는데도 조리하거나 약을 먹지 않는 것과 같고 '변설로 구정을 어지럽힌다.'는 것은 병이 있는데도 독한 술을 마시고 독이 있는 음식을 먹는 것과 같아서 그 해독이 더욱 심해지는 것입니다. '변설'이란 자기의 사심(私心)으로 기뻐하고 성내며 좋아하고 미워하는 것인데, 임금이 조금이라도 편벽된 사심이 있으면 소인들은 반드시 영합하여 기망하는 것입니다.

若秦 孝公欲富國强兵, 則商鞅變爲疾耕力戰, 流血刻骨之法; 始皇暴虐無道, 李斯亦惡公論, 勸焚書而族滅, 以古非今; 漢 武帝征伐四夷, 國用不足, 則張湯、趙禹之徒, 取高皇帝約束, 而紛更之, 創爲見知, 故縱濫臨部主之法; 唐 明皇不念太宗裁抑, 宦官之憲, 崇長濫升, 卒基亡唐之禍; 宋 徽宗性淫巧奢侈, 而蔡京以淫侈, 導諛土木之役, 卒欲度前規, 而侈後觀, 祖宗儲積之物, 每以惟王不會爲言, 而盡用之。皆以辨言亂舊政者也。

[해석] 진 효공(秦孝公)이 부국 강병(富國强兵)을 바라자 상앙(商鞅)이 질경(疾耕)·역전(力戰) 같은 피를 흘리고 뼈를 깎는 법을 만들었고, 진 시황(秦始皇)이 포악 무도하자 이사(李斯) 또한 공론을 싫어하며 분서(焚書)하도록 권하고 옛것을 가지고 오늘날을 비난하는 자는 멸족(滅族)하도록 권했습니다. 한 무제(漢武帝)가 사방 오랑캐를 정벌하다가 국가의 용도(用度)가 부족하자 장탕(張湯)·조우(趙禹)의 무리가 고황제(高皇帝)의 약속(約束)006) 을 어지러이 고쳐 견지 고종 감림부주법(見知故縱監臨部主法)007) 을 만들었습니다. 당 명황(唐明皇)은 당 태종(唐太宗)이 환관을 억제하던 법을 생각지 않고 환관을 높이고 함부로 승진시켰다가 마침내 당나라가 망하게 될 환란의 조짐을 만들었습니다. 송 휘종(宋徽宗)은 성격이 음교(淫巧)하고 사치하므로, 채경(蔡京)이 음교와 사치로써 토목 역사를 일으키도록 유도하였는데 전에 만든 규모에 비교하여 다음 집을 더 사치스럽게 하여 조종(祖宗)들이 저축해 놓은 재물을 매양 유왕불회(惟王不會)008) 라 하면서 모두 써버렸었습니다. 이는 모두 변설로 구정을 어지럽힌 자들입니다." 하였다.

【태백산사고본】 5책 8권 3장 A면【국편영인본】 21책 287면

[註 005] 조강(朝講) : 아침 경연을 말함. 경연은 임금이 신하들과 함께 경사(經史)를 강독하고 시정(時政)을 논(論)하는 것인데, 아침·낮·저녁 하루에 세 번 여는 것이 상례이다.
[註 006] 약속(約束) : 법령.
[註 007] 견지 고종 감림부주법(見知故縱監臨部主法) : 견지는 죄를 범한 것을 알고 있으면서도 고발하지 않았을 때 그 사람을 같은 죄로 처벌하는 법. 고종은 죄가 있는 줄을 알면서도

고의로 놓아 주었을 때 처벌하는 법. 감림부주는 관할하의 하급 관서나 부하가 부정을 저질렀을 경우 그 상사가 죄를 받는 법.《자치통감금주(資治通鑑今註)》.
[註 008] 유왕불회(惟王不會) : 왕의 필요에 의하여 쓰는 것은 회계(會計)에 넣어 따지지 않는 것. 유왕급후세자불회(惟王及后世子不會)의 줄인 말.《주례(周禮)》천관(天官) 선부(膳夫).

22. 親仁友直은 所以扶顚이오　　顚은 위노주에 隆로 되어있다

◎해석◎ 인자한 사람과 친하고 바른 사람과 벗하는 것은 전복되려 할 때 엎어지지 않게 지탱하기 위함이다.

[張註] : 聞譽而喜者는 不可以友直이라.
◎해석◎ 칭찬을 듣고 기뻐하는 자는 바른 친구가 될 수 없다.

[魏註] : 親於仁人 結彼直友 即能不怠其身於禍害.
◎해석◎ 인자한 사람과 친하여 그의 바른 친구들과 맺어지면 능히 그 몸이 화와 음해를 받는 것에 태만하지 않게 된다.

23. 近恕篤行은 所以接人이오

◎해석◎ 나의 마음으로 미루어 다른 사람의 마음을 헤아리기를 늘 가까이 하고 독실한 행동 하는 것은 사람을 받아들일 때 대하는 방법이다.

[張註] : 極高明而道中庸은 聖賢之所以接人也이니 高明者는 聖賢之所獨이오 中庸者는 衆人之所同也이라.

◎해석◎ 극히 고명하고 중용을 도로 하는 것은 성현이 사람들을 받아들일 때 대하는 방법이다. 고명한 것은 성현만이 홀로 하는 바이며 중용은 대중들이 다 같이 하는 바이다.

[魏註] : 恕人之短 藏己之長 不傲於物 而行恭敬 即無人不接矣.

●해석▶ 타인의 단점을 용서하고 자기의 장점을 숨기며 사물에 오만하지 않으면서 공경으로 행동하면 받아들이지 못할 사람이 없다.

★서恕
서는 인으로 자신의 마음으로 타인의 마음을 헤아리는 것이다.

◎논어37) 권15 위령공衛靈公에 "子貢問曰 有一言而可以終身行之者乎 子曰其恕乎 己所不欲 勿施於人"
●해석▶ 자공이 공자에게 묻기를 가히 종신토록 행해야 하는 것을 한 말로 한다면 무엇입니까? 공자께서 말씀하시기를 서恕다. 내가 원하지 않는 것을 타인에게 베풀지 않는 것이다.

◎논어 권12 안연顔淵에, "仲弓 問仁 子曰 出門如見大賓 使民如承大祭 己所不欲 勿施於人 在邦無怨 在家無怨 仲弓曰雍雖不敏 請事斯語矣".
●해석▶ 중궁이 인을 물어 공자께서 대답하시기를 집을 나가면 큰 귀빈을 만난듯하고 백성으로 하여금 큰 제사를 받드는 것처럼 하고 나에게 바라지 않는 바를 남에게 시행하지 않으면 나라에 원망이 없고 집안에 원망이 없을 것이라 하셨다. 중궁이 말하기를 옹이 비록 영민하지 못하나 청컨대 이 말씀을 섬겨 지키겠습니다 라 하였다.

◎논어 권6 옹야雍也에 "子貢 曰如有博施於民而能濟衆한데 如何하니잇고 可謂仁乎잇가 子曰何事於仁이리오 必也聖乎인저 堯舜도 其猶病諸이시니라. 夫仁者는 己欲立而立人하며 己欲達而達人이니라 能近取譬면 可謂仁之方也已니라."

●해석▶ 자공이 말씀하시기를 백성에게 널리 베풀어 대중을 능히 구제하는 것은 어떠합니까 가히 인이라 말할 수 있습니까 하였다. 공자께서 말씀하시기를 어찌 인에만 그치는 일이겠는가 반드시 성인만이 할 수 있는 일이 아니겠는가. 요순도 오히려 마음에 부족함이 있을 것이라 하셨다. 대개 인한 사람은 나에게서 남에게로 이르게 하니 내가 세우고자 하여 남을

---

37) 논어 전게서 자장p328, 안연 p235, 옹야 p121,122

세우고 내가 도달하고자 하여 남을 도달하게 한다. 능히 가까이 나에게서 취하여 내가 하고자 하는 바를 타인에게 비유하여 보면 남이 하고자 하는 바를 알 수 있으니 인을 행하는 방법이라 하셨다.

24. 任材使能은 所以濟務오 任材使能은 위노주에 任能使才로 되어 있다

◼해석◼ 재능 있는 사람을 임명하여 능력을 수행하게 하는 것은 일을 해결하는 것이다.

[張註] : 應變之謂材오 可用之謂能이니 材者는 任之而不可使오 能者는 使之而不可任이니 此는 用人之術也이라.

◼해석◼ 임기응변을 할 수 있는 것을 재라 하고 정해진 일을 하도록 쓰는用 것을 능이라 한다. 재는 전권을 주어 맡길 수는 있으나 부리지는 못하고, 능이란 부릴 수는 있으나 전권을 맡기는 것은 안 된다.

★ 즉 임기응변에 맞도록 일을 처리할 수 있는 사람에게 전권을 주어 맡기느냐 아니면 그 일에 적합한 사람을 내가 부릴 것인가를 말한다. 이는 남을 쓰는 기술이다.

[魏註] : 良匠無棄材 良將無棄士 度彼才能而用之 故各濟其務.

◼해석◼ 훌륭한 장인은 재료를 버리지 않고 훌륭한 장군은 병사를 버리지 않는다. 그들의 재능을 헤아려 쓰기 때문에 각각 그 업무를 다 할 수 있다.

★ 승정원일기 585책 (탈초본 31책) 영조 1년 1월 26일 을축 37/32 기사
   1725년 雍正(淸/世宗) 3년

晝講에 閔鎭遠 등이 입시하여 論語를 進講하고, 會寧 開市를 罷한 뒤 咨文을 鳳凰城에 傳給하는 문제, 春巡操 등의 設行 문제, 具聖弼의 집에 入處하라고 명을 내리는 문제 등에 대해 논의함

○同日午時, 上御時敏堂。晝講。知事閔鎭遠, 特進官李裕民, 參贊官李聖肇, 侍讀官徐宗燮, 假注書韓顯謩, 記注官權萬斗, 記事官安晟入侍。進講論語第六卷。上講前授音, 自邦有道, 危言危行, 邦無道, 危行言遜, 至愛之能勿勞乎, 忠焉能勿誨乎? 上讀南宮适問於孔子曰, 大文註, 至有尙德之心矣, 曰此處吐, 重疊, 於文義, 何如?

[해석] 오시에 상이 시민당에 나아갔다. 주강을 행하였다. 지경연사 민진원(閔鎭遠), 특진관 이유민(李裕民), 참찬관 이성조(李聖肇), 시독관 서종섭(徐宗燮), 가주서 한현모(韓顯謩), 기주관 권만두(權萬斗), 기사관 안성(安晟)이 입시하였다. 《논어》 제6권을 진강하였다. 상이 전에 배운 대목을 읽었는데 '방유도 위언위행 방무도 위행언손(邦有道危言危行邦無道危行言遜)'에서 '애지 능물로호 충언 능물회회(愛之能勿勞乎忠焉能勿誨乎)'까지였다. 상이 남궁괄문어공자왈장(南宮适問於孔子曰章)의 본문 주석을 읽다가 '유상덕지심의(有尙德之心矣)'에 이르러 이르기를, "이곳의 토가 중첩되었으니, 글의 뜻은 어떠한가?" 하니,

閔鎭遠曰, 經筵吐, 仁廟朝名臣所作也。文意通暢, 則吐之重疊, 何妨乎? 上曰, 然矣。上講前授音畢。徐宗燮, 進講新授音, 自爲命裨諶草創之, 世叔討論之, 行人子羽修飾之, 東里子産潤色之, 至貧而無怨難, 富而無驕易。

[해석] 민진원이 아뢰기를, "경연의 토는 인묘조(仁廟朝) 때의 명신(名臣)이 붙인 것입니다. 글의 뜻이 통한다면 토의 중첩은 문제가 되지 않습니다." 하자, 상이 이르기를, "그렇다." 하였다. 상이 전에 배운 대목을 음으로 모두 강하였다. 서종섭이 새로 배울 대목을 음으로 강하였는데 '위명 비심초창지 세숙토론지 행인자우수식지 동리자산윤색지(爲命裨諶草創之世叔討論之行人子羽修飾之東里子産潤色之)'에서 '빈이무원난 부이무교이(貧而無怨難富而無驕易)'까지였다.

上曰, 承旨進來。李聖肇進伏。上曰, 禮官奉審新陵後, 想已入來, 肅拜後入對, 口達之意, 令史官出而分付, 可也。韓顯謩, 承命趨出閤門外, 以上敎, 分付宗燮, 講畢。上講新授音, 講畢。

[해석] 상이 이르기를, "승지는 앞으로 나아오라." 하니, 이성조가 나아와 엎드렸다. 상이 이르기를, "예관(禮官)이 신릉(新陵)을 봉심한 뒤에 이미 들어왔을 것이다. 숙배한 뒤에 입

대(入對)하여 구두로 보고하라고 사관을 보내 분부하도록 하라." 하니, 한현모가 명을 받들어 합문 밖으로 나가 상의 하교를 서종섭에게 분부하였다. 강이 끝나자 상이 새로 배울 대목을 음으로 강하였다.

宗燮陳文義曰, 鄭以小國, 介於晉楚之間, 聚用賢人, 各適其才, 事大交隣, 不失其道。 故夫子此言, 蓋善之之意, 而苟究其辭意, 則亦有小國尚然, 而況大國之意也? 大抵用人之道, 若責其全備, 則得用人材, 亦不易矣。 必各從其所長, 任之然後, 用人之道得矣。

[해석] 강이 끝나자 서종섭이 글의 뜻을 아뢰기를, "정(鄭)나라는 약소국으로서 강대국인 진(晉)나라와 초(楚)나라 사이에 끼어 있었는데, 현인을 모아 등용하여 각각 그 재주에 맞게 임무를 맡겨 사대교린 외교에서 마땅한 도를 잃지 않았습니다. 그래서 공자의 이 말씀은 정나라를 훌륭하게 여긴다는 뜻으로 하신 것입니다. 그런데 그 말의 뜻을 궁구해 보면 또한 '약소국도 오히려 그러한데 하물며 강대국은 말할 것도 없다'는 뜻이 내포되어 있습니다. 일반적으로 사람을 등용하는 도리는, 만일 모든 재주를 겸비할 것을 요구한다면 인재를 얻기에 또한 쉽지 않으니 반드시 사람마다 그 장점에 따라 임무를 맡긴 뒤라야 그 도리가 제대로 되었다 할 것입니다." 하였다.

鎭遠陳文義曰, 治國之道, 知人爲難, 夫子稱衛靈公之不亡, 以其國有人之故, 而仲叔圉治賓客, 祝鮀治宗廟, 王孫賈治軍旅, 用各稱才, 無不攸當, 玆豈非知人之效乎? 以我朝言之, 昔在仁廟朝, 當丙丁之亂, 彼國咨文製撰之際, 故相臣申景禛, 詞學素茂, 而識解通明, 雖不能措文, 而必善爲命意, 故李植, 撰出咨文, 則必令郞廳禀質於景禛, 咨文措意, 必見可於景禛然後用之, 則果然, 不戾於彼人之意云, 此與鄭國之爲命相類, 而亦可見祖宗朝用人之道矣。 上曰, 李植, 澤堂其號乎? 鎭遠曰, 然矣。 上曰, 其言好矣。

[해석] 민진원이 글의 뜻을 아뢰기를, "국가를 다스리는 도리 가운데 사람을 제대로 알아보는 것이 어렵습니다. 공자가 위(衛)나라 영공(靈公)이 군주의 지위를 잃지 않으리라고 한 것[주-D001]은 그 나라에 유능한 사람이 있었기 때문이니, 중숙어(仲叔圉)는 빈객을 다스리고 축타(祝鮀)는 종묘를 다스리며 왕손가(王孫賈)는 군대를 다스려 각각 재주에 맞게 등용하여 마땅하지 않음이 없었으니, 이것이 어찌 사람을 제대로 알아보았을 때의 효과가 아니겠습니까. 우리나라로 말한다면 옛날 인묘조(仁廟朝) 시절 병자호란을 만나 청나라에 보내는 자문

(咨文)을 찬술할 때, 고(故) 상신(相臣) 신경진(申景禛)은 사학(詞學)에는 평소에 무지하였지만 식견이 뛰어나 비록 글을 잘 짓지는 못하였지만 글의 주제 설정을 매우 잘하였으므로, 이식(李植)이 자문을 찬술하게 되면 반드시 낭청을 보내 신경진에게 물어보았으니, 자문의 주제는 반드시 신경진의 인정을 받은 뒤에 설정하였습니다. 그렇게 하여 과연 저들의 뜻에 어긋나지 않았다고 합니다. 이 일이 정나라에서 외교 문서를 작성한 것과 유사하니, 또한 조종조(祖宗朝)에서 사람을 썼던 도리를 볼 수 있습니다." 하니, 상이 이르기를, "이식은 택당(澤堂)이라고 호를 썼던 사람인가?" 하자, 민진원이 아뢰기를, "그렇습니다." 하니, 상이 이르기를, "그 말이 훌륭하다." 하였다.

宗燮, 陳文義曰, 子產, 夫子稱之以惠人, 其意與恩人少異, 蓋惠於百姓之謂也。子產將死, 子大叔問政, 子產告之以尙猛, 且以其爲政觀之, 黜汰侈崇恭儉, 作封洫鑄刑書, 則其意未嘗專主於惠愛, 而苟究其本心, 則亦未嘗不出於爲民惠人之意, 故夫子稱之如此矣。

[해석] 서종섭이 글의 뜻을 아뢰기를, "공자가 자산(子產)에 대하여 '혜인(惠人)'이라 칭찬하였습니다. 혜인이라는 의미는 은인(恩人)과는 조금 다르니, 이는 백성에게 은혜를 베풀었다는 뜻입니다. 자산이 임종할 때에 자태숙(子大叔)이 정치를 어떻게 해야 할지 물었더니, 자산이 '사나움을 숭상하라.'라고 하였고[주-D002], 또한 그가 시행한 정사로 보면 사치를 물리치고 검소함을 숭상하며 봉혁(封洫)을 만들고 형법 조문을 새긴 종을 만들었으니, 그 마음이 항상 은혜와 사랑을 전적으로 주장한 것은 아닙니다. 그러나 그 본심을 궁구해 보면 또한 백성을 위하고 사람에게 은혜를 베풀려는 의도에서 나오지 않은 적이 없습니다. 그래서 공자가 이와 같이 칭찬한 것입니다." 하였다.

鎭遠曰, 此有似乎以生道殺民之意也。蓋仁人之心, 必以愛人爲主, 故雖或有嚴有猛, 而論其本情, 則仁愛之心, 未嘗不行於嚴猛之中矣。上曰, 然矣。

[해석] 민진원이 아뢰기를, "이는 맹자가 말한 '살려 주기 위한 방도로 백성을 죽인다[주-D003].'라는 뜻과 유사합니다. 어진 이의 마음은 반드시 사람을 사랑하는 것을 주안점으로 삼기 때문에 비록 엄할 때도 있고 사나울 때도 있지만, 본심을 따져 보면 인애(仁愛)의 마음이 엄하고 사나운 가운데 흐르지 않은 적이 없습니다." 하니, 상이 이르기를, "그렇다." 하였다.

宗燮, 陳文義曰, 此子西大文, 別無討解文義處, 而蓋子西能遜楚國, 改紀其政, 則不害爲賢大夫, 而卒致白公之禍, 至於沮止孔子, 而不得見用, 則無足觀矣. 故彼哉彼哉之稱, 似是不許之意矣. 上曰, 與彼人彼人同矣.

[해석] 서종섭이 글의 뜻을 아뢰기를, "이 본문에는 자서(子西)에 관해 특별히 글의 뜻을 해설할 곳이 없습니다. 자서는 초나라 임금 되기를 사양하고 정치를 개혁하고 기강을 세웠으니, 어진 대부가 되기에는 문제가 없습니다. 그러나 결국 백공(白公)의 재앙을 초래하였고, 심지어 공자를 저지하여 등용할 수 없게 하였으니 볼만한 점이 없습니다. 그러므로 '저 사람이여, 저 사람이여.〔彼哉彼哉〕'라고 일컬으신 것이니, 이는 허여하지 않는다는 뜻인 듯합니다." 하니, 상이 이르기를, "'저 사람, 저 사람〔彼人彼人〕'이라는 말과 같다." 하였다.

宗燮, 陳文義曰, 管仲, 相桓公, 尊周室糾合諸侯, 一匡天下, 則其功業, 亦大矣. 然, 若有私意於其間, 則人孰與之, 而惟其賞罰與奪, 一出於公而無私意, 故奪此騈邑, 而伯氏終身無怨言, 管仲, 以伯者之佐, 而其爲人感服若此者, 惟在於公而無私而已矣.

[해석] 서종섭이 글의 뜻을 아뢰기를, "관중(管仲)이 제(齊)나라 환공(桓公)을 보좌하여 주(周)나라 왕실을 존중하고 제후들을 규합하여 한 번 천하를 바로잡았으니, 그 공적이 위대하기도 하지만, 만일 그 사이에 사사로운 마음이 있었다면 어떤 사람이 그를 인정하였겠습니까. 상으로 주고 벌로 빼앗을 때 모든 절차가 공평무사하였기 때문에 이 병읍(騈邑)을 빼앗아도 백씨(伯氏)가 종신토록 원망하는 말을 하지 못하였던 것입니다. 관중이 패자(霸者)의 보좌로서 이처럼 사람을 감복시킬 수 있었던 것은 오직 공평무사하였기 때문입니다." 하고,

鎭遠曰, 此與諸葛亮事相類矣. 李平·廖立, 爲亮所廢, 一斥不復, 及聞亮死, 至於垂涕, 其悼惜之心, 無異於平生感德者, 此則非終身無怨言之比也. 蓋亮, 雖廢黜二人, 而其心, 實出於至公無私, 故其感人之深, 至於如此, 以此觀之, 則諸葛亮, 勝於管仲矣. 上曰, 然矣. 此註, 管仲德不勝其才, 子産才不勝其德云者, 與綱目初卷, 司馬光所論德勝才, 才勝德之說, 其意同乎? 鎭遠曰, 司馬光此說, 朱子非之矣. 蓋此註所論, 只就資稟而言之, 司馬光所論, 近於工夫上, 以工夫言之, 有其德則自有其才, 才德, 不宜分而言之, 故朱子非之矣.

[해석] 민진원이 아뢰기를, "이는 제갈량(諸葛亮)의 일과 유사합니다. 이평(李平)과 요립(廖

立)은 제갈량에 의해 평민으로 강등되었습니다. 한 번 배척받은 뒤에는 다시 등용되지 못하였는데 제갈량이 죽었다는 소식을 듣자 눈물까지 흘렸으니[주-D004], 그 슬퍼하는 마음이 평소 은덕에 감사하는 사람과 다름이 없었습니다. 이는 종신토록 원망하는 말을 하지 않은 경우와 유사합니다. 제갈량이 비록 두 사람을 평민으로 강등시켜 쫓아냈지만, 그 마음이 진실로 지공무사(至公無私)에서 나왔기 때문에 사람을 감동시킨 깊이가 이와 같은 데 이른 것입니다. 이로써 본다면 제갈량이 관중보다 더 뛰어납니다." 하니, 상이 이르기를, "그렇다. 이 주석에서 '관중은 덕이 재주보다 못하고 자산은 재주가 덕보다 못하다.'라고 한 것은 《자치통감강목(資治通鑑綱目)》 초권(初卷)에서 사마광(司馬光)이 논한 '덕이 재주보다 낫고, 재주가 덕보다 낫다'는 말과 그 의미가 같은가?" 하자, 민진원이 아뢰기를, "사마광의 이 말을 주자(朱子)는 그르다고 하였습니다. 이 주석에서 논의한 바는 단지 자품의 측면에서 말한 것이고, 사마광이 논의한 바는 공부의 측면에 가깝습니다. 공부로 말한다면, 덕이 있으면 저절로 재주를 소유하게 되니, 재주와 덕을 분리하여 말할 수 없습니다. 그래서 주자가 그르다고 한 것입니다." 하였다.

上曰, 管仲·子產, 無優劣之可言乎? 鎭遠曰, 以資稟言之, 則子產, 勝於管仲, 以治國論之, 則管仲, 勝於子產矣。上曰, 此與過猶不及相近乎? 鎭遠曰, 似是才勝爲過, 才不足爲不及矣。

[해석] 상이 이르기를, "관중과 자산에 대하여 말할 만한 우열이 없는가?" 하니, 민진원이 아뢰기를, "자품으로 말한다면 자산이 관중보다 뛰어나고, 나라를 다스린 것으로 말한다면 관중이 자산보다 뛰어납니다." 하였다. 상이 이르기를, "이는 과유불급(過猶不及)과 유사한 것인가?" 하니, 민진원이 아뢰기를, "재주가 덕보다 뛰어난 것이 '지나침(過)'이 되고, 재주가 덕보다 못한 것이 '미치지 못함(不及)'이 되는 것과 유사합니다." 하였다.

宗燮, 陳文義曰, 貧而無怨, 內有操守然後可爲, 而富而無驕, 則人之自好者, 皆可爲之矣。上曰, 講官自好云者, 何謂耶? 鎭遠曰, 自好者, 好名之謂也。蓋人雖爲善, 而苟出於好名之心, 則其爲善, 必不誠矣。故好名之心, 最有害於爲學之道矣。上曰, 然。

[해석] 서종섭이 글의 뜻을 아뢰기를, "가난하면서 원망이 없는 것은 마음에 지키는 지조가 있어야 가능하지만, 부유하면서 교만이 없는 것은 스스로를 아끼는 사람은 모두 할 수 있습

니다." 하니, 상이 이르기를, "강관(講官)이 말한 '스스로를 아낀다(自好)'라는 것은 무엇을 말하는가?" 하자, 민진원이 아뢰기를, "스스로를 아낀다는 것은 명성을 좋아한다는 말입니다. 사람이 비록 착한 일을 하더라도 만일 명성을 좋아하는 마음 때문에 했다면 진실된 선행이 아닙니다. 그러므로 명성을 좋아하는 마음이 배움의 길에서 가장 해악을 끼칩니다." 하니, 상이 이르기를, "그렇다." 하였다.

鎭遠曰, 臣等, 亦貧士也。 每當窮困之時, 不能無不平之心, 內無操守, 此亦可見矣。 凡事有拂逆於心, 而以理裁節, 能令此心無不平之意, 甚難, 故書曰, 逆于汝心, 必求諸道, 遜于汝心, 必求諸非道。 蓋順于心之事, 處之或易矣, 而拂于心之事, 處之極難, 此亦順逆之境有異故也。 上曰, 然。 若富而不能無驕, 則其害有甚於貧而不能無怨者矣。

鎭遠曰, 聖敎誠然矣。 以臣身驗之, 名位已高之後, 處之尤難矣。 人君則旣在崇高之位, 雖無貧富之可言, 而亦豈無推類觀省之道乎? 上曰, 其言好矣。

[해석] 민진원이 아뢰기를, "신들도 역시 빈한한 선비입니다. 곤궁할 때마다 불평하는 마음이 없을 수 없으니, 마음에 지키는 지조가 없음을 여기에서 볼 수 있습니다. 마음에 거슬리는 일마다 이치로 판단하고 절제하여 마음에 불평하는 뜻이 없게 하는 것은 대단히 어렵습니다. 그래서 《서경》에 이르기를 '아뢰는 말이 당신의 마음에 거슬리면 반드시 도(道)에서 찾으시고, 아뢰는 말이 당신의 뜻에 맞으면 반드시 도가 아닌 것에서 찾으소서[주-D005].'라고 한 것입니다. 마음에 순조로운 일은 대처하기 쉬울 수도 있으나 마음에 거슬리는 일은 대처하기 지극히 어려우니, 이는 또한 순조로움과 거슬림의 경지가 다르기 때문입니다." 하니, 상이 이르기를, "그렇다. 만일 부유하면서 교만이 없을 수 없다면, 그 폐해가 가난하면서 원망이 없을 수 없는 경우보다 심할 것이다." 하였다.
민진원이 아뢰기를, "성상의 하교가 참으로 옳습니다. 신의 경험에 비추어 본다면, 명예와 지위가 높아진 뒤로는 처신이 더욱 어려워졌습니다. 군주는 이미 가장 높은 지위에 있기 때문에 비록 거론할 만한 빈부(貧富)는 없지만, 또한 어찌 유추하여 반성할 도리가 없겠습니까." 하니, 상이 이르기를, "그 말이 훌륭하다." 하였다

[주-D001] 공자가 …… 것 : 《논어》〈헌문(憲問)〉에 보인다.
[주-D002] 자산이 …… 하였고 : 정나라 자산(子産)이 병이 들자 자태숙(子大叔)에게 이르기를

"내가 죽으면 반드시 그대가 정치를 맡을 것이다. 오직 덕 있는 사람만이 관대함으로 백성을 복종시킬 수 있다. 그 다음은 사나움만 한 것이 없으니, 불이 세차게 타오르면 백성들이 그것을 바라보고 두려워하기 때문에 죽는 자가 적게 된다." 하였다. 《春秋左氏傳 昭公20年》

[주-D003] 살려 …… 죽인다 : 맹자가 "편안하게 해 주는 방법으로 백성을 부리면 비록 수고로우나 백성들이 원망하지 않고, 살려 주는 방법으로 백성을 죽이면 비록 죽더라도 죽이는 자를 원망하지 않는다." 하였다. 《孟子 盡心上》

[주-D004] 이평(李平)과 …… 흘렸으니 : 이평은 유비(劉備)가 죽을 때 제갈량(諸葛亮)과 함께 정사를 보좌하라는 유조(遺詔)를 받았는데, 여러 차례 제갈량의 명령에 불복하고 제갈량을 무함하다가 평민으로 강등되고, 제갈량이 다시 자신을 써 줄 것으로 기대하고 있었는데 제갈량이 죽자 병이 나서 죽었다. 요립(廖立)은 자신의 재주가 제갈량의 부(副)가 될 만하다고 자부하였는데 유선(劉禪)이 즉위하여 자신을 시중(侍中)에서 장수교위(長水校尉)로 좌천시키자 강한 불만을 갖게 되어 국사의 득실에 대해 원망하는 말을 하였다가 선제(先帝)를 비방하였다 하여 제갈량에 의해 평민으로 강등되어 문산(汶山)으로 쫓겨났는데, 제갈량이 죽었다는 소식을 듣고는 울며 탄식하기를 "내가 끝내 이적(夷狄)의 땅에서 죽겠구나." 하였다. 《三國志 卷40 蜀書 李平廖立傳》

[주-D005] 아뢰는 …… 찾으소서 : 《서경》〈태갑 하(太甲下)〉에 보인다.

ⓒ 한국고전번역원 | 남성우 (역) | 2011

25. 癉惡斥讒은 所以止亂이오 _{癉惡은 도장에는 彈惡, 위노주에는 絶惡으로 되어 있다}
※ 癉: 성낼 단 앓을단 수고할 단

●해석● 나쁜 것에 대해 성내고 간악한 말을 물리치는 것은 어지러움을 그치게 하기 위함이다.

[張註] : 讒言惡行은 亂之根也이라.

●해석● 참언악행은 난리의 근본이다.

[魏註] : 閉讒說之門 塞姦邪之路 行於正道 固無禍亂也.

◦해석◦ 참언의 문을 닫고 간사한 길을 막으며 정도의 길로 가면 진실로 화와 혼란이 없다.

26. 推古驗今은 所以不惑이오

◦해석◦ 옛것으로 미루어 현재를 경험하는 것은 혹하지 않기 위함이다.

[張註] : 因古人之跡하고 推古人之心하야 以驗方今之事면 豈有惑哉아.

◦해석◦ 고인의 흔적을 보고 고인의 마음을 헤아려서 지금의 일에 증거로 삼으면 어찌 미혹하겠는가.

[魏註] : 君子必思其本末 不躁而求進於古先 無不立功業 而成大名 所以不惑.

◦해석◦ 군자는 반드시 본과 말을 생각해야하며 조급해하지 않고 예전과 먼저의 선례를 구하면 공로와 업적을 세우지 못 할리 없고 큰 이름을 이루게 되어 혹하는 바가 없다.

27. 先揆後度는 所以應卒이오   ※ 揆: 헤아릴규 법 규

◦해석◦ 규칙을 먼저 세우고 나중에 기준을 정하는 것은 졸지에 일어나는 일에 대응하기 위함이다.

[張註] : 執一尺之度而天下之長短이 盡在是矣니 倉卒事物之來而應之無窮者
    는 揆度이 有數也이라.   ※ 揆度: 규탁, 미루어 헤아림

◦해석◦ 일척의 자를 들면 천하의 장단이 모두 여기에 있으니 창졸간에 사물이 닥치면 그에 따라 무궁하게 응용되는 것은 규탁에 수(경우의 수)가 있기 때문이다.

[魏註] : 軍機尚怯 故兵書曰 其要在豫謀 是以有備無患 不豫揆度 何以應卒

◐해석◑ 군기는 겁을 숭상한다. 그러므로 병서에 그 요체는 미리 예측하는데 있다고 하고 이 때문에 유비무환이라 하고 규도를 미리 예측하지 않으면 어찌 응급한 일에 대응하겠는가.

★ 군기

◎1. 성종실록 134권, 성종 12년 10월 5일 병오 3번 째 기사 1481년 명 성화(成化) 17년

영안북도 절도사(永安北道節度使) 박성손(朴星孫)에게 오성(五姓) 올적합(兀狄哈)의 방비를 철저히 하라고 이르다

卿宜不分星夜, 馳入應變, 而不卽入歸, 退住富寧, 只遣虞候禦之, 及聞賊已到穩城近處, 然後入歸, 是何應變之疏虞也? 殊無委任分閫之意, 深慮緩不及事, 致誤軍機。卿其毋襲前非, 嚴加隄備。"

[해석] 경(卿)은 마땅히 밤낮을 가리지 않고 달려가서 대응하여야 하였음에도 불구하고, 즉시 달려가지 않고 부령(富寧)에 물러나 있으면서도 우후(虞候)만을 보내어 방어하게 하다가, 적이 온성(穩城) 근처에 이미 도달하였음을 들은 후에야 달려갔으니, 변란에 대응하는 것이 어찌 이같이 소홀할 수 있겠는가? 국경 방비를 위임한 뜻이 전혀 없으니, 시기를 놓쳐 군기(軍機)를 그르칠까 매우 염려된다. 경(卿)은 전의 잘못을 답습하지 말고 엄한 방비를 더하도록 하라." 하였다.

【태백산사고본】 20책 134권 4장 B면【국편영인본】 10책 261면

◎2. 중종실록 11권, 중종 5년 4월 15일 경자 6번 째 기사 1510년 명 정덕(正德) 5년

직제학(直提學) 김극핍(金克愊)이 회친·정토의 의논은 그만두고 어서 적을 정토

할 것을 아뢰다

彼虜以慢語, 要我以和, 以示大肆陵轢之勢, 以揣朝廷之輕重, 我若俛首許和, 則國威日損, 賊勢益張, 後日之患, 有不可勝言者。征討之擧, 雖童稚, 尙知其急, 大臣依違兩端, 以稽軍機, 臣等竊甚痛憤。

[해석] 저 오랑캐가 거만한 말로 우리에게 화친을 요구하여 크게 유린을 자행할 기세를 보여 조정의 경중을 시험하는데, 만일 머리를 숙이고 화친을 허락하면 나라 위엄은 날로 줄고 적의 기세는 더욱 치장(鴟張)하여, 후일의 근심이 이루 말할 수 없을 것입니다. 정토하는 거조는 어린아이들이라도 오히려 급한 것을 아는데, 대신이 양단을 가지고 결단하지 못하여 군기(軍機)를 늦추니, 신 등은 심히 통분합니다." 하였다.

【태백산사고본】 6책 11권 20장 A면【국편영인본】 14책 430면

◎3. 성종실록 232권, 성종 20년 9월 27일 임오 2번 째 기사 1489년 명 홍치(弘治) 1489년 명 홍치(弘治) 2년

좌·우상(左右廂)의 대장(大將)에게 어둡거나 산이 가로 막혀 있을 때 신호할 수 있도록 부험을 하사하다

○諭左右廂大將曰: "國之大事, 在乎兵戎: 兵之進退, 在乎旗鼓。旗以麾之, 而夜暗則不得見: 鼓以振之, 而隔山則不得聞。如此之時, 三軍之進退, 當不以符驗爲信乎? 近年以來, 國家多故, 蒐狩之禮, 久廢不講。屬玆閑暇之日, 將講大事, 浹旬餘閱武, 數百里行軍, 豈無山谿之險、夜暗之時? 故賜卿符節, 卿體予意, 下營之時, 或値夜暗隔山, 則軍機必待符驗而動可也。"

[해석] 좌·우상(左右廂)의 대장(大將)에게 유시(諭示)하기를,
"국가의 대사(大事)는 병융(兵戎)에 있고, 군사의 진퇴(進退)는 기고(旗鼓)에 있다. 기(旗)는 흔들어서 지휘(指揮)하므로 밤에 어두울 때는 볼 수 없고, 고(鼓)는 두드려서 울리므로 산(山)을 사이에 두면 들을 수 없으니, 이와 같은 때에 삼군(三軍)의 진퇴(進退)는 마땅히 부험(符驗)을 가지고 신호(信號)로 삼아야 하지 않겠는가? 근년 이래로 국가에 일이 많아서,

사냥[蒐狩]의 예(禮)를 오랫동안 폐하고 강습(講習)하지 않다가, 마침 이 한가(閑暇)한 날을 당하여 장차 대사(大事)를 강습하여, 10여 일 동안의 열무(閱武)에 수백 리를 행군(行軍)하는데, 어찌 산과 계곡의 험한 데와 밤의 어두운 때가 없겠는가? 그러므로 경(卿)에게 부절(符節)을 내려 주니, 경은 나의 뜻을 체득(體得)하여, 하영(下營)할 때에 혹 밤이 어둡거나 산을 사이에 두었을 때를 만나면 군기(軍機)를 반드시 부험(符驗)을 기다려서 움직임이 가하다." 하였다.

【태백산사고본】 36책 232권 11장 A면【국편영인본】 11책 520면

28. 設變致權은 所以解結이오

◉해석◉ 변화를 설정하고 권도에 이르는 것은 해결하기 위함이다.

[張註] : 有正有變하고 有權有經하니 方其正有所不能行하면 則變而歸之於正也하고 方其經有所不能用이면 則權而歸之於經也이라.

◉해석◉ 정正과 변變이 있고 권權과 경經이 있다. 정을 바르게 하여 행할 수 없는 바가 있으면 변으로 정에 귀속하게 하고 경을 바르게 하여 쓰지 못하는 바가 있으면 권으로 정에 귀속하게 한다.

[魏註] : 君子之性如水 能就其方圓 不可固而執之 必能變通 故可解其結.

◉해석◉ 군자의 성품은 물과 같아 모나거나 둥근데 따라 모양을 이루며 한 가지를 고집하지 않고 반드시 변통이 가능하므로 맺힌 것을 해결할 수 있다.

★ 권도權道[38]

정의 : 상도(常道)를 불규칙한 상황에 임시로 맞추는 행위규범.

---

38) 한국학중앙연구원.한국민족문화대백과사전, encykorea.aks.ac.kr/Contents/Item/E0006877

권도는 상황성을 전제로 한 것이기 때문에 일정하고 불변적인 행위규범을 가지지 못하며 그때마다 다른 행위양식으로 나타나는 특성을 가진다.

유학에서 권도는 불변의 경상(經常)에 대해 상대적인 성격을 가지는 것으로 정의된다. 그러므로 허신(許愼)의 『설문해자(說文解字)』에 권도를 '반상(反常)'으로 정의되고, 『춘추공양전(春秋公羊傳)』에 '반경(反經)'이라 정의되고 있는 것이다.

그러나 엄격한 의미에서 권도는 결코 경상의 도와 대립적인 것이 아니다. 오히려 권도는 경상의 도가 상황 속에 드러나는 다른 모습이며, 상호 대대적(對待的)인 것이다.

김시습(金時習)은 이런 점을 지적해 "상도(常道)로써 변화에 적용하면 그 변화가 적절하게 되고, 상도로써 변화에 대처하면 그 변화가 고루해지지 않는다."고 하였다. 이와 같이 상도와 권도가 상대적인 양상으로 나타난다 해도 상호보완적인 본질을 지닌 것이다.

맹자(孟子)가 "남녀가 물건을 주고받을 때 직접 손을 맞대지 않는 것은 예이고, 형수가 물에 빠졌을 때 손을 잡아서 건져주는 것은 권도이다."고 하여 예와 권도를 연계시킨 것이나, 이이(李珥)가 "때에 따라 중(中)을 얻는 것을 권도라 하고, 일에 대처해 마땅함을 얻는 것이 의(義)이다."라고 하여 권도와 의를 관련지은 것도 이런 관점에서 이해해야 한다.

상도와 권도의 결합은 바로 유학의 시중론(時中論)으로 나타난다. 공자가 "군자가 세상을 살아감에는 절대적인 긍정도 없고 절대적인 부정도 없이 오직 의(義)와 함께 할 뿐이다."고 한 것이나, 맹자가 공자를 '시중의 성인(時中之聖)'으로 보고 공자를 배우겠다고 한 것은, 시중론이 유학의 중심적인 사상임을 알 수 있게 한다.

그런데 공자와 맹자의 이러한 시중론은 인간에 대한 진리나 규범의 획일적인 지배와 우위를 부정하고, 오히려 진리와 규범을 능동적으로 살려 나간다고 하는 정신이 터전에 깔려 있다.

즉, 진리의 측면에서 인간이 진리를 넓히는 것이지 진리가 인간을 키워주는 것이 아닌 것처럼, 규범적인 가치에서도 예법과 같은 행동 양식을 인간이 따라가는 것이 아니라, 오히려 인간이 상황에 따라 가치 있는 행위 양식을 창출한다는 것이다. 이것이 바로 시중론이며, 권도가 정당성을 갖는 사상적 터전인 것이다.

이렇게 보면 권도는 상황에 대한 인간의 주체적인 판단을 전제로 하고, 다시 그것이 정당성을 갖기 위해서는 판단 주체인 인간의 높은 도덕적 인격을 요구하게 된다. 인간은 그가 부닥치는 다양한 상황 때문에 상도의 규범을 적절히 변용한 권도를 행할 수밖에 없지만, 이 경우에도 그 변용의 적절성 여부는 인간의 책임으로 남는 것이다.

그리고 바로 여기에서 권도는 자칫 잘못하면 불의에 빠질 위험과 한계를 갖는다. 『공양전』에서 그러한 점을 지적해 "권도를 행할 때는 방법이 있으니, 남을 죽여서 자신을 살리거나 남을 망하게 하여 자신을 보존하는 행동을 군자는 하지 않는다."고 하였다.

그러나 이런 위험과 한계의 본질적인 극복은 오직 완성된 인격에서만 가능한 것이라 할 수 있다. 권근(權近)은 그 모범을 공자의 『춘추』에서 제시하는데, "춘추의 대용(大用)이 권도이니, 이는 성인의 마음을 근거로 이루어진 것이다."고 하였다.

김시습도 "상황의 변화에 따른 권도와 불변의 경상을 일치시켜가는 것은 사람에 달려 있지 도(道)에 달려 있는 것이 아니다."고 하였다. 다만, 실제로 인간이 부닥치는 상황에서의 문제는 아직 미숙한 인간이 어떻게 이 시중의 권도를 창출해가느냐 하는 점이다.

일반적으로 그것은 경상의 도에 대한 확고한 이해와 실천을 통해 특수 상황에 대처할 수 있는 주체적 능력으로써 권도를 획득하는 것이다. 김시습은 그것을 지적하여 그 방법으로 『논어』의 충서(忠恕)를 제시한다.

충은 인간자신의 본연의 모습 속에서 모든 상황에 대처할 수 있는 능력을 지녔음을 믿고 그에 접근하는 것이며, 서는 현실의 미숙함을 인정하고 끊임없는 반성을 통해 다른 사람을 이해해 가는 것이다.

참고문헌

•논어(論語) •맹자(孟子) •매월당집(梅月堂集) •율곡전서(栗谷全書)
•설문해자(說文解字) •춘추공양전(春秋公羊傳) •입문도설(入學圖說)
•中國哲學辭典 (韋政通 編)

집필 (1995년)권정안

29. 括囊順會는 所以無咎이오

◘해석◘ 입을 다물고 말을 하지 않고 조용히 숨어 지내는 것은 허물이 없게 함이다.

[張註] : 君子이 語黙以時하고 出處以道하야 括囊而不見其美하고 順會而不發
其機는 所以免咎라.   ※ 順會는 조용하고 순리대로 세상을 숨어서 산다는 뜻

◘해석◘ 군자는 말을 하거나 침묵하는 것도 때에 맞추어 하고, 벼슬할 때나 벼슬을 물러나 은거할 때에도 도에 따라 한다. 주머니를 묶어 매어 그 아름다움이 나타나지 않게 하고 조용히 숨어 살아 기미를 나타나지 않게 하는 것은 허물을 면하기 위함이다.

[魏註] : 不累非道之財而能濟衆者 故無災害.

◘해석◘ 도에 맞지 않은 재물에 연루되지 않고 능히 대중을 구할 수 있으므로 재해가 없다.

★ 연산군일기 25권, 연산 3년 7월 11일 경술 4번 째 기사 1497년 명 홍치(弘治) 10년

예문관 대교 정희량의 열 가지 임금의 덕에 대한 상소문

其三曰, 納諫諍。臣聞: "人主以一身之孤, 處億兆之上, 耳目不足以周徧, 故設置臺諫, 以補明之所不及也。" 然人主之勢, 其尊天也, 其威雷霆也, 其怒霜雪也, 孰敢忤天之尊, 而抗雷霆之威, 犯霜雪之凜哉?

[해석] 3. 간쟁(諫諍)을 받아들이는 것입니다. 신은 들으니 임금은 외로운 한 몸으로 억조(億兆)432) 의 위에 처하여 눈과 귀가 두루 미치지 못하기 때문에 대간(臺諫)을 설치하여 밝음이 미치지 못하는 것을 보충한다 합니다. 그러나 임금의 형세는 그 높음이 하늘 같고, 그 위엄은 뇌정(雷霆) 같고 그 성냄은 상설(霜雪) 같은데, 누가 감히 하늘의 존엄을 거슬러 무서운 뇌정에 항거하고 늠름한 상설을 범하겠습니까?

自人主能改過不吝而後, 人皆樂爲之讜論; 自人主能從諫如流而後, 人皆樂爲之盡言。人主一有厭聞、自用之志, 則士皆箝口結舌, 括囊退縮, 首鼠顧忌, 無有言之者。 如此則民怨沸騰, 君不得知; 紀綱廢弛, 君不得知, 如聾如盲, 終至於滅亡而已。

[해석] 임금이 허물 고치기에 인색하지 않아야 사람들이 모두 당론(讜論)433) 하기를 즐거워하고, 임금이 간하는 말에 따르기를 물 흘러가듯 해야 사람들이 모두 진언(盡言)하기를 즐거워할 것입니다. 임금이 한 번 남의 말 듣기를 싫어하고 자기 멋대로 할 뜻을 두면 선비들이 모두 입을 다물고 혀를 놀리지 않아 괄낭(括囊)434) 하고 물러가 움츠리고, 수서(首鼠)435) 같이 돌아보고 꺼려서 말하는 자가 없을 것입니다. 이렇게 되면 백성의 원성이 비등하여도 임금은 알 길이 없고, 기강(紀綱)이 해이해도 임금은 알 길이 없어 귀머거리와 소경과 같아, 마침내는 멸망하는 지경에 이를 것입니다.

此《易》所謂: "上下不交, 而天下無邦。" 者也。 古人云: "臺諫言及乘輿, 則天子改容; 事關廊廟, 則三公避位。" 此非所以重臺諫, 乃所以重人主之權也。

[해석] 이는《주역(周易)》에 이른바 '상하가 교부(交孚)되지 못하여 천하에 나라가 없다.'고 한 것입니다. 옛사람이 이르되 '대간(臺諫)의 말이 승여(乘輿)에 미치면 천자(天子)가 안색을 고치고, 일이 낭묘(廊廟)에 관계되면 삼공(三公)이 직위를 피한다.' 하였으니, 이는 대간을 중히 여긴 것이 아니라 결과는 임금의 권위를 중히 여긴 것입니다.

【태백산사고본】 7책 25권 19장 B면【국편영인본】 13 책 251 면

[註 432] 억조(億兆) : 백성을 말함.
[註 433] 당론(讜論) : 씩씩하고 바른 의를 말함.
[註 434] 괄낭(括囊) : 괄(括)은 맺는다는 뜻이요, 주머니는 물건을 저장하는 것으로, 말하자면 그 지(知)를 함봉하고 쓰지 않는다는 뜻임.《주역(周易)》 곤(坤)에, 괄낭 무구(括囊无咎)라 하였음.
[註 435] 수서(首鼠) : 수서 양단(首鼠兩端)의 준말인데, 의아하여 결단을 못 짓는다는 뜻임. 쥐의 성질이 의심이 많아, 구멍에서 나올락 말락 하여 양단(兩端)을 가진 것을 이름.

30. 橛橛梗梗은 所以立功이오 梗梗은 위노주에는 挺挺으로 되어 있고, 30, 31를 묶어 주를 같이 달았다.

◆해석▶ 믿는 바가 있어 흔들리지 않고 바로 버티고 서서 구부러지지 않는 것은 공을 세우는 것이다.

[張註] : 橛橛者는 有所恃而不可搖오 梗梗者는 有所立而不可撓라.

◆해석▶ 궐궐은 믿는 바가 있어 흔들리지 않은 것이고 경경은 바로 서서 구부러지지 않는 것이다. ※橛橛: 믿는 데가 있어 움직이지 않고 의연한 모양. 梗: 곧을경, 直也. 挺挺: 똑바른 모양

31. 孜孜淑淑은 所以保終이니라 孜孜淑淑은 위노주에는 兢兢業業으로 되어 있다.

◆해석▶ 근면하고 착한 일을 계속하는 것은 끝을 보전하기 위함이다.

[張註] : 孜孜者는 勤之又勤하고 淑淑者는 善之又善이니 立功은 莫如有守하고 保終은 莫如無過也이라.

◆해석▶ 목목은 근면하게 하고 또 근면한 것이고 숙숙은 선하게 하면서 또 선한 것이다. 공을 세우는 것에는 지키는 것보다 나은 것이 없고 끝을 보전하는 데는 과실이 없는 것보다 더 나은 것이 없다.

魏○橛橛梗梗所以立功 兢兢業業所以保終

◆해석▶ 궐궐은 믿는 바가 있어 흔들리지 않은 것이고 경경은 바로 서서 구부러지지 않는 것이다. 두려워하고 조심하는 것은 끝을 보전하는 것이다. ※兢兢: 두려워할긍 두려워하고

삼가함.   業業: 위태로운 모양, 강하고 성盛한 모양

[魏註] : 不墮不慢初終如一 所以長守其貴也.

◧해석◨ 나태하지 않고 태만하지 않으며 시종일관 하나 같이 하는 것은 그 귀함을 오랫동안 지킬 수 있는 것이다.

右第三章은 言志不可以妄求라

우 제3장은 뜻은 함부로 구하는 것이 불가하다는 것을 말한다.

本德宗道章 第四

32. 夫志心篤行之術은 長莫長於博謀하고 博謀는 위노주에 籌謀로 되어 있다   ※ 籌: 투호살주 산가지 세다 헤아리다

●해석● 대개 뜻과 마음이 돈독하게 행할 수 있는 기술은 널리 도모하는 것보다 나은 것은 없다.

[張註] : 謀之欲博이라.

●해석● 도모하는 것을 넓게 하고자 함이다.

[魏註] : 小人以力爭 君子以謀勝 是以良將不戰而勝 故力事不如謀成.

●해석● 소인은 힘으로 싸우고 군자는 모략으로 이긴다. 이런 까닭에 훌륭한 장군은 싸우지 않고 이기므로 힘으로 하는 일力事이 모략으로 이루는 것보다 못하다.

33. 安莫安於忍辱하고 忍辱은 위노주에 忍欲으로 되어 있다

●해석● 욕을 참아내는 것보다 편안한 것이 없다.

[張註] : 至道曠夷하니 何辱之有이리오.

●해석● 지극한 도는 밝고 평탄하니 어찌 욕됨이 있겠는가.

[魏註] : 忍其所欲則心神不撓, 心神不撓則四體安寧.

●해석● 욕심을 참으면 심신이 흔들리지 않고 심신이 흔들리지 않으면 온몸이 안녕해진다.

34. 先莫先於修德하고

◘해석◘ 덕을 수련하는 것보다 먼저인 것은 없다.

[張註] : 外而成物하고 內而成己는 修德也이라.

◘해석◘ 바깥으로 사물을 완성하고 안으로 자신을 완성하는 것이 덕을 수련하는 것이다.

[魏註] : 修德為百行之先 故皇天無親 惟德是輔

◘해석◘ 덕을 닦는 것이 모든 행동보다 우선이므로 하늘은 친한 이가 없어도 오직 덕이 보필할 것이다.

★ 황천무친皇天無親

◎1. 중종실록 68권, 중종 25년 5월 22일 辛亥 3번 째 기사 1530년 명 가정(嘉靖) 9년

대사헌 윤은보와 대사간 박광영 등이 소격서 혁파를 촉구하는 상소를 올리다

○大司憲尹殷輔、大司諫朴光榮等上疏曰:

[해석] 대사헌 윤은보와 대사간 박광영 등이 상소(上疏)하였다.

皇天無親, 惟德是輔, 則以殿下馨香之德, 自聞于天, 而天降菲祿, 能享無疆之休矣。何必區區乎星辰焉祈命哉?

[해석] 저 하늘은 특별히 친한 사람이 없고 오직 덕 있는 이를 도와줄 뿐이니, 전하의 훌륭한 덕이 하늘에 알려지면, 하늘이 큰 복을 내리시어 끝없는 복을 누리게 될 것입니다. 그런데 하필 저 구구한 성신(星辰)에게 운명을 기도하십니까.

【태백산사고본】 34책 68권 31장 B면【국편영인본】 17책 224면

◎2. 정조실록 45권, 정조 20년 8월 10일 壬午 1번 째 기사 1796년 청 가경(嘉慶) 1년

유생들의 상소에 대해 부자를 동시에 배향할 수 없다는 뜻을 밝히다

又曰: "崇儒重道, 非但爲予自來苦心。 予在君師之位, 任君師之責, 凡所以作成敎導者, 常所惓惓, 而乃有如此不率之徒, 此則朝廷之責也。 大抵近日用捨相混, 而是非不明, 濡涵太過, 而朝廷不尊。 世道爻象, 依舊乖離, 其流之弊, 至使此輩, 有今日擧措, 而莫之畏憚, 卿等不得辭其責也。 皇天無親, 惟德是親。 今日朝廷, 誰能懷德? 予將觀之也。"

[해석] 또 이르기를, "유교를 숭상하고 도를 중히 여기는 일에 대해 나만을 위해 그렇게 고심해온 것은 아니다. 내가 군사(君師)의 지위에 있으면서 군사의 책임을 맡고 있기 때문에 무릇 인재를 양성하고 교도할 방법에 대하여 항상 마음을 써왔는데 이내 이처럼 가르침을 따르지 않는 무리가 있으니 이것은 조정(朝廷)의 책임이다. 대체로 요사이 인재를 등용하고 버리는 것이 서로 뒤섞여 시비가 밝지 못하고 은덕이 너무 지나쳐 조정이 존중되지 못하고 있다. 세도(世道)의 조짐이 예전처럼 괴리되어 그 말류의 폐단이 이러한 무리들로 하여금 오늘날과 같은 행동을 하면서도 두려워하거나 꺼리는 것이 없게끔 까지 하였으니 경들은 그 책임을 벗어날 수 없다. 하늘은 특별히 친히 하는 바가 없고 오직 덕 있는 이를 친히 하는데, 오늘날 조정에 누가 능히 덕을 지니고 있는가. 내가 장차 살펴볼 것이다." 하였다.

【태백산사고본】 45책 45권 15장 A면【국편영인본】 46책 666면

◎3. 연산군일기 37권, 연산 6년 3월 2일 丙辰 2번 째 기사 1500년 명 홍치(弘治) 13년

나쁜 쌀을 함부로 만드는 사람의 이웃과 좌주에게 벌주기로 하다

○ 承政院啓

승정원이 아뢰기를,

古云:'皇天無親, 克敬惟親; 民罔常懷, 懷于有仁。'當務以仁政, 不必如是其督責也。

[해석] 옛말에 이르기를, '하늘은 친한 사람이 없고 오직 공경하는 사람을 친하며, 백성은 일정한 그리워하는 사람이 없고 인(仁)한 이를 그리워한다.' 했으니, 인(仁)한 정사 하기를 힘써야지, 그렇게 감시하고 꾸짖을 필요가 없는 것이다.

【태백산사고본】 10책 37권 1장 B면【국편영인본】 13책 404면

35. 樂莫樂於好善하고 神莫神於至誠하고

◀해석▶ 선을 좋아하는 것보다 즐거운 것은 없고 지성보다 신묘한 것은 없다.

[張註] : 無所不通之謂神이니 人之神이 與天地參이로되 而不能神於天地者는 以其不至誠也이라.

◀해석▶ 통하지 않는 것이 없는 것을 신이라 한다. 사람의 신은 천지와 더불어 있는데 천지에 신묘함이 없는 것은 지성이 아니다.

[魏註] : 崇奉正敎 敬仰神祇謂之善. 至誠感神 從精誠發于心 必能動天地 感鬼神矣.　　※ 하늘의 신을 神, 땅의 신을 기(祇)

◀해석▶ 바른 가르침을 받들어 모시고 하늘과 땅의 신을 우러러 공경하는 것을 선이라 한다. 지성이 신을 감동시킨다는 것은 정성이 마음으로부터 나오면 반드시 천지를 움직이고 귀신을 감동시킨다.

36. 明莫明於體物하고 원노주에 潔莫潔於慎濁 으로 되어 있다

◐해석▶ 만물이 생겨나는 것보다 명확한 것은 없다.

★ 구체적인 사물로 나타나는 것보다 명확한 것은 없다 로 해석이 가능할 것 같다.

[張註] : 記39)에 云 淸明在躬에 志氣如神이라하니 如是則萬物之來에 豈能逃吾之照乎아.　　　※ 逃: 달아날 도

◐해석▶ 예기에 말하기를 청명함이 몸에 있고 뜻과 기상이 신과 같이 미묘하다 하니 이러하면 만물이 오는데 어찌 나의 밝음에서 벗어날 수 있겠는가

魏○ 潔莫潔於慎濁

◐해석▶ 탁함을 삼가는 것보다 깨끗한 것은 없다

[魏註] : 戒愼無染可致高潔.

◐해석▶ 경계하고 삼가는 것에 잡된 것이 없으면 고결함에 이르게 된다.

37. 吉莫吉於知足하고

◐해석▶ 자신의 분수에 이만하면 충분하다고 만족하는 것을 아는 것보다 길한 것은 없다

---

39) 예기4, 학민문화사, 제24권, 孔子閒居, 대전, 1990, pp251-252 "淸明在躬 氣志如神 耆欲將至 有開必先 天降時雨 山川出雲○淸明在躬氣志如神卽 至誠前知之謂也. 耆欲所願欲之事也. 有開必先 言先有以開發其兆朕者, 如將興必有禎祥, 若時雨將降山川, 必先爲之出雲也. 國家將興 天必爲之豫生賢佐 故 引大雅嵩高之篇 言文武有此無私之德 故 天爲之生賢佐 以興周而文武 無此詩 故取宣王詩爲喩而曰此 文武之德也". [해석] 청명이 내 몸에 있고 기와 뜻이 신과 같다하니 기호와 욕심이 장차 일어남에 열림이 반드시 먼저 한다하니 하늘에서 비가 올 때 산천에 구름이 나타나는 것과 같다. ○청명재궁 기지여신은 지극한 정성이 먼저 안다는 것을 말함이다. 기욕소원은 욕심의 일이다. 유개필선이란 먼저 조짐이 나타나는 것을 말하는데 장차 흥하게 될 때는 반드시 상서로운 조짐이 있는 것과 같다. 만약 비가 산천에 내리려면 반드시 먼저 구름이 나타나는 것과 같다. 국가가 장차 흥하게 되려면 하늘이 반드시 먼저 현인이 보좌할 것을 예측하여 만든다. 그러므로 대아의 숭고편을 인용하여 문왕과 무왕에게 이 사사로운 덕이 없음을 말하였다. 그러므로 하늘이 현인이 보좌하도록 하여 주나라를 흥하게 하였는데 문무왕에게는 이런 시가 없어 선왕의 시를 가져다 비유하였다. 이는 문왕과 무왕의 덕을 말하려 한 것이다.

[張註] : 知足之吉은 吉之又吉이라.

◎해석◎ 자신의 분수에 이만하면 충분하다는 것을 아는 경사로움은 경사롭고 또 경사로운 것이다.

[魏註] : 任直體道 不非理以求富貴 故常保吉慶.

◎해석◎ 정직함에 맡겨 도를 몸으로 실천하며 부귀를 구하는데 이치에 맞지 않으면 하지 않으므로 항상 좋고 경사로움을 보존할 수 있다.

38. 苦莫苦於多願하고

◎해석◎ 많이 원하는 것만큼 고통스러운 것은 없다.

[張註] : 聖人之道이 泊然無欲하야 其於物也에 來則應之하고 去則己之오 未嘗有願也이라 古之多願者이 莫如秦皇漢武이니 國則願富하고 兵則願强하고 功則願高하고 名則願貴하고 宮室則願華麗하고 姬嬪則願美艶하고 四夷則願服하고 神仙則願致나 然而國愈貧兵愈弱하고 功愈卑名愈鈍하야 卒至於所求不獲而遺狼狽者는 多願之所苦也이라. 夫治國者이 固不可多願이오 至於賢人養身之方하야는 所守를 其可以不約乎아. ※ 泊: 고요할 박 그칠 박. 狼: 앞다리가 긴 이리 랑. 狽: 뒷다리가 긴 이리 랑. 狼狽 : 곤란함 일이 뜻대로 되지 않아 몹시 딱한 형편이 됨

◎해석◎ 성인의 도는 고요하며 욕심이 없어 사물에 대한 행동에 있어 사물이 오면 응대하고 가면 그만이어서 즉 사물이 나타나면 그에 대해 적절한 행동을 하고 사물이 없어지면 그만이어서 원하는 것이 없다. 예부터 많이 원하는 사람으로는 진나라 시황제와 한나라 무제만한 사람이 없다. 나라는 부유하기를 원하고 병사는 강하기를 원하고 공덕은 높기를 원하고 명예는 귀하게 되기를 원하고 궁실은 화려하기를 원하고 희빈들은 아름답고 요염하기를

원하고 국외 사방의 나라가 복종하기를 원하고 신선이 되어 죽지 않고 오래 살기를 원했다. 그러나 국가는 갈수록 가난해지고 병사는 갈수록 약해지고 공덕은 갈수록 낮아지고 명예는 갈수록 둔해져 마침내 얻으려는 것은 구하지 못하고 낭패에 처하게 된 것은 많은 것을 원하여 만들어진 고통이다. 대개 나라를 다스리는 데는 진실로 많은 원하는 것이 있으면 안 되며, 현인이 몸을 기르는 방법에 이르러는 지켜야 하는 바를 요약하지 않고 가능하겠는가?

[魏註] : 多願而少得 必苦於心也.

●해석● 많이 원하는데 적게 얻으면 반드시 마음이 괴로울 것이다.

39. 悲莫悲於精散하고

●해석● 정신이 흩어지는 것보다 슬픈 것은 없다.

[張註] : 道之所生之謂一이오 純一之謂精이오 精之所發之謂神이니 其潛於無也則無生無死하며 無先無後하며 無陰無陽하며 無動無靜하고 其舍於神也則爲明爲哲하며 爲知爲識하야 血氣之品이 無不禀受하나니 正用之則聚而不散하고 邪用之則散而不聚라 目淫於色則精散於色矣오 耳淫於聲則精散於聲矣오 口淫於味則精散於味矣오 鼻淫於臭則精散於臭矣니 散之不己면 其能久乎아.

●해석● 도가 생겨나는 것을 일이라 하고 순수하게 하나로 모이는 것을 정이라 한다. 정이 외부로 발현되는 것을 신이라 한다. 신은 무에 잠겨있어 생도 사도 없으며 선도 후도 없고 음도 양도 없고 동과 정도 없다. 정이 신에 들어가 있으면 명과 철이 되고 지와 식이 된다. 혈기가 만들어질 때 좋은 품질을 받지 아니한 바 없으니 바로 쓰면 모여 흩어지지 않고 나쁘게 쓰면 흩어져 모이지 않게 된다. 눈이 여색에 빠지면 정이 색으로 흩어지고 귀가 소리에 빠지면 정이 소리에 흩어지고 입이 맛에 빠지면 정이 맛에 흩어지고 코가 냄새에 빠지면 정이 냄새에 흩어지니 흩어지기만 하면 어찌 오래 가겠는가?

[魏註] : 形者神之屋宅也 精散則形枯 形枯則神無所居 爲陰鬼所侵 雖金玉滿堂 而不可贖其身妻子至親而不可延其命 故悲. ※贖:속, 재물로 바치고 면제받다

●해석● 형체는 정신이 살고 있는 집이다. 정신이 흐트러지면 형체가 마르고 형체가 마르면 정신이 살 곳이 없어 나쁜 귀신이 침입하게 된다. 비록 금과 옥이 집안 가득하더라도 처자 또는 가까운 친척이 자신을 대신하여 죄를 받더라도 생명을 연장할 수 없다. 그러므로 슬픈 것이다.

★ 도에서 정精이 나오고 정이 외부로 나타난 것이 신神이며 신체가 생겨날 때는 정과 신이 같이 오며, 혈과 기가 있어 형체화 한다. 혈과 기는 모든 사람이 다 같은 품질로 받는 것이 아니므로 품질의 차이가 있게 되는데 이를 품품이라 하였다. 신체는 정신이 사는 곳인데 신은 눈·코·귀·입 등 외부에서 나타나는 것이므로 알 수 있지만 이 속에 있는 정은 나타나지 않으므로 얼마나 있는지 또는 없어지는 것도 알기 어렵다. 또 사람에게 정신이 없이 혈기만 있다면 형체만 있는 것으로 살아 있다 할 수 없다.
한의학에서 정은 음기의 일종으로 음기의 손상은 쉽게 알 수 없으며 과한 술, 심한 노동, 심한 스트레스 등으로 손상되므로 조심해야 한다고 했다.

40. 病莫病於無常하고

●해석● 항상성이 없는 것보다 깊은 병은 없다.

[張註] : 天地所以能長久者는 以其有常也이니 人而無常이면 不其病乎아.

●해석● 천지가 오래 유지되는 것은 항상성에 있다. 사람이 항상성이 없으면 어찌 병이 아니겠는가?

[魏註] : 君子之性必有常度 苟或不常是爲病也.

●해석● 군자의 성품은 반드시 늘 같은 척도가 있다. 구차하거나 혹 항상성이 없으면 이는 병이 된 것이다.

★ 상常이란 일상생활에서 일정한 패턴이 있는 것처럼 행동하는 것을 말한다. 행동에 일정한 패턴이 있으면 어떤 일이 있을 때 그 사람의 다음 행동을 예측할 수 있을 것이다. 이 예측에서 벗어난 행동을 한다면 반드시 이유가 있을 것이다.

41. 短莫短於苟得하고

◦해석◦ 구차하게 얻는 것보다 짧은 것은 없다

[張註] : 以不義得之면 必以不義失之니 未有苟得而能長也이라.

◦해석◦ 불의로 얻으면 반드시 불의에 의해 잃게 되니 구차하게 얻어서 오래 지속되는 것은 아직까지는 없다

[魏註] : 不以其道 苟而得之 是爲不久長也.

◦해석◦ 도리에 따르지 않고 구차하게 얻으면 이는 오래 가지 못한다.

42. 幽莫幽於貪鄙하고

◦해석◦ 가난하고 비루한 것보다 더 깜깜한 것은 없다. ※ 鄙: 더러울, 인색할 비, 비천할 비

[張註] : 以身徇物이면 闇莫甚焉이라. ※ 徇:돌 순, 경영할 순, 부릴 순

◦해석◦ 세속을 따라 왜곡되고, 목숨을 걸고 몸으로 재물을 따르는 생활을 하면 앞날이 깜깜하기가 이 보다 더 심할 수 없다.

[魏註] : 貪求向己 鄙悋於人 此是小人之行 故云幽.

◦해석◦ 자기에게는 탐욕스럽게 구하고 다른 사람에게는 더럽고 인색하면 이는 소인의 행동이므로 어둡다고 말한 것이다.

★ 가난하다는 것은 물질 부족을 말하는 것이 아니라 마음이 가난한 것을 말한다. 마음먹기에 따라 부富가 결정된다고 보기 때문이다. 현대에 와서 부가 마음먹은 대로 빨리 모이지 않기 때문에 이런 글이 설득력을 잃어가고 있다. 그로 인해 부를 쫓아가는 생활이 주류를 이루고, 이런 것이 바른 길처럼 인식하고 세속을 따라, 유행을 따르며 적응해 가는 걸 잘 살고 있다고 생각하고 또 말한다. 그러나 위대한 영웅이나 훌륭하다고 칭송받는 사람이 아니라도, 주변에서 조금이라도 나은 삶의 터전을 마련한 사람들은 이렇게 세속을 따랐기 때문에 저절로 만들어진 것이 아니라 목표를 정하고 끊임없는 노력을 한 결과라는 것을 알 수 있다.

43. 孤莫孤於自恃하고 自恃는 위노주에 自是로 되어 있다.

◎해석◎ 스스로 자만하는 것보다 외로운 것은 없다.

[張註] : 桀紂는 自恃其才하고 智伯40)은 自恃其强하고 項羽는 自恃其勇하고 高莽41)은 自恃其智하고 元載盧杞는 自恃其狡하니 自恃其氣면 驕於外而善不入하고 耳不聞善則孤而無助이니 及其敗에 天下이 爭從而亡之라. ※ 恃 : 믿을 시, 의지할 시. 智伯 : 春秋시대 晉나라 六卿 중 한명으로 知氏를 말한다

---

40) 中國史籍精華譯叢編委會, 中國史籍精華譯叢(左傳 戰國策 史記 漢書 後漢書), 靑島出版社 外, 1995, p263, 三家分晉 : 노(魯)나라 도공(悼公)4년 진국(晉國)의 순요(荀瑤)가 정(鄭)나라를 침공할 때 정나라 대부 사홍(駟弘)이 말하기를 지백은 강함과 너그럽지 못한데다 그것을 스스로 뽐내고 있는데다. 강하면 쉽게 승리한다고 믿는다. 우리들은 일찌감치 순종한다고 표시하면 그들은 군대를 물릴 것이다(知伯(卽 荀瑤)剛愎自用而又恃强好勝 我們及早表示順從 他就會退兵). 정나라 군대는 남리(南里)를 굳건히 지키면서 진나라 군대를 기다렸다 포위하여 포로로 잡았다. 정나라 사람들은 진국의 군대가 투항하기를 권했으나 응하지 않았고 모두 목을 베어 죽였다.
정나라 도성문(都城門)을 공격할 때 지백은 월맹에게 진격하라고 하자 월맹이 답하기를 주장이 있으므로 내가 먼저 선두에 나설 수 없다고 했다. 지백은 비웃으며 그에게 말했다. 너는 얼굴상이 남루하고 용기가 부족한데 월가의 사람들이 어찌 이런 모양의 사람을 왕위계승자로 옹립하였는가. 월맹이 말하기를 이로 인하여 내가 애써 치욕을 참을 수 있었고 또한 조씨 종족이 위험에 처하지 않게 된 것이 허다하다고 하였으나 지백은 끝까지 그의 오만한 마음을 버리지 않았다. 이로 인해 조양지趙襄子 (즉 월맹)은 그를 매우 싫어했고 끝내 지백을 멸망시켜 지백이 다스리는 진나라를 한韓 조趙 위魏 세 나라가 나누어 가지게 되었다. BC534년 지백사망. 愎 : 괴팍할 퍅, 너그럽지 못함
41) 모패기, 소서전집, 전게서, p104, "隋煬帝 楊廣恃才自傲"라 하여 고망을 수 양제로 해석함

◐해석◑ 걸과 주는 스스로 자신의 재능을 믿었고 지백은 스스로 자신의 강함을 믿었고 항우는 스스로 자신의 용기를 믿었고 고망은 스스로 자신의 지혜를 믿었고 원재와 노기는 스스로 자신의 교활함을 믿었다. 스스로 자신의 기운을 믿으면 바깥으로 교만함이 나타나 선이 들어가지 못하고 귀가 선을 듣지 못하면 주위에 조력이 없어 외로워지니 패배의 지경에 이르면 천하가 다투어 망하게 만든다.

魏○孤莫孤於自是

◐해석◑ 스스로 옳다고 하는 것보다 외로운 것은 없다.

[魏註] : 人君常執自是以責人 非衆聰不與共聽 衆明不與共視 豈不孤矣.

◐해석◑ 군주가 항상 스스로 옳다고 고집하고 다른 사람을 탓한다면, 대중이 총명하여 같이 듣지 않고 대중이 밝아 같이 보지 않는 것이 아니기 때문에 어찌 외롭지 않다 하겠는가.

★ 백성이 모두 알고 있기 때문에 스스로 옳다고 고집하여 남을 탓하면 안 된다는 것이다.

★ 원재는 당 대종 때 재상. 그는 말을 잘하였고 환관인 이보국 어조은 등과 교우를 통해 벼슬을 했다. 금군을 장악하던 환관 어조은이 전횡을 하고 조정을 마음대로 하자 대종에게 제거할 것을 건의하여 허락을 받아 죽였다. 이 공으로 권력을 얻어 조정에서 전횡을 저질렀다.

★ 노기는 당 덕종 때 재상. 말재간이 있고 생김새는 비루하고 얼굴색이 자주색이어서 사람들이 귀신을 보는 것 같다 했으며 사람을 교활하게 속였다. 당시 장군인 곽자의가 노기를 본 후 형체는 비루하고 마음이 음험하다고 말했다. 나중에 노기가 건중建中 초년에 어사중승이 되었다. 그 때 곽자의가 병이 들어 모든 관리가 문병을 왔는데 곽자의는 첩들과 같이 문병을 받았으나 노기가 문병 왔을 때는 첩들을 물리치고 혼자 문병을 받았다. 나중에 물으니 첩들이나 하인들이 그의 모습을 보고 웃음을 참지 못하면 노기가 권세를 잡을 때 우리의 가문 일족이 살아남을 방법이 없다고 말했다 한다. 다음 44항 이회광 참조

★ 노기盧杞: (?~785),
자字는 자량子良이며 당나라 때, 활주 영창滑州 靈昌(현재 하남성 활현河南省 滑縣) 사람이다.

어사중승 노혁의 아들이다. 가문의 비호로 청도솔부병조淸道率府兵曹에 취임했다. 건중초년(781)에 어사중승을, 건중2년(781)에 어사대부, 경기관찰사로 승진했고 10일 후 문하시랑, 동중서문하평장사로 임명되었다. 재상으로 임명된 후 현명하고 능력 있는 사람을 질시하고 모함에 빠지게 하며 자기를 따르지 않는 사람은 반드시 사지에 몰아넣어 자신의 세력을 영구히 장악하려 했다. 같이 재상을 하던 양염楊炎은 노기가 생김이 누추하고 문학재간이 없어 경시하였는데 노기는 양염을 모함하여 애주사마로 좌천되게 하여 죽게 하였다. 뿐만 아니라 안진경, 경조윤이던 엄영嚴郢 등을 모함하였다. 덕종이 봉천에 있을 때 주자朱泚의 난으로 공격받을 때 이회광이 주자를 물리쳤는데 노기의 방해로 덕종을 이회광이 만나지 못하게 하여 이회광이 원한을 품고 그의 죄상을 밝히자 덕종은 해임하였다. 건중 4년(783)에 신주사마로 좌천되었고 정원원년(785)에 사면을 받아 길주장사로 임명되었다가 풍주별가로 제수 받았으나 얼마지 않아 풍주에서 죽었다.

★ 항우가 해하의 전투에서 패하여 오나라로 돌아가려할 때 농부가 나룻터로 가는 길을 산으로 가도록 가르쳐 주어 병사를 더 잃자 항우가 농부마저도 나를 힘들게 만든다면 탄식을 하고 자신의 운명이 다 되었음을 느끼는 장면이 소설 삼국지에 나온다. 또 호랑이가 산군山君으로 있을 때는 아무 짐승도 가까이 접근을 못하지만 곰의 습격을 받아 다치면 그 새끼들에게 모든 짐승들이 덤벼든다고 한다. 패배에 이르면 천하가 다투어 망하게 한다는 예가 될 수 있다.

44. 危莫危於任疑하고

●해석● 임무를 맡기면서 의심하는 것보다 위험한 것은 없다.

[張註] : 漢疑韓信而任之하야 而信이 幾叛하고 唐疑李懷光而任仔하야 而懷光이 遂逆이라.

●해석● 한나라 때 한신을 의심하면서 위임하자 한신이 모반하였고 당나라 때 이회광을 의심하면서 맡기자 회광이 반역하였다.

[魏註] : 旣懷其疑卽不可任 若任所疑必致死禍.

◐해석◑ 이미 의심을 품었으면 임명하지 말아야 한다. 만약 임명한다면 의심한바가 반드시 죽음의 화를 부를 것이다.

★ 순조실록 11권, 순조 8년 11월 19일 경진 1번 째 기사 1808년 청 가경(嘉慶) 13년
보문각에서 야대하여 역대 군감에 대해 강하다

上曰: "漢 高, 亦可以學問言歟?" 冕燮曰: "恐無一分學問底意思矣。" 上曰: "納陸賈《詩》、《書》之說, 而喜看其所進新語, 則固不可謂不識一字之類也。" 冕燮曰: "是以有《大風之歌》, 文章亦好矣。" 上曰: "《大風歌》, 亦可以文章言耶?" 宗薰曰: "比諸後世, 所謂文章, 則體段雖異, 論其氣槪與範圍, 則雖使工於文章者, 亦難作《大風歌》矣。"

[해석] 임금이 말하기를, "한나라 고조(高祖) 또한 말할 만한 학문이 있는가?" 하니, 홍면섭이 말하기를, "조금이나마 학문에 뜻을 둔 적이 없는 듯합니다." 하였다. 임금이 말하기를, "육가(陸賈)의 시서(詩書)에 대한 말을 받아들이고, 그가 바친《신어(新語)》를 기뻐하여 보았으니, 진실로 한 자도 모르는 무리라고 할 수는 없다." 하니, 홍면섭이 말하기를, "이러하였기 때문에 대풍가(大風歌)120) 가 있었는데, 문장도 또한 좋습니다." 하였다. 임금이 말하기를, "대풍가도 또한 문장이라고 말할 수 있는가?" 하니, 박종훈이 말하기를, "후세에 견주어 이른바 문장은 체단(體段)이 비록 다르지만, 그 기개(氣槪)와 범위를 논하면, 비록 문장에 대해 공부를 시킨 자라 하더라도 또한 대풍가를 짓기 어려울 것입니다." 하였다.

上曰: "儘有氣力矣。漢 高之僞遊雲夢, 而擒韓信者, 似非正道。何以則使韓信, 初無叛心, 可以保全, 竟無僞遊之擧乎?" 宗薰曰: "漢 高御下, 全用籠絡之術, 以平日忌疑之心, 釀成僞遊之張本矣。"

[해석] 임금이 말하기를, "죄다 기력(氣力)이 있다. 한나라 고조가 운몽(雲夢)에서 거짓으로 놀다가 한신(韓信)을 사로잡은 것은 정도(正道)가 아닌 듯하다. 어떻게 하면 한신으로 하여금 처음에 반심(叛心)이 없이 보전할 수 있게 하고, 마침내 거짓으로 노니는 일이 없게 할 수 있었겠는가?" 하니, 박종훈이 말하기를, "한나라 고조는 아랫사람을 부릴 때 완전히 농락(籠絡)하는 술책을 썼는데, 평일에 꺼리어 의심하는 마음 때문에 거짓으로 노니는 장본(張本)을 양성했던 것입니다." 하였다.

上曰: "陳平之計, 固非正道, 韓信亦非矣。言於黥布者及稱兵送將之事, 豈成說乎? 且當謝送武涉之時, '食我衣我'之說, 已不免有戰國時餘風矣。然韓信之才, 果是桀驁, 反心已萌, 其勢不可長矣。漢 高之事, 不得已也。然而早使漢 高誠心待之, 豈至於是耶?"

[해석] 임금이 말하기를, "진평(陳平)의 계략은 진실로 정도가 아니고, 한신 또한 그르다. 경포(黥布)에 대해 말한 것과 군사를 일으키고 장수를 보낸 일은 어찌 사리에 맞는 말이겠는가? 또 무섭(武涉)을 사양하여 돌려보냈을 때를 당하여 '나를 먹여 주고 나를 입혀 주었다.'는 말은 이미 전국(戰國) 때의 여풍(餘風)이 있음을 면하지 못한다. 그러나 한신의 재주는 과연 성질이 사납고 교만한 까닭에 반심(反心)이 이미 싹텄었으니, 그 형세가 길 수 없었다. 한나라 고조의 일은 부득이한 것이었다. 그러나 일찍이 한나라 고조가 그를 성심(誠心)으로 대우하였었는데, 어찌하여 이 지경에 이르렀는가?" 하니,

耆裕曰: "韓信之謝送武涉, 牢拒蒯徹, 可知其本心, 而至於請假齊王, 期會不進二事, 無怪高帝之起疑也。"

[해석] 한기유가 말하기를, "한신이 무섭을 사양하여 보내고 괴철(蒯徹)에게 굳게 거절하였던 일에서 그 본심을 알 수 있지만, 심지어 임시로 제왕(齊王)이 되기를 청하고 기회(期會)에 나가지 않은 두 가지 일은 고조의 의심을 일으키는 데 괴이쩍게 여길 것이 없습니다." 하였다.

上曰: "漢 高之於諸功臣, 無一全保, 至有烹醢之擧, 史言, '其豁達大度, 而何其處事? 或近於暴猛也。'蕭何雖不被堅執銳, 功則爲首, 發縱指示之論, 實是善喩, 且秦府之先收圖籍, 果是經綸之士, 然比之諸葛亮, 則似不及矣。" 耆裕曰: "諸葛亮出處之正大, 非蕭何之比也。"

[해석] 임금이 말하기를, "한나라 고조는 여러 공신에 대해 한 사람도 완전히 보전한 자가 없어서, 심지어 팽해(烹醢)121) 한 일에 이르러서는 사관(史官)이 말하기를, '활달한 대도(大度)로 어떻게 그렇게 일을 처리하였는가? 더러 포악하고 흉포한 데 가까웠다.'하였다. 소하(蕭何)는 비록 견갑(堅甲)을 입고 예병(銳兵)을 잡지는 않았으나, 공(功)은 으뜸이 되었으니, 발종 지시(發縱指示)122) 하였다는 논의는 진실로 좋은 비유이었고, 또 진(秦)나라

승상부(丞相府)에서 먼저 도적(圖籍)을 거둔 것은 과연 경륜(經綸)이 있는 선비라고 하겠으나, 제갈양에 견주면 미치지 못하는 듯하다." 하니, 한기유가 말하기를, "제갈양은 출처가 정대(正大)하였으니, 소하는 견줄 바가 아닙니다." 하였다.

【태백산사고본】 11책 11권 32장 A면【국편영인본】 47책 612면

[註 120] 대풍가(大風歌) : 한 고조(漢高祖)가 천하(天下)를 평정하고 고향인 패(沛) 땅을 지나다가 종실(宗室)과 고인(故人)을 불러 술자리를 마련하였는데, 술이 거나하게 되자 고조가 노래를 지어 부르기를, "큰 바람[大風:자신을 비유함]이 일어나 구름[雲:병란을 이름]이 흩날렸도다. 사해(四海)에 위엄을 떨치고 고향에 돌아왔으나, 어떻게 맹사(猛士:훌륭한 인재를 말함)를 얻어 사방을 지킬고?"라 하였음.
[註 121] 팽해(烹醢) : 사람을 삶아 죽이거나 절임.
[註 122] 발종 지시(發縱指示) : 사냥개의 맨 줄을 풀어놓고 짐승이 있는 곳을 가리켜 잡도록 한다는 말로, 한 고조(漢高祖)가 천하를 얻은 뒤 논공(論功) 때 신하들이 소하(蕭何)의 거수(居首)를 불평하자, 고조가 전쟁을 수렵(狩獵)에 비유하여, 짐승을 쫓아서 잡은 개의 공[狗功]과 그것을 지휘한 사람의 공[人功]을 비교 논박하매, 감히 말을 못하였음.

★ 이회광李懷光

◎1. 중종실록 35권, 중종 14년 3월 5일 무술 2번째 기사 1519년 명 정덕(正德) 14년
대간·홍문관·삼공 등을 인견하고 김우증의 형률에 대해 논의한 후 경흥부로 귀양 보내다

或曰:'除君側之惡, 而終至於不測。' 昔安祿山以執楊國忠爲名; 李懷光之叛, 亦以盧杞爲名。古今兇徒, 其謀一也。其時若卽擒祿山、懷光, 則以爲只欲除盧杞、國忠, 而輕其罪乎? 臺諫非欲故爲峻急, 只欲當其罪耳。推官等以爲無正律, 而當之以亂言。假使無亂言條, 則又將輕其罪乎? 凡罪萬般, 豈能一一立其正律乎? 當擧其大綱, 以情較其律用之耳。徒謂無相當之律, 而苟從輕典, 不知其可也。

[해석] 어떤 사람이 '임금 곁의 악한 무리를 제거하다가 마침내는 불측(不測)한 지경에 이르게 된다.' 하였는데, 옛날 안녹산(安祿山)은 양국충(楊國忠)을 잡는다는 것으로 명분을 삼았

고074) 이회광(李懷光)의 반란도 노기(盧杞)를 제거한다는 것으로 명분을 삼았으니,075) 고금의 흉악한 무리들은 그 모의가 한결같았습니다. 그때 바로 녹산·회광을 사로잡았다면 노기·국충을 제거하려 했다 하여 그 죄를 가볍게 할 수 있었겠습니까? 대간이 고의로 준급(峻急)하게 하려는 것이 아니었고 다만 그 죄에 합당하게 하려 했을 뿐인데, 추관 등이 정률이 없다 하여 난언에 해당시켰습니다. 가령 난언조가 없었다면 또 그 죄를 가볍게 할 것입니까? 무릇 죄는 여러 가지인데 어찌 일일이 그 정률을 세울 수 있겠습니까? 그 대강(大綱)을 들어, 실정(實情)을 그 율에 견주어 적용시켜야 하는 것인데 한갓 상당(相當)하는 율이 없다 하여 구차히 가벼운 법을 따랐으니, 이것이 옳은 줄을 모르겠습니다.

【태백산사고본】 18책 35권 42장 B면【국편영인본】 15책 515면

[註 074] 안녹산(安祿山)은 양국충(楊國忠)을 잡는다는 것으로 명분을 삼았고 : 안녹산은 당나라 때 절도사를 지낸 반신(叛臣)으로 돌궐계(突厥系)의 잡호(雜胡)이다. 여러 번 무공(武功)을 세워 현종(玄宗)의 신임을 얻었고 이로 말미암아 마침내 평로(平盧)·범양(范陽)·하동(河東)의 절도사를 겸하게 되었다. 뒤에 재상 양국충(楊國忠)과의 반목으로 반란을 일으켜 대연(大燕)이라 국호를 정하고 황제라 칭하였으나 그의 아들 경서(慶緒)에게 피살당하였다. 《당서(唐書)》 권225.

[註 075] 이회광(李懷光)의 반란도 노기(盧杞)를 제거한다는 것으로 명분을 삼았으니, : 이회광은 당나라 덕종(德宗) 때 사람. 전공(戰功)으로 도우후(都虞候)가 되었는데, 성품이 거칠어 친속(親屬)도 용서하지 않았으므로 곽자의(郭子儀)가 군중(軍中)의 기강을 맡겼었으며, 곧이어 영주(寧州)·경주(慶州) 등지의 절도사가 되었다. 주자(朱泚)의 난 때 제(帝)를 구출하고 주자를 격파한 공으로 부원수(副元帥)에 올랐는데, 노기(盧杞) 등과의 알력으로 그들을 탄핵하고 황제의 명을 거역하다가, 부장(部將)에게 피살되었다. 《당서(唐書)》 권121.

◎ 2. 성종실록 96권, 성종 9년 9월 6일 갑자 2번 째 기사 1478년 명 성화(成化) 14년

육조와 주요 관직의 관원을 불러 주계 부정 심원이 조부에 불손한 죄를 논하게 하다

昔李璀告其父懷光欲叛之罪于唐宗, 石碏布其子厚弑君之惡于陳人, 懷光、石厚皆就誅戮, 而前史不以爲非。

[해석] 예전에 이최(李璀)823) 는 그 아비 이회광(李懷光)이 반역하려는 죄를 당(唐)나라 태종(太宗)에게 고하였고, 석작(石碏)824) 은 그 아들 석후(石厚)가 임금을 죽인 악함을 진(陳)나라 사람들에게 퍼뜨려서 이회광과 석후는 모두 사형을 당하였는데, 전사(前史)에서 잘못이라고 하지 아니하였습니다.

【태백산사고본】 15책 96권 2장 A면【국편영인본】 9책 648면

[註 823] 이최(李璀) : 당나라 사람
[註 824] 석작(石碏) : 춘추 때 사람.

◎3. 성종실록 144권, 성종 13년 8월 11일 정미 2번 째 기사 1482년 명 성화(成化) 18년

대사헌 채수 등이 동반직 서용과 폐비 윤씨의 일을 아뢰다

○御經筵。 講訖, 大司憲蔡壽啓曰: "《大典》內亂臣緣坐, 不敍東班, 今命敍於東班。 亂賊大惡, 中朝至夷三族, 蓋以黨與, 不可不去也。 昔樊噲有功於漢, 而高帝命平、勃, 卽軍中斬之, 宋 蘇洵論曰: '此乃帝見萬世之後。 呂后有變, 噲以親屬, 爲諸將所不能制, 故帝力先除羽翼, 以防後世之變。' 或疑噲於高帝最親。 豈與產、祿叛, 洵曰: '誰謂百世之後, 椎埋狗屠之人, 見其親屬得爲帝王, 不欣然從之耶?' 此通論也。 故治亂賊者, 必須窮治其黨。 若於緣坐中, 如王導、李璀之賢, 係國家輕重者, 則不得已而用之, 今豈有如此者乎?"

[해석] 경연(經筵)에 나아갔다. 강하기를 마치자, 대사헌(大司憲) 채수(蔡壽)가 아뢰기를, "《대전(大典)》 내에는 난신(亂臣)에 연좌된 자를 동반에 서용하지 않는다고 하였는데, 이제 동반에 서용하라고 명하셨습니다. 난적(亂賊)은 큰 악(惡)이기에 중국 조정에서는 삼족(三族)을 멸하는 데까지 이르렀으니, 그것은 대개 당여(黨與)를 제거하지 않을 수 없기 때문입니다. 옛날에 번쾌(樊噲)670) 는 한(漢)나라를 세움에 공(功)이 있었지마는, 고제(高帝)가 진평(陳平)과 주발(周勃)에게 명령하여 군중(軍中)에서 참(斬)한 것에 대하여, 송(宋)나라의 소순(蘇洵)이 말하기를, '이것은 고제(高帝)가, 만세(萬世)의 뒤에 여후(呂后)671) 가 변(變)

을 일으키면 번쾌는 그의 친속(親屬)이기 때문에 여러 장수들이 그를 제어(制御)하지 못할 것을 미리 내다본 것이다. 그렇기 때문에 고제가 먼저 〈여후의〉 우익(羽翼)을 제거하여서 후세에 있을 변을 막은 것이다.'라고 하였습니다. 어떤 이는 번쾌가 고제와 가장 친하였으니, 어찌 여산(呂産)·여녹(呂祿)의 반란에 참여하겠는가 하고 의심하지만, 소순은 말하기를, '뉘라서 백세(百世)의 뒤에 개 잡는 백정에 파묻혀 지내던 사람으로 그 친속이 제왕까지 된 것을 보고 흔연(欣然)하게 따르지 않겠는가?'라고 하였으니, 이는 통론(通論)이라고 하겠습니다. 그러기에 난적(亂賊)을 다스리는 자는 반드시 끝까지 그 무리들을 다스려야 합니다. 만일 〈난적에〉 연좌된 자 가운데 왕도(王導)672) 와 이최(李璀)673) 같이 현능(賢能)한 이가 있어서 국가의 경중(輕重)에 관계된다면 부득이 서용하여야 하겠습니다만, 지금 어찌 그만한 자가 있다고 하겠습니까?" 하니,

【태백산사고본】 21책 144권 4장 B면【국편영인본】 10책 367면

[註 670] 번쾌(樊噲) : 한(漢)나라의 군인·정치가. 고조(高祖)를 도와 여러 번 전공(戰功)을 세우고, 또 홍문(鴻門)의 회합(會合)에서 고조를 구출하였으며, 한나라가 천하를 통일한 후 좌승상(左丞相)에 이르고 무양후(舞陽侯)로 봉해졌음.

[註 671] 여후(呂后) : 한(漢)나라 고조(高祖)의 황후. 고조가 죽은 뒤에 여주(女主)로 집권하여 여씨(呂氏) 일족을 왕으로 봉하였고, 유씨(劉氏)의 한나라를 위태롭게 한, 여씨의 난을 일으켰음.

[註 672] 왕도(王導) : 진(晉)나라 사람. 원제(元帝)의 총애를 받아 재상(宰相)에 올랐고, 뒤에 유조(遺詔)를 받아 명제(明帝)·성제(成帝)를 도와 태부(太傅)가 되었음.

[註 673] 이최(李璀) : 당(唐)나라 사람. 덕종(德宗)이 봉천(奉天)에서 포위된 것을 부친인 이회광(李懷光)이 풀어주어, 이최를 감찰 어사(監察御使)로 삼아 총애하였으나, 이회광이 반란할 것을 황제에게 고한 후, 자신도 두 아우를 죽인 후 자살하였음.

◎4. 중종실록 3권, 중종 2년 7월 6일 정미 3번 째 기사 1507년 명 정덕(正德) 2년

홍문관 직제학 김준손 등이 내수사 혁파에 대한 차자를 올리다

內需司, 卽殿下之私府, 而其人卽私人也。 凡有事, 因緣轉達, 勢所必至, 近日之事, 或出於此, 殿下不爲之防, 而唯所欲爲, 則繼此者, 必將無厭。一國之人嘗見廢朝之事, 固不能無疑於今日, 而殿下所爲又如是, 所以益其疑也。

[해석] 내수사는 곧 전하의 사사 부고(府庫)이며, 내수사 사람은 곧 사사로운 사람[私人]인만큼 무릇 일이 있으면 거기를 인연하여 임금에게 알려지게 될 것은 사세상 당연한 일입니다. 근일의 일이 더러 그렇게 된 것인데, 전하께서는 이를 막지 않으시고 오직 하고 싶은 대로 두시니, 다음 일은 반드시 한정이 없을 것입니다. 온 나라 사람이 일찍이 폐조의 일을 보았기에 진실로 오늘날 일에 의심이 없을 수 없는데, 전하께서 하시는 바가 또한 이러하니, 의심을 더하게 될 것입니다.

夫王者之富, 藏於國, 不宜有私, 王者而有私名, 豈非可恥之甚乎? 唐 德宗以瓊林 大盈庫, 畜怨於民, 卒致奉天之亂, 今之內需司, 卽其事也。其財皆出於民, 而其用不關於國, 曰別坐, 曰書題, 率皆奸細之徒, 冒占良賤, 屬爲奴婢, 依憑長利, 侵奪民財, 其弊至廢朝而極。廣袖闊帶, 自稱某人, 則雖達官貴家, 望風懾伏, 莫之敢抗, 內需之弊, 一至於此而不革, 則臣等恐國家之憂未艾也?

[해석] 대개 왕자의 부(富)는 나라에 간직하고 사사로이 가져서는 안 되는 것이니, 왕자로서 사사로운 명목을 둔다면 어찌 너무도 부끄러운 일이 아니겠습니까? 당 덕종(唐德宗)은 경림(瓊林)·대영(大盈)의 창고 때문에 백성에게 원망을 쌓아 마침내는 봉천(奉天)의 난415)을 당하였는데, 이제 내수사가 곧 그와 같은 일입니다. 그 재물이 다 백성에게서 나온 것이지만 그 쓰임은 나라에 관계가 없습니다. 별좌(別坐)다 서제(書題)다 하는 것들은 거개 다 간사한 소인의 무리들로서 양민과 천민을 함부로 차지하여 노비로 삼고 핑계를 부려 이식(利息)을 늘리며 백성의 재물을 침탈하여, 그 폐해가 폐조에 이르러 극도에 달하였습니다. 넓은 소매에 큰 띠를 두르고 스스로 아무개라 칭하면, 비록 높은 벼슬아치나 귀한 가문이라도 바람만 보고도 그 기세에 눌려 감히 대항하는 사람이 없었습니다. 내수사의 폐단이 한결같이 이에 이르렀는데도 혁파하지 않는다면, 신 등은 나라의 근심이 다할 날이 없을까 걱정입니다.

【태백산사고본】 2책 3권 30장 B면【국편영인본】 14책 161면

[註 415] 봉천(奉天)의 난 : 당 덕종(唐德宗)이 육지(陸贄)의 계략을 써서 이희열(李希烈)·전열

(田悅) 등의 죄를 사면하고 오직 주자(朱泚)의 죄만을 그대로 두었는데, 후에 주자는 이회광(李懷光)과 더불어 봉천을 습격하였고, 덕종은 미리 이 소식을 듣고 급히 양주(梁州)로 도망친 적이 있음.

★ 노기盧杞

◎1. 선조실록 105권, 선조 31년 10월 1일 계축 3번 째 기사 1598년 명 만력(萬曆) 26년
영의정 유성룡이 조정 대신의 대우 문제에 대해 상차하다

昨暮有府吏, 謄書儒生攻臣之疏來示, 言之汚口, 見之駭目。不但就一事而從一事得失, 發臣宿愿, 攻臣肺腑, 列臣罪目, 累百千言, 古之盧杞、李林甫之惡, 不過如此。此疏一出, 傳之朝著, 播之四方, 達之天朝士夫之耳目, 而不可湔洗, 卽臣無所往而不爲奸人矣。若此而頑不知退, 冒昧竊據, 雖廝隷賤僕之無恥者, 不至是矣。況名爲大臣者乎? 而揆之國體, 亦豈宜然?

[해석] 어제 저녁에 부리(府吏)가, 유생들이 신을 공박한 상소를 등초해 가지고와서 신에게 보였는데, 말을 하자니 역겹고 보고 있자니 놀라운 내용이었습니다. 한 가지 일을 가지고 한 가지 일의 잘잘못을 논할 뿐만 아니라 전일의 잘못을 들추어 내고 신의 속마음까지 공박하며 죄목(罪目)을 나열하여 수천 마디를 진술하니, 옛날 노기(盧杞)와 이임보(李林甫)의 악(惡)188) 도 이에 지나지 않을 것입니다. 이 상소가 한번 나와, 조정에 전해졌고 사방에 전파되었으며 중국 사대부의 이목(耳目)에 전달되어 씻어버릴 수 없게 되었으니, 신은 어디를 가나 간사한 사람이 되고 말았습니다. 이와 같은데도 어리석게 물러갈 줄 모르고 벼슬을 차지하고 있는 것은, 비록 염치 없는 하인이나 종도 그러지는 않을 것인데 더구나 명색이 대신인 자이겠습니까. 국가의 체모로 헤아려 보더라도 어찌 그럴 수 있겠습니까.

【태백산사고본】 66책 105권 1장 A면【국편영인본】 23책 513면

[註 188] 노기(盧杞)와 이임보(李林甫)의 악(惡) : 노기는 당 덕종(唐德宗) 시대 사람으로서 성품이 음흉하고 인물도 못생겼는데 말은 잘하였다. 덕종이 그의 재주를 가상히 여겨 정승을 삼았는데, 권력을 멋대로 남용하여 어진 자를 해치고 새물을 거두 들이니 원성이

천하에 가득했다. 주자(朱泚)의 난리에 이회광(李懷光)이 적을 무찌른 공이 있는데 덕종을 만나보지 못하게 하자, 회광이 노기의 악을 폭로했다. 이임보는 당 현종 시대 사람으로 환관들과 비빈(妃嬪)들을 친하여 현종의 동정을 살펴 뜻을 맞추고 권력을 멋대로 남용하여 끝내 안록산(安祿山)과 사사명(史思明)의 난리를 빚어냈다. 《당서(唐書)》 권223.

◎2. 명종실록 16권, 명종 9년 5월 11일 경술 4번 째 기사 1554년 명 가정(嘉靖) 33년
진식 등에게 관직을 제수하다

史臣曰: "鎭爲人陰險凶慝, 多機變。交結權纘、崔塢之徒, 煽禍士林。貌甚醜惡, 藍面鬼色, 人比之盧杞。"

[해석] 사신은 논한다. 김진은 사람됨이 음험하고 흉악하며 기변(機變)이 많았다. 권찬(權纘)·최우(崔塢)의 무리와 결탁하여 사림(士林)의 화를 선동하셨다. 생김새가 매우 추악하여 얼굴이 퍼렇고 귀색(鬼色)이 있어 사람들이 노기(盧杞)058) 와 같다고 하였다.

【태백산사고본】 11책 16권 38장 B면【국편영인본】 20책 196면

[註 058] 노기(盧杞) : 당(唐)나라 사람으로 자는 자량(子良). 말재주가 있었으나 매우 못 생겨 얼굴이 귀신같고 안색이 남색이었다. 덕종(德宗)이 그의 재주를 기특하게 생각하여 문하 시랑으로 발탁하고 동중서문하 평장사(同中書門下平章事)로 삼았다. 뜻을 얻은 후에는 조금이라도 자기를 거슬리면 끝내 죽이고 말았다. 또한 간가(間架)·제맥(除陌)의 세(稅)를 실시하여 원망이 천하에 가득했다. 이회광(李懷光)이 그의 죄를 폭로하자 제(帝)가 깨닫고 그를 신주 사마(新州司馬)로 좌천시켰고 풍주 별가(灃州別駕)로 옮겨가 죽었다. 《신당서(新唐書)》 권223 하(下) 간신 열전 하(姦臣列傳下).

★ 한육견척韓陸見斥 : 당 헌종 때 한유韓愈가 황보박皇甫鎛의 배척받아 중용되지 못한 일과 당 덕종 때 육지陸贄가 노기盧杞 등의 배척을 받은 일을 말한다.

45. 敗莫敗於多私이니라

◐해석◑ 사사로움이 많은 것보다 낭패는 없다.

[張註] : 賞不以功하고 罰不以罪하며 喜佞惡直하고 黨親遠踈면 小則結匹夫之怨하고 大則激天下之怒이니 此는 私之所敗也이라.

◐해석◑ 상을 공으로 기준하여 주지 않고 벌을 죄로 기준하여 주지 않으며 망령된 것을 좋아하고 바른 것을 싫어하며 자신과 어울리는 사람끼리만 모이며 그렇지 않은 사람을 멀리하면 작게는 필부의 원한이 맺히고 크게는 천하의 원한이 격동하게 된다. 이는 사사로움의 패착이다.

[魏註] : 向公無憂多私必敗.

◐해석◑ 공적인 것에 사사로움이 많은 것을 걱정하지 않으면 반드시 패할 것이다.

右第四章은 言本宗을 不可以離道德이라

우 제4장은 근본과 중심을 도덕에서 멀어지만 안 된다는 것을 말한 것이다.

遵義章 第五

46. 以明示下者는 闇하고 闇은 위노주에 淺으로 되어 있다

◐해석◑ 밝음으로 아래를 보면 어둡다.

[張註] : 聖賢之道는 內明外晦이니 惟不足於明者는 以明示下하나니 乃其所以 闇也이라.

◐해석◑ 성현의 도는 안은 밝으나 바깥은 어둡다. 오직 밝음이 부족한 자만이 밝은 것으로 아래를 보게 하니 어두운 것이다. 즉 등잔이 밝을수록 등잔 밑이 어둡다는 뜻이다.

[魏註] : 明不可炫 藏其心 不能自炤 可謂淺矣. ※ 炫:밝을현 불빛밝을현. 炤:밝을 소 빛칠 소. 淺:물얕을천 지식얕을천 오래가지 않을천

◐해석◑ 밝아도 바깥으로 밝히지 않고 마음에 담아두어 스스로 밝게 비치지 못하는 것은 가히 얕음이라 말할 수 있다.

★ 장주張註는 밝음을 내세우지 말라는 뜻으로 해석했고 위주魏註는 스스로 밝아야 한다고 해석하여 서로 다른 해석을 했다.

47. 有過不知者는 蔽하고

◐해석◑ 잘못이 있으나 잘못을 모르면 덮혀져 가려진다.

[張註] : 聖人은 無過可知하고 賢人之過는 微形而悟하나니 有過不知면 其愚蔽이 甚矣라.

◐해석◑ 성인은 잘못이 없음을 알고 현인의 잘못은 잘못의 형체가 미미할 때 깨닫는다. 잘못이 있어도 알지 못하면 그 어리석음과 가려진 폐단이 매우 심하게 된다.

[魏註] : 君子日新其德 慮恐有過不自改乎.

◐해석◑ 군자는 날마다 덕을 새롭게 하며 과실이 있어도 스스로 고치지 못할까 염려한다.

★ 대학42)에 "湯之盤銘曰 苟日新日日新又日新"
◐해석◑ 탕임금의 세수대야에 진실로 날마다 새롭고 하루하루 새롭고 또 날마다 새로워라 라고 새겼다.

★ 서전 상서(商書) 탕서(湯誓)43)에 "德日新萬邦惟懷志 自滿九族乃離"
◐해석◑ 덕을 매일같이 새롭게 하면 만방을 품고 스스로 자만하면 구족이 자만 때문에 떨어져 나간다.

48. 迷而不返者는 惑하고

◐해석◑ 빠져 헤매면서도 돌아갈 줄 모르는 자는 미혹하게 된다.

[張註] : 迷於酒者는 不知其伐吾性也오 迷於色者는 不知其伐吾命也오 迷於利者는 不知其伐吾志也이니 人本無迷로되 惑者이 自迷之라.

◐해석◑ 술에 빠져 헤매는 자는 나의 본성을 갈아 먹는 것을 모르고 색에 빠져 헤매는 자는 나의 명운을 갈아 먹는 것을 모르고 이익에 빠져 헤매는 자는 나의 뜻을 갈아 먹는 줄 모른다. 사람은 본래 빠져 헤매는 미혹함이 없는데 미혹하는 것은 스스로 빠지는 것이다.

---

42) 대학. 대학 중용 부언해. 학민출판사 영인. 대전. 1990. p65
43) 서전 부언해, 전세서, p21,22

[魏註] : 日月時有虧盈 人豈無過不患, 有過而患不改 是不惑矣.

◘해석◘ 해와 달도 때에 따라 차고 기울기도 하는데 사람이 어찌 과실과 우환이 없겠는가. 과실이 있을 때 고치지 못할까 걱정하는 것이 불혹이다.

49. 以言取怨者는 禍하고

◘해석◘ 말로써 원한을 사는 것은 화를 부른다.

[張註] : 行而言之면 則機在我而禍在人하고 言而不行이면 則機在人而禍在我라.

◘해석◘ 행동하면서 말하면 그 시작은 나에게 있고 화는 다른 사람에게 있고, 말하면서 행동하지 않으면 그 시작이 다른 사람에게 있고 화는 나에게 있다.   ※ 機 :고동기(發動所由)

[魏註] : 不慮其遠 以言傷人 既取其怨 久而成患 故曰口是禍之門.

◘해석◘ 멀리를 염려하지 못하고 말로써 사람을 상처를 주면 이미 원한을 얻은 것인데 오래되면 우환을 만든다. 그러므로 입이 화를 만드는 문이라 한 것이다.

50. 令與心乖者는 廢하고

◘해석◘ 명령이 마음과 다른 것은 폐지해야 한다.

[張註] : 心以出令이오 令以行心이라.

◘해석◘ 마음은 명령을 나오게 하고 명령은 마음을 행하는 것이다.

[魏註] : 令不可以心乖即民不敬.

●해석● 명령이 마음과 떨어지면 안 되면 만약 떨어지면 백성이 공경하지 않는다.

51. 後令謬前者는 毁하고   ※ 謬:그릇될 유, 속이다 기만하다

●해석● 뒤에 한 명령이 앞의 명령을 틀렸다고 고치면 훼손된다.

[張註] : 號令不一이면 心無信而自毁棄矣라.

●해석● 명령이 일정하지 않으면 마음에 믿음이 없어 스스로 훼손하고 버리게 된다.

[魏註] : 法令繆行卽毁謗起.

●해석● 법령이 일정하지 않고 얽히면 헐뜯는 소문이 일어난다.

52. 怒而無威者는 犯하고

●해석● 화를 내는데 위엄이 없으면 아랫사람이 윗사람을 범하게 된다.

[張註] : 文王이 不大聲以色하사되 四國이 畏之하고 孔子이 曰不怒而民威於 鈇鉞이니라.

●해석● 문왕이 큰 소리를 내고 얼굴색을 바꾸지 않아도 온 중국이 두려워하니 공자가 말씀하시기를 화를 내지 않아도 백성이 창과 도끼를 드는 것 즉 무력을 행사하는 것보다 위엄을 느낀다고 하였다.

[魏註] : 君子不重則不威 旣無威德 小人是以犯之也.

●해석● 군자가 후덕하고 진중하지 않으면 위엄이 없고 이미 위엄과 덕이 없으면 소인이 이 때문에 침범한다.

※ 犯:범할범(干也) 다닥할범(抵觸) 침노할범(侵也) 참람할범(僭也) 이길범(打勝) 일으킬범(起也)

★ 논어44) 학이學而에 "子曰君子不重則不威니 學則不固이니라. 主忠信하며 無友不如己者오 過則勿憚改니라.
 ○重 厚重, 威 威嚴, 固 堅固也, 輕乎外者 必不能堅乎內 故不厚重則 無威嚴而 所學亦不堅固也. 人不忠信 則事皆無實, 爲惡則易 爲善則難, 故學者必以是爲主焉. 無 毋通, 禁止辭也. 友 所以輔仁 不如己則無益而有損."

●해석● 학이편에 공자께서 말씀하시기를 군자는 진중하지 않으면 위엄이 없으니 공부를 해도 단단하지 않다. 충신을 주로 해야 하며 친구는 나보다 못한 사람이 없어야 하며 잘못이 있으면 고치는데 두려워하지 말라 하셨다.

○중은 후중한 것을 말한다. 위는 위엄을 말한다. 고는 견고한 것을 말한다. 바깥으로 가벼우면 반드시 안도 견고할 수 없으므로 후중하지 않으면 위엄이 없고 공부하는 바도 역시 견고하지 않다. 사람이 충신하지 않으면 하는 일에 모두 실체가 없다. 악을 하기는 쉽고 선을 하기는 어려우므로 공부하는 사람은 반드시 이를 위주로 해야 한다. 무는 무와 통한다. 금지하는 말이다. 친구는 인을 보완하기 위함인데 자신보다 못하면 더하는 바는 없고 손해만 있다.

★ 중용45) 제33장에 "詩云 相在爾室한데 尙不愧于屋漏라하니. 故로 君子는 不動而敬하며 不言而信이니라. ○詩大雅抑之篇. 相 視也. 屋漏 室西北隅也. 承上文 又言君子之戒謹恐懼 無時不然 不待言動而後 敬信則其爲己之功 益加密矣. 故下文 引詩 幷言其效."   ※ 愧:부끄러워하다. 屋漏: 옛날에 방안 서북방향에 작은 장막을 설치하고 신주(神主)를 모셨는데 사람들이 방안에서 잘 보지 못하는 곳을 말한다. 待: 기다릴대 대비할대 갖출대

●해석● 시에 말하기를 너의 방에 있음을 볼 때 구석진 곳을 전혀 부끄러워하지 않는다하였다. 그러므로 군자는 움직이지 않아도 공경하고 말하지 않아도 믿는다.

---

44) 논어 명문당 전게서 p14
45) 중용 명문당 전게서 p133-135

○시경의 대아 억편이다. 상은 본다. 옥루는 방의 서북 모서리로 사람들에게 보이지 않는 곳이다. 위 문장에 이어 군자가 삼가고 두려워하는 것이 그렇지 않은 적이 없다는 것을 말하고, 말과 행동 후에 공경하고 믿는 것을 기다리지 않는 것은 결과에 의해 공경하고 믿지 않는 것은 자신의 공이 더욱 밀접한 것이다. 그러므로 아래 문장에 시를 인용하여 그 효과를 말하였다.

"詩曰 奏假無言하야 時靡有爭이라하니 是故로 君子는 不賞而民勸하며 不怒而民威於鈇鉞이니라
○詩商頌烈祖之篇. 奏 進也. 承上文而遂及其效 言進而感格於神明之際 極其誠敬 無有言說而人自化之也. 威 畏也. 鈇 莝斫刀也. 鉞 斧也."

●해석▶ 시에 왈 제사 지내는 곳에 나아가 무언으로 감격하니 다툼이 있는 때가 없다. 이런 까닭에 군자는 상을 주지 않아도 백성이 스스로 권하고 군자가 화내지 않아도 백성이 부월보다 큰 위엄을 느낀다.

○시경의 상송 열조편이다. 진은 제사를 받드는 곳으로 나아간다. 위 문장에 이어 그 효과가 나타나는 것을 말한다. 제사 지내는 곳에 나아가 신명에 감격할 때 정성과 공경이 극진하여 말로 설명하지 않아도 사람이 스스로 감화되는 것이다. 위는 두려워하는 것이다. 부는 여물을 자르는 칼이다. 월은 도끼다.

★ 중용과 시전에서 어떤 동작을 취하거나 말하지 않아도 다른 사람들이 공경하고 믿는 다는 것은 정성과 공경이 지극하여 다른 사람들이 저절로 감화를 받는다고 하였다. 필자는 현대 사회에서 이 말은 적합하지 않다고 생각한다. 지극한 정성이나 공경을 잘 알아주지 않기 때문이다. 소서를 읽는 이유가 어떻게 남을 이해하고 나를 어떻게 알리는가 하는 것에 상당한 많은 부분이 설명되어 있어 참고 할만하다.

53. 好直辱人者는 殃하고 _{好直은 도장과 위노주에 好衆이라 되어 있다.}

●해석▶ 곧바른 것을 좋아하여 사람을 욕보이는 자는 재앙이 따른다.

[張註] : 己欲沽直 名而置人於有過之地는 取殃之道也이라.

◐해석◑ 자신이 정직한 행동만 한다는 이름을 얻고자 하여 다른 사람을 잘못된 처지에 놓이게 하는 것은 재앙을 얻는 길이다.　　※沽: 팔고 매매하다 사다

★ 자신은 정직한 행동만하기 때문에 남이 어떤 처지에 놓이든 관계없이 자신만을 위주로 생각하고 행동하는 경우를 말한다. 대개 널리 생각하지 못한 탓인데 왕왕 일어난다.

[魏註] : 折辱於人 爲衆所恥 積怨蓄懷 久而成殃也.

◐해석◑ 다른 사람에게 욕을 보여 대중에게 수치감을 주면 원한이 쌓이고 회한이 쌓여 오래되면 재앙을 만든다.

★ 절욕折辱

◎1. 연산군일기 35권, 연산 5년 11월 18일 갑술 1번째기사 1499년 명 홍치(弘治) 12년
장령 김인후가 성준의 일을 아뢰니 성준이 맞서서 해명하다

○甲戌/御經筵。 領事成俊侍, 掌令金麟厚曰: "近日殿下所爲, 皆出於祖宗法外。 祖宗朝無婦人受祿者, 況如此事, 當與大臣商議而行, 今不議, 是必慮有止之者耳。" 王曰: "爾以法外爲言, 然則成宗給婷妻二等之祿何耶? 且予之此擧, 乃特恩爾。" 麟厚曰: "成宗以夫人爲親, 特給祿二等, 是亦法外之事, 未可援以爲例。 今就令賜之, 當稱賜予, 而不必以祿俸爲名也。" 獻納洪潤德曰: "全羅道地大民衆, 非他道比。 鄭叔墀雖嘗爲參議, 然京官則可以隨行逐隊, 方面專制之任, 其何能堪? 大臣謂叔墀詳明慷慨, 叔墀宰相子, 故其議如此。 如叔墀爲監司, 則孰謂朝廷有臺諫乎?" 麟厚曰: "成俊違法, 直達己私, 是法自大臣毀矣, 亦當推鞫。" 俊曰: "臣之事, 上已洞照, 臣亦自反無愧。 嘗欲(白)〔自〕 明於上前, 恐其無禮而止耳。 前於經筵, 麟厚啓: '典禁吏納牌時, 捽臣奴詣府。' 臣奴見捉, 在人定時。 納牌常在罷仕時, 豈有人定後持牌巡禁者乎? 持平金效侃又駁臣曰: '錄事則不可私使, 而昨, 錄事呈單子, 不可。' 臣謂, 錄事堂吏也。 政府、六曹凡告, 亦令錄事呈狀例也。 臺諫欲彌縫臣過, 駁臣虛事如此, 其心至奸(誦)〔譎〕矣。 如臣尙不得自明, 小民之事從可知矣。" 麟厚曰: "俊以奸譎, 折辱臺諫, 大臣之體, 豈如是乎? 怒臣等駁己, 輒加醜詆, 無臺諫則於俊之心, 豈不快乎?" 王不答。　　※臺諫:사헌부 사간원의 벼슬의 총칭

[해석] 경연에 납시었는데, 영사(領事) 성준(成俊)이 모시었다. 장령(掌令) 김인후(金麟厚)가 아뢰기를, "근일 전하의 하시는 일이 모두 조종의 법 밖에서 나왔습니다. 조종조에서도 부인으로서 녹 받은 자가 없었습니다. 더구나 이런 일을 당연히 대신들과 상의하여 행하여야 할 것인데 지금 의논하지 않으시니, 이것은 반드시 말리는 자가 있을까 염려해서입니다." 하니, 왕이 이르기를, "너는 법 밖이라고 말을 하는데, 그렇다면 성종께서 이정(李婷)427)의 처에게 2등의 녹봉을 주신 것은 무엇이냐. 또 나의 이 일은 특별한 은혜이다." 하매, 김인후가 아뢰기를, "성종께서 부인으로 친척이 된다 하여 특별히 녹봉 2등을 주시었는데, 이 역시 법 밖의 일이오니 이것을 인용하여 준례를 삼을 수는 없습니다. 지금 주시려면 사여(賜與)라 칭해야 하며, 녹봉이라 이름할 것이 아닙니다." 하였다. 헌납(獻納) 홍윤덕(洪潤德)이 아뢰기를, "전라도는 지역이 크고 백성이 많아서, 다른 도에 비할 것이 아닙니다. 정숙지는 일찍이 참의를 지내기는 하였으나, 경관직(京官職)인즉, 남이 하는 대로 대열을 따라다닐 수도 있지만 한 방면을 맡아 전제하는 소임이야 어찌 감당할 수 있겠습니까. 대신이 정숙지를 '상명하고 강개하다.' 한 것은 정숙지가 재상의 아들이기 때문에 이렇게 의논한 것입니다. 정숙지로 감사를 임명한다면 누가 조정에 대간이 있다 하오리까." 하고, 김인후는 아뢰기를, "성준이 법을 어기고 자기의 사사일을 바로 위에 주달하니, 이것은 법이 대신에게서부터 무너지는 것입니다. 역시 추국(推鞠)하여야 하겠습니다." 하니, 성준이 아뢰기를, "신의 일은 상께서도 이미 통촉하시는 것이며, 신 역시 스스로 돌이켜 보아도 부끄러움이 없습니다. 일찍이 어전에서 스스로 해명하려 하였사오나, 무례가 되지 않을까 하여 그만두었습니다. 전번 경연에서 김인후(金麟厚)가 아뢰기를, '전금리(典禁吏)가 납패(納牌)할 때에 신의 종을 잡아 헌부로 갔다.'고 하오나, 신의 종이 잡힌 것은 인정(人定) 때였습니다. 납패는 언제나 파사(罷仕)428) 할 때에 있는데 어찌 인정 후에 패를 가지고 순금(巡禁)하는 자가 있겠습니까. 그리고 지평(持平) 김효간(金效侃)은 또 신을 논박하여 이르기를, '녹사(錄事)는 사사로이 부리지 못하는 것인데, 어제 녹사가 단자(單子)를 드리니 불가하다.' 하오나, 신의 생각으로는 녹사는 정부의 당리(堂吏)이므로 정부 6조(曹)에서 고할 일이 있으면 역시 녹사로 서장(書狀)을 드리는 것은 준례입니다. 그런데 대간이 신의 과실을 얽어매려 하여 신의 사실 아닌 일을 이렇게 논박하니, 그 심리가 지극히 간흉합니다. 신으로서는 스스로 해명할 수 없으니 소민(小民)의 일을 따라 알 수 있습니다." 하였다. 김인후가 아뢰기를, "성준이 간흉하다고 대간을 절욕(折辱)하는데, 대신의 체모로 어찌 이럴 수 있습니까. 이것

은 신 등이 자기를 논박하는 데 성내어 문득 추한 욕설을 하는 것이오니, 대간이 없다면 성준의 마음이 어찌 통쾌하지 않겠습니까. 하였으나, 왕이 대답하지 않았다.

【태백산사고본】 9책 35권 18장 B면【국편영인본】 13 책 384 면

[註 427] 이정(李婷) : 월산 대군.
[註 428] 파사(罷仕) : 퇴근.

◎2. 연산군일기 35권, 연산 5년 11월 23일 기묘 5번째기사 1499년 명 홍치(弘治) 12년
홍문관 부제학 홍형 등이 대관의 말을 수용하는 일이 언로를 여는 일이라고 글을 올리다

○弘文館副提學洪泂等上箚曰:

臣等於昨日, 以臺官下獄爲不便, 伏閤論啓, 未蒙兪允, 不勝缺望。 臣等伏以, 人主御臣之道, 在於卞是非, 察曲直而已。 苟是非倒顚、 曲直相反, 則爲國之患, 莫大於此矣。 臣等近見, 臺官之所以論成俊, 成俊之所以毁臺官, 以爲是非曲直, 固自有在, 必不逃於聖鑑之明耳。 及聞下臺官于禁府, 臣等竊惑焉。 臣等以爲, 俊有可責者三, 而臺官之失, 不過言語間少差耳。 俊若有莅家之道, 當素勑僕隷, 無使縱恣, 而今乃席勢驕橫, 逼縛臺吏, 其陵憲大矣。

[해석] 홍문관 부제학 홍형(洪泂) 등이 차자(箚子)를 올리기를,
"신 등이 어제 대관을 하옥하는 것이 온당치 못하다는 일로 복합 논계(伏閤論啓)하였는데 아직 윤허(允許)를 얻지 못하오니, 실망을 이길 수 없습니다. 신 등이 생각하옵건대, 인군이 신하를 어거하는 도는 시비를 분변하고 곡직(曲直)을 살피는 데 있을 뿐이옵니다. 만일 시비가 전도되고 곡직이 상반된다면 나라의 우환이 이보다 큰 것은 없을 것입니다. 신 등이 근일 보온즉, 대간이 성준(成俊)을 논란하는 것이나 성준이 대간을 헐뜯는 것은 그 시비와 곡직이 분명하여 반드시 밝으신 성감(聖鑑)에 숨겨질 수 없는 일이온데, 대관을 금부(禁府)에 내리었다는 말을 듣게 되니, 신 등이 그윽이 의혹되옵니다. 신 등의 생각으로는, 성준(成俊)의 책할 만한 것은 셋이나 있지만 대관의 잘못이라면 언어가 약간 틀리는 데 불과합니다.

성준이 만일 집안을 다스리는 법도가 있었다면 평소부터 노복들을 단속하여 방종한 행동을 못하게 하였어야 할 것인데, 지금 세력을 믿어 교만하고 횡포하여 헌부 이속을 핍박하였으니, 국법을 능멸함이 크옵니다.

臣等竊惟, 漢 文之時, 皇太子犯小令, 而帝不敢自赦, 請太后謝廷尉, 然後得免。 所以然者, 以紀綱不可紊, 律令不可慢也。 今俊人臣也。 其縱奴干紀, 則固當惶懼慙謝之不暇, 而反呈單子, 曲爲蔭奴之辭, 是其心以爲, 我以三公之威壓之, 則折簡可致無事, 是不以臺官爲忌, 其可責者一也。 國制不得以己私、紛紜啓達, 著在令甲, 而俊乃以家奴之事, 至於上聞, 冒瀆天聽。 今夫子弟之於父兄, 尙不敢以褻私干之, 況爲人臣而將家累瑣屑, 瀆聞於天陛乎? 其責者二也。 殿下聽俊之啓, 命囚臺吏, 俊之志庶幾小快矣, 而有可惡者, 臺官之論未止也。 於是思得一言之可鉗制其口, 乃斥臺官以奸譎之名, 廷辱於殿陛之上, 是謂擧朝之人, 皆靡然無是非之口矣, 其可責者三也。

[해석] 신 등이 그윽이 생각하옵건대 한(漢)나라 문제(文帝) 때는, 황태자가 작은 법령을 범하였는데도 황제가 감히 스스로 사면하지 못하고, 태후(太后)에게 청하며 정위(廷尉)431)에게 사과한 후 면죄되었으니, 그렇게 한 것은 기강(紀綱)을 문란할 수 없고 법령을 업신여길 수 없기 때문이옵니다. 지금 성준은 신하이오니, 종을 놓아 기강을 범하였으면 의당 황구(惶懼)하여 부끄럽게 생각하고 사과하기에 여념이 없어야 하는데, 도리어 단자를 드리어 그릇 종을 음호하는 말을 하니, 이것은 그의 마음속에 생각하기를, 내가 삼공의 위엄으로 누른다면 서간 한 장으로 무사하게 될 것이라 여긴 것입니다. 이것은 대간을 거리끼지 않는 것이오니, 그 책망할 만한 일이 하나입니다. 나라 제도에 자기의 사사일을 가지고 분운하게 계달(啓達)하지 못한다는 것은 법령[令甲]에 드러나 있는데, 성준이 집 종의 일을 가지고 위에 알려서 천청(天聽)을 모독하기까지 하였습니다. 대저 자제가 부형에게도 감히 설만(褻慢)하고 사사로운 일로 간구하지 못하는 것인데, 하물며 신하로서 가루(家累)432)의 사소한 일로써 번거롭게 천폐(天陛)에 아뢸 수 있습니까. 그 책망할 만한 것이 둘입니다. 전하께서 성준의 아룀을 들으시고 명하여 헌부의 이속을 가두시니, 성준의 마음이 아마 조금 쾌했을 것입니다. 그래도 미운 것은 대간의 논란이 그치지 않는 일이므로, 한 마디 말로 그 입을 재갈 먹일 것을 생각해 냈습니다. 곧 대관을 간휼하다는 이름으로 배척하여 전폐(殿陛) 위에서 욕보이면 온 조정 사람이 모두 쏠려서 시비하는 말이 없으리라 여긴 것이오니, 그 책망할

만한 것이 셋이옵니다.

其初臺諫之所欲施法者, 止於犯令之一奴耳。俊則固無所干預, 而挺然代奴之訟, 角立爭卞。至入經筵, 見臺官論列己過, 陰懷忿怒, 發此折辱之言, 欲爴汚言官, 以逞其剛忿之氣。夫自古人臣好剛忿, 而不知自戢, 則終至於刧制朝廷。而後已。此宜大臣之所戒, 而俊敢爲之, 其於俊亦不爲不害矣。俊之所失如此, 而臺官思振風紀, 言欲切直, 而不覺其過差, 殿下不責俊, 而反怒臺官, 至命囚禁, 臣等未知聖意所在。若以爲股肱大臣固宜尊崇而然耶, 則獨不念臺官乃殿下耳目之臣歟?

[해석] 당초 대간이 법을 시행하려고 한 것은 법을 범한 종 하나에만 한하였으니 성준이 원래 간여할 바가 아니었는데, 불쑥 나서서 종의 송사를 대신하여 맞서서 쟁변하였고, 경연(經筵)에 들어가서, 대관들이 자기 허물을 논열(論列)하는 것을 보고는 분노를 가만히 품어 이 같은 절욕(折辱)의 말을 한 것은 언관(言官)을 욕보여 그의 강분(剛忿)을 쾌하게 하려는 것이옵니다. 대저 예로부터 인신으로서 강하고 분냄을 좋아하여 제 스스로 억제할 줄 모르면 나중에는 조정을 겁제(刧制)하고야 말았으니, 이것을 대신으로서 경계할 일이온데 성준이 감히 하였으니, 이것은 성준에게도 해가 되지 않을 수 없습니다. 성준의 과실이 이러하므로 대관이 풍기의 진작을 생각하여 말을 절직(切直)하게 하려 하다가 그 지나치는 것을 깨닫지 못하였는데, 전하께서는 성준을 책망하지 않으시고 도리어 대관에게 노하시어 잡아 가두게까지 하시니, 신 등은 성의(聖意)의 소재를 모르겠습니다. 만일 고굉(股肱) 대신이라 존숭(尊崇)해야 된대서 그러하다면 대관은 곧 전하의 이목의 신하임을 생각하시지 않나이까.

古者人君之於宰相、臺諫, 其禮貌未嘗不同。是故, 當時風憲之臣, 言及乘輿, 則人主改容; 語關廊廟, 則宰輔待罪, 其見重於朝廷如此。故爲其職者, 亦能悉忠直之懷, 盡謇諤之說, 至比其君於桀、紂、幽厲, 而不以爲縮, 況大臣乎? 今以比俊訟者爲大過, 而迫之牢獄, 臣等竊恐, 後之爲臺諫者, 必藉此爲戒, 將首鼠於論列之際矣, 此則大非宗社之福也。古之帝王之命臺諫也, 以爲言苟詣理, 固當採用, 如或不中, 亦不以罪, 蓋言語易致過差。不如是, 則人皆以逸口爲懼, 而無以來逆耳之言也。而況群臣不和, 爭相爲訟, 人君之所當禁也, 臺官之論人過失, 乃其職耳。俊爲大臣, 而與臺官卞詰於殿下之前, 前古以來, 未聞有此等風也。

[해석] 예전에는 인군이 재상이나 대간에게 그 예모(禮貌)하는 것이 같지 않은 적이 없었습니다. 이러므로 당시 풍헌(風憲)433)을 맡은 신하로서 그 말이 승여(乘輿)에 미치면 인군이 얼굴을 고치고, 말이 정부에 관련되면 재상이 대죄를 하였습니다. 조정에서 중시되는 것이 이러하기 때문에 그 직위에 있는 자 역시 충직한 마음을 다하고 곧고 바른 말을 다해서, 심지어는 그 인군을 걸(桀)·주(紂)·유(幽)·여(厲)에까지 비하고도 움츠리지 않았거늘 하물며 대신이겠습니까. 그런데 지금은 성준을 송사하는 자에 비한 것으로 큰 과실이라 하여 핍박하여 옥에 가두기까지 하시니, 신 등은 후의 대간된 자가 반드시 이것을 징계로 삼아 논할 즈음에 수서(首鼠)434)를 할 것이오니, 이것은 크게 종묘 사직의 복이 아니옵니다. 옛날 제왕(帝王)이 대간을 임명하여 말한 것이 이치에 합당하면 진실로 채용하였음은 물론이지만, 만일 혹 맞지 않더라도 역시 죄주지는 않았습니다. 대개 언어란 과실이나 오착을 가져오기 쉬우므로 이렇게 하지 않는다면 사람들이 모두 실언[逸口]할까 두려워서 귀에 거슬리는 말을 하지 않을 것입니다. 더구나 여러 신하들이 불화하여 다투어 서로 훼방하는 것은 인군으로서 금지하여야 할 일이며, 대관으로서 사람의 과실을 논란하는 것은 그의 직책이온데, 성준이 대신으로서 대관과 더불어 전하 앞에서 변명하고 힐난을 하였으니, 전고 이래로 이런 기풍이 있었다는 말을 듣지 못하였습니다.

昔宋御史裏行唐介於帝前, 劾宰相文彦博: "緣宦竪, 通宮禁, 以得執政。" 介之言出於誤聞, 而彦博但拜謝而已, 不復卞論, 卒與介俱罷。知諫院唐坰劾王安石於殿上, 安石遲遲不進, 坰訶之曰: "在陛下前, 猶敢如此, 在外可知。" 安石竦然而退。雖以安石之强忮, 亦不敢出一辭以自卞, 蓋任言責者, 固當盡論, 而宰相固不得威制言官也。伏願殿下, 察成俊之失, 辨臺官之是, 亟命還放, 則是非由此以明, 曲直由此而辨, 言路由此而廓, 士氣由此而振, 朝廷幸甚, 宗社幸甚。

[해석] 옛날 송(宋)나라의 어사 이행(御史裏行)435) 당개(唐介)가 황제 앞에서 재상 문언박(文彦博)이 환관을 연줄로 삼아 궁금(宮禁)을 통하여 집정(執政)하게 되었음을 탄핵하였는데, 이때 당개(唐介)의 말이 잘못 들은 데서 나온 것이었지만, 문언박은 그저 사과하였을 뿐 다시 변론을 하지 않아 마침내 당개와 함께 파직되었습니다. 그리고 지간원(知諫院) 당경(唐坰)이 왕안석(王安石)436)을 전상(殿上)에서 탄핵하니, 왕안석이 머뭇거리고 나가지 못하므로, 당경이 꾸짖어 말하기를 '전하 앞에서도 이러할진대 밖에 있을 때를 알 수 있다.'

하니, 왕안석이 송구스러워 물러나갔으니, 왕안석 같은 강하고 시기함으로도 감히 한 마디 말을 내어 스스로 변명하지 못하였습니다. 대개 말하는 직책을 맡은 자는 원래가 모두를 논란하여야 하고, 재상은 원래 위엄으로 언관(言官)을 제어 하지 못하는 것입니다. 바라옵건대, 전하께서는 성준의 과실을 살피고 대간의 옳음을 분변하시와 빨리 명하여 방환(放還)하옵소서. 시비가 이로 하여 밝아지고, 곡직이 이로 하여 가려지고, 언로(言路)가 이로 하여 넓어지고, 사기가 이로 하여 떨칠 것이오니, 조정의 다행한 일이요, 종묘 사직의 다행한 일이옵니다." 하니,

傳曰: "今觀箚子, 其文則果如弘文館之文矣。然當辨其是非而已。"

[해석] 전교하기를, "지금 차자를 보니, 그 글인즉 과연 홍문관(弘文館)의 글답다. 그러나 그 시비만을 분변할 뿐이다." 하였다.

【태백산사고본】 9책 35권 21장 B면【국편영인본】 13 책 386 면

[註 431] 정위(廷尉) : 한나라 때의 법관.
[註 432] 가루(家累) : 가속.
[註 433] 풍헌(風憲) : 풍교와 헌장.
[註 434] 수서(首鼠) : 쥐는 성품이 원래 의심이 많아서 구멍을 나올 때에 머리를 내놓았다가 들어가는 버릇이 있으므로 무엇을 할까 말까 양단(兩端)을 가지는 것을 수서라 함.《사기(史記)》 관부전(灌夫傳)에 하위수서양단(何爲首鼠兩端)이란 말에서 비롯됨.
[註 435] 어사 이행(御史裏行) : 어사의 보좌관.
[註 436] 왕안석(王安石) : 송나라의 재상.

54. 戮辱所任者는 危하고　　任은 위노주에 仕로 되어 있다.

◧해석◨ 형벌의 욕을 받았던 자가 벼슬 하면 위태롭다. ※ 戮:죽일 륙, 戮辱:형벌의 욕을 받다

[張註] : 人之云亡에 危亦隨之라.

◧해석◨ 사람들이 망하리라 말하는 것에는 위험 역시 따른다.

[魏註] : 曾受無辜之辱不可任之 得權得使必危也.

●해석● 일찍이 무고의 욕을 받아 부임하지 못하다 권력을 얻거나 부릴 권한을 얻으면 반드시 위험하다.　　※ 辜: 허물고

55. 慢其所敬者는 凶하고

●해석● 공경함을 태만히 하는 자는 흉한다.

[張註] : 以長幼而言則齒也오 以朝廷而言則爵也오 以賢愚而言則德也이니 三者을 皆可敬호되 而外敬則齒也爵也오 內敬則德也이라.

●해석● 나이가 많고 적고를 말하는 것은 순서(서열)를 말하는 것이고 조정에서는 작위(벼슬의 직급)로 말하는 것이며 현명하고 어리석다는 것은 덕을 말하는 것이다. 이 셋은 모두 공경해야 하는데 바깥으로 공경하는 것은 나이의 순서와 작위이고 안으로 공경하는 것은 덕이다.

[魏註] : 合歸敬者而反慢之 必招禍矣.

●해석● 공경으로 귀결되어야 하나 오히려 태만하면 반드시 화를 부를 것이다.

56. 貌合心離者는 孤하고 親讒遠忠者는 亡하고 讒은 위노주에 佞으로 되어 있다

●해석● 겉모양은 합하여 그럴듯하나 마음은 모양과 같지 않고 차이가 있으면 외롭다. 참언을 하는 사람을 가까이 하고 충언을 하는 사람을 멀리하면 망한다.

[張註] : 讒者는 善揣摩人主之意而中之하고 忠者는 惟逆人主之過而諫之니 合意者는 多悅하고 逆意者는 多怒라 此이 子胥殺而吳亡하고 屈原放而楚亡也이니라.　　　※ 揣:요량할 췌 시험할 췌

◑해석▶ 참讒이란 주군의 의중을 헤아려 그 뜻을 위주로 하는 것이고 충忠이란 오직 군주의 과실에만 반대하여 간언을 하는 것이다. 내 뜻과 일치하면 많이 기뻐하고, 내 뜻에 반하면 많이 화를 내게 된다. 이는 오자서를 죽인 다음 오나라가 망하고 굴원을 내친 다음 초나라가 망한 것이 예가 된다.

[魏註] : 貌與心乖者 事多不同道 既寡其朋 必孤獨也. 不納忠良之言而聽讒邪之說 良臣去國姧佞在朝 此為滅亡之本也.
　　★ 必孤獨也에서 必을 위로주에 鈴방울령으로 되어 있으나 오자다.
　　※ 讒:해칠참 중상하다 거짓말하다.　佞:아첨할 영.　姧:간사할 간姦과 同

◑해석▶ 외모와 마음이 일치하지 않으면 일에 도에 일치되지 않는 것이 많다. 이미 친구가 적으니 반드시 고독하게 될 것이다. 충신이나 선량한 신하의 말을 받아들이지 않고 참람한 말을 들으면 선량한 신하가 나라를 뜨게 되고 간사하고 아첨하는 신하만 조정에 남게 된다. 이는 멸망의 근본이다.

★ 오자서伍子胥

초나라 사람으로 춘추전국시대 오나라 왕 합려를 보좌하여 춘추5패의 하나로 등극하게 하였다. 그러나 합려의 뒤를 이은 부차가 왕에 오르자

오자서의 아버지는 오사伍奢로 초나라 평왕 때 태자 건의 교육을 담당하는 태부太傅였다. 당시 태자비로 진秦나라 공주가 거론되었는데 이를 소부였던 비무기費無忌가 후궁으로 삼자고 하였고 평왕은 이를 받아들였다. 이후 비무기는 태자가 왕이 되어 자신에게 미칠 복수를 두려워하여 태자와 오사를 모함하여 죽이도록 하였다. 태자 건은 송나라로 도망쳤으나 정나라에서 죽었고 오사는 죽고 오자서는 도망하였다. 도망간 오자서는 태자를 만났고 태자가 정나라에서 죽자 태자의 아들 승勝을 데리고 도망하여 어렵게 오나라에 당도하였다.

당시 오나라의 왕은 요僚였다. 오나라는 요의 할아버지인 수몽에게 4아들이 있었는데 4아들 중 막내인 계찰季札에게 왕위를 물려주고자 하였으나 계찰이 이를 거절하자 장남에게 왕위를 물려주었다. 아버지의 뜻을 알고 있던 장남 제번諸樊은 왕위를 형제상속으로 바꾸어 아버지의 뜻을 이루려 했다. 하나 계찰은 끝내 세상으로 나오지 않자 셋째 아들인 여매가 왕을 하고 죽자 그의 아들인 요를 왕으로 옹립한 것이다. 이에 첫째 제번의 아들인 광光이 불만을 가지고 있었는데 오자서가 이를 알고 요를 죽이고 광을 왕으로 옹립한 것이다. 이렇게 왕이 된 광이 합려다. 이때 손자병법의 저자인 손무孫武가 합하여 오자서와 함께 오나라를 춘추시대 5패 중 하나로 만든다. BC506년 초나라를 공격하여 수도를 함락하였다. 그 때는 이미 원수인 평왕은 죽은 다음이라 그의 무덤을 파헤쳐 300번의 채찍질을 했다 한다. 이에 대해 그의 옛 친구인 신포서가 심하다고 하자 오자서는 날은 저물고 갈 길은 멀다는 일모도원日暮途遠으로 답했다 한다.

오가 초나라를 공격할 당시 월이 오로 침공하였는데 이 혼란을 틈타 합려의 동생 부개가 왕위를 찬탈하려 했다. 합려는 급히 귀국하여 문제를 수습한 후 BC496년 월나라를 공격했다. 월나라 왕은 구천句踐이었고 그의 신하 범려范蠡에 의해 죄수부대를 3열로 세워 오나라 진영 앞에서 자살하도록 하여 오나라 군사가 이를 구경하는 동안 공격하여 오나라는 패하고 합려는 부상을 입고 죽자 그의 아들 부차가 계승한다.

부차는 장작위에서 자며 아버지의 원수를 잊지 않았는데 이를 와신臥薪이라 한다. BC494년 부차는 월왕 구천을 회계산에서 항복을 요청했다. 구천은 백비에게 뇌물을 건네주고 미인인 서시西施도 바치고 스스로 노예가 되겠다는 등 굴욕적인 조건을 제시하며 강화를 하였다. 부차는 이를 허용하고자 하고 오자서는 이를 반대하였으나 구천의 목숨을 살려주었다. 이후부터 부차는 오자서를 멀리하자 태재太宰인 백비伯嚭의 모함으로 명검의 하나인 촉루屬鏤의 검을 보내 자결하도록 하였다. BC484년 오자서는 자결하며 자신이 죽은 후 자신의 눈을 뽑아 동쪽 성문에 걸어 오나라가 월나라에 망하는 모습을 보게 하도록 원하였으나 부차는 노하여 그의 시신을 전당강錢塘江 강물에 던지도록 하였다.

구천은 쓸개를 핥으며嘗膽 범려와 대부 종種을 신임하여 국력을 모아 BC475년에 부차를 공격하여 고소산에서 포위하였다. 부차는 BC473년 오자서의 얼굴을 볼 낯이 없다며 스스로 목숨을 끊었고 오나라는 망했다.

합려의 와신臥薪과 구천의 상담嘗膽이 와신상담臥薪嘗膽의 어원이다. 구천이 국력을 모았던 것을 십년생취十年生聚라 한다.

★ 굴원屈原

굴원은 BC343-278 초나라 사람으로 정치가이자 문학가로 <이소離騷>·<천문天問>·<구가九歌>·<구장九章>·<대초大招>·<원유遠游>·<복거卜居>·<어부漁父> 등의 저술이 있다.

굴원이 살았던 당시는 전국7웅戰國七雄으로 나누어져 있던 전국시대다. 한韓, 위魏, 조趙, 제齊, 연燕, 초楚와 서쪽의 진秦나라가 7웅이다.

진나라는 상앙의 변법을 써 국력이 왕성하게 되면서 동진을 하게 되고 이에 따라 진을 제외한 나머지 6개국이 서로 힘을 합해 진과 대립해야 한다는 합종책을 주장한 소진과 진과 동맹하여 다른 제후국을 제압하여 진으로부터 공격을 피해야 한다는 연횡책을 주장한 장의 등 종횡가縱橫家가 나타난다.

당시 초나라는 제나라와 교류를 하고 있었는데 진나라는 장의를 초나라로 보내 회왕의 애첩 정수鄭袖와 상관대부 근상을 매수하고 제나라와 단교한다면 예전에 초나라에서 탈취했던 땅을 반환하겠다고 하였다. 초회왕楚懷王은 제와 단교를 하였으나 장의는 귀국 후 약속을 지키지 않자 초회왕은 BC312년 진으로 공격을 하였다. 그러나 진나라에게 패배한데다 한과 위가 초를 공격하여 급히 후퇴하였다.

BC299년 진나라 소양왕昭襄王(昭王이라고도 부름)은 초회왕에게 무관에서 회담을 하자고 하였는데 굴원, 소휴昭睢의 권유를 듣지 않고 회담하러 갔다 억류되었고 BC296년에 진나라에서 탈출하려다 잡혀 죽게 된다. 한편 초나라는 회왕을 구하지 않고 태자를 왕으로 세웠는데 그가 경양왕頃襄王(BC298-263)이다.

굴원은 초회왕이 신임하여 삼려대부三閭大夫에 임용되어 국사를 논했다. 그러나 경양왕이 자란子蘭과 함께 진나라와 화해하려 하자 이를 반대하여 경양왕이 노하여 결국 강남지방으로 추출되었다.

초회왕은 굴원의 말을 듣지 않아 진나라에 억류되어 죽었는데 굴원은 이에 대해 글로 남기고 자신은 단오날 멱라강汨羅江에 빠져 죽었다. 오늘날 단오날 쌀을 강에 뿌리며 굴원을 기린다.

57. 近色遠賢者는 惛하고 女謁公行者는 亂하고

◐해석◑ 색을 가까이 하고 현자를 멀리하는 자는 혼미하다. 공적인 일을 여자에게 아뢰게

하는 것은 어지럽게 된다.　　　　※ 惽:어리석을 혼. 惛과 同

[張註] : 太平公主와 韋庶人之禍이 是也이라.

◐해석▷ 태평공주와 위서인의 화가 이 예가 된다.

[魏註] : 好色而不親善事 此爲昏亂之君也. 內戚外連公行私事 此乃禍亂之本.
　　　　※ 내척內戚:궁내에 있는 친속 대개 황제의 희첩을 말함. 처자의 친속

◐해석▷ 색을 좋아하며 선한 일을 가까이 하지 않으면 이는 혼란의 으뜸이다. 궁내에 있는 친속이 밖으로 공적인 일을 사사롭게 처리하면 이는 환란의 근본이 된다.

★ 당나라 때 예종이 태평공주를 신임하여 태평공주의 문 앞이 마치 시장에 장이 선 것과 같이 사람이 많았다고 할 정도로 신하들이 찾았다 한다. 또 중종의 아내인 위황후는 딸인 안락공주와 더불어 무후와 같이 집권의 야욕을 부려 권력을 휘두르다 정치를 어지럽게 하여 결국은 폐위되어 서인이 된 일이 그 예가 된다. 이는 모두 측천무후를 중심으로 한 시기에 일어난 일이다.

★ 얼른 보면 이 문장은 요즘 볼 때 합당하지 못한 부분이 많다. 세계 지도자 중 여자가 많이 있고 여자라서 못한다고 생각하는 것이 잘못이기 때문이다. 여기서 여자라고 한 것은 공식 직책과 직위를 가지고 있지 않은 사사로운 관계의 사람을 말한다고 봐야 할 것이다.

58. 私人以官者는 浮하고 위노주에는 58이 57문장 사이 즉 女謁公行者 앞에 있다.

◐해석▷ 개인적인 친분의 사람을 관직에 임용하면 뿌리가 없이 뜨게 된다.

[張註] : 淺浮者는 不足以勝名器니 如牛仙客이 爲宰相之類이 是也이라.

◐해석▷ 얕고 뜬다고 하는 것은 그 사람의 실제 능력이 알려진 이름이나 그릇 즉 직위를 수행할 만큼이 아닌 경우를 말한다. 우선객이 재상이 되는 등 이런 종류와 같다.

[魏註] : 才器無堪而强處於祿位 如漚之在水浮而不久也.　　※ 堪: 견딜감뛰어날감 ,
　　　　　漚: 물거품구

◎해석◎ 재능이나 그릇이 감당할 수 없는데 억지로 작위와 녹봉을 주는 것은 거품이 물 위에 떠 있어도 오래가지 못하는 것과 같다.

★ 우선객牛仙客

◎1. 성종실록 18권, 성종 3년 5월 29일 을축 4번째기사 1472년 명 성화(成化) 8년
대사헌 김지경이 최경·안귀생에게 당상관을 제수한 것이 옳지 않다고 하다

사헌부 대사헌 김지경(金之慶) 등이 상소한 대략에 이르기를,

今者, 畫工崔涇、安貴生, 以奉畫御容, 進秩陞職, 此殿下重其事, 而欲酬其勞也。臣等竊惟, 唐之牛仙客在西河, 能節用度, 倉庫實、器械精, 玄宗嘉之, 欲加尙書。 張九齡諫曰: "尙書, 古之納言, 有德望者, 乃爲之. 仙客本河隍使典, 今驟居淸要, 恐羞朝廷." 玄宗曰: "然則但加實封, 可乎?" 九齡曰: "封爵, 所以勸有功也. 邊將實倉庫、修器械, 乃常務耳, 不足爲功. 欲賞其功, 賜之金帛, 可也. 裂土封爵, 恐非其宜. " 夫以邊將, 能修其職, 擢置淸要宜矣。而九齡爭之如此者, 蓋不欲以職分之常務, 而濫加名器也。

[해석] 지금 화공(畫工) 최경(崔涇)과 안귀생(安貴生)이 어용(御容)을 받들어 그렸다고 하여 품질(品秩)을 더하고 벼슬을 올렸으니, 이는 전하께서 그 일을 중하게 여기고 그 노고(勞苦)에 보답하고자 하는 것입니다. 신 등이 가만히 생각건대 당(唐)나라 우선객(牛仙客)이 서하(西河)에 있으면서 능히 용도(用度)를 절약(節約)하여 창고(倉庫)가 실(實)하고 기계(器械)가 정(精)하여져서 현종(玄宗)이 가상하게 여기어 상서(尙書)의 직책을 더하고자 하니, 장구령(張九齡)이 간(諫)하기를, '상서란 옛날의 납언(納言)533) 이니, 덕망(德望)이 있는 자이어야 이를 삼는 것입니다. 우선객은 본래 하황(河隍)의 서리(胥吏)인데, 지금 갑자기 청요(淸要)한 관직에 있게 되면 조정(朝廷)에서 놀라고 부끄러워할 것입니다.' 하니 현종이 말하기를, '그렇다면 실봉(實封)534) 만 더하는 것이 옳은가?' 하니 장구령이 말하기를, '작(爵)을 봉(封)하는 까닭은 공(功)이 있는 이를 권(勸)하는 것입니다. 변장(邊將)이 창고(倉庫)를 실

(實)하게 하고 기계(器械)를 수선(修繕)하는 것은 곧 직분(職分) 상의 상무(常務)일 뿐이니, 공(功)으로 삼기에는 부족합니다. 그 공을 상주려고 한다면 금백(金帛)을 하사하는 것이 가(可)하지, 땅을 갈라 주어 봉작(封爵)하는 것은 마땅함을 잃은 처사인 듯합니다. 대저 변장(邊將)이 그 직사(職事)를 잘 처리하므로 청요한 직에 발탁하여 두는 것이라면 마땅합니다.'고 하여, 장구령이 이와 같이 간한 것은, 대개 직분의 상무를 가지고 함부로 명기(名器)535)를 가하려고 하지 않은 것입니다.

況畫工賤技也, 無異於金玉、石木之工, 自古不齒士類。 任之役, 則以餼廩畜之; 有其功, 則以財帛與之。 在世祖朝, 涇以諫院不署己之田關自訴, 世祖以涇畫員, 不宜受田, 反罷其職。 及其定官制也, 又以畫工, 列於雜職與馬醫、道流同科, 而止於從六品, 其待工匠之道, 嚴矣。 今也, 涇、貴生階本通訓, 而陞爲堂上官, 其餘各以次進, 臣等以爲, 人主所賞, 固非一端, 雖賜之車馬可也, 玉帛可也, 衣服亦可也。 何必以尊賢命德之器, 授之工匠之徒, 以貽朝廷之羞乎? 臣等仰惟, 祖宗以來, 醫、譯之徒, 陞爲堂上官者, 或有之矣。 未有以畫工, 而得爲堂上官者也, 其不以士類待之, 章章明矣。 伏望殿下, 體先王重爵之意, 遵祖宗待工之道, 亟收成命, 勿賞官爵, 賜之金帛, 以重名器, 以尊朝廷。

[해석] 하물며 화공(畫工)의 천기(賤技)는 금옥(金玉)과 목석(木石)의 공예(工藝)와 다름이 없어서 예로부터 사류(士類)에 끼이지 못하여, 맡은 바 역(役)이면 희름(餼廩)으로써 축양(畜養)하고, 공로가 있으면 재백(財帛)으로써 사여(賜與)하였습니다. 세조조(世祖朝)에도 최경은 간원(諫院)에서 서경(署經)536) 하지 아니하여 그만두었고, 전지(田地)에 관한 자소(自訴)도 세조께서 최경이 화원(畫員)으로서 전지(田地)를 받는 것이 옳지 않다고 하시어 도리어 그 관직을 파(罷)하였으며, 관제(官制)를 정하는 데에 미쳐서도 화공(畫工)을 잡직(雜職)에 넣어서 마의(馬醫)·도류(道流)537) 와 함께 동과(同科)로 하여 종6품(從六品)에서 그치게 하였으니, 공장(工匠)을 대우(待遇)하는 도(道)가 엄하였습니다. 지금 최경과 안귀생은 품계가 본래 통훈 대부(通訓大夫)인데 당상관(堂上官)으로 올려 삼고 그 나머지도 각각 차례로 올렸습니다. 신 등은 생각건대 인주(人主)가 상을 주는 것은 진실로 한 가지만이 아니니, 비록 거마(車馬)를 하사하여도 좋고 옥백(玉帛)도 좋으며 의복(衣服) 또한 좋은데, 어찌 반드시 어진이를 높이고 덕(德)이 있는 이에게 주는 명기(名器)를 공장(工匠)의 무리들에게 제수(除授)하여 조정(朝廷)에 부끄러움을 끼치십니까? 신 등이 우러러 생각건대 조종

(祖宗) 이래로 의역(醫役)538) 의 무리로서 당상관에 승진된 자는 간혹 있어도, 화공(畫工)으로서 당상관이 된 자는 없었으니, 사류(士類)로 대우하지 않은 것이 분명합니다. 엎드려 바라건대 전하께서 선왕(先王)의 작(爵)을 중하게 여기신 뜻을 본받고 조종(祖宗)께서 공장(工匠)을 대우한 도(道)를 준수(遵守)하여 속히 성명(成命)을 거두셔서, 관작(官爵)으로 상을 주지 말고 금백(金帛)으로 하사하여, 명기(名器)를 중하게 하고 조정(朝廷)을 높이소서." 하였다.

【태백산사고본】 4책 18권 13장 A면【국편영인본】 8책 661면

[註 533] 납언(納言) : 순(舜)임금 때의 벼슬 이름. 임금의 명령을 선포하고 신하의 말을 임금에게 전하는 일을 맡았음.
[註 534] 실봉(實封) : 실제로 봉읍(封邑) 안의 과호(課戶)가 봉호(封戶)로서 바치는 조(租)를 취득할 수 있는 식봉.
[註 535] 명기(名器) : 작위(爵位).
[註 536] 서경(署經) : 임금이 관리를 서임(敍任)한 뒤에 그 사람의 성명(姓名)·문벌(門閥)·이력(履歷)을 갖추 써서 대간(臺諫)에게 가부(可否)를 구하는 일.
[註 537] 도류(道流) : 조선조 때의 잡직의 하나.
[註 538] 의역(醫役) : 의관(醫官)과 역관(譯官).

◎2. 성종실록 189권, 성종 17년 3월 10일 을묘 2번째기사 1486년 명 성화(成化) 22년
김흔 등이 재변을 없애는 네 가지 경덕에 관해 상소하다

其四曰納諫爭: "無若丹朱傲! 惟慢遊是好, 傲虐是作。" 此禹之所以戒舜也。重華協帝者, 舜也; 明四目·達四聰者, 舜也。舜豈有如丹朱之理也? 而舜不以禹之言爲甚, 而方且舍己從人, 好察邇言, 以臻泰和之治。此舜之所以爲大也。奈何季世人主不顧理之逆順、言之是非, 護短諱過, 務勝其臣?

[해석] 네째는, 간쟁(諫爭)을 받아들이는 것입니다. '단주(丹朱)229) 처럼 오만하지 말으소서. 단주는 게을리 놀기를 좋아하며 오만하고 포학한 짓을 합니다.' 이것은 우(禹)가 순(舜)

임금을 경계하기 위한 말이었습니다. 거듭 이어서 빛남이 요(堯)임금과 어울려 맞는 이가 순임금이요, 사목(四目)230)을 밝히고 사총(四聰)231)을 통달한 이가 순임금인데, 순임금이 어찌 단주와 같을 리가 있겠습니까마는, 순임금은 우의 말을 심하다고 여기지 않고 또한 자기의 뜻을 버리고 남의 뜻을 따르며 천근(淺近)한 말을 살피기를 좋아하여 태평한 정치에 이르렀으니, 이것이 순임금의 위대한 까닭인데, 어찌하여 말세의 임금은 이치의 역순(逆順)과 말의 시비(是非)를 돌보지 않고 자기의 단처(短處)를 감싸고 과실을 숨기며 그 신하에게 이기려고 힘씁니까?

張九齡諫相仙客, 而玄宗折之以閥閱之語; 諫官論柳泌爲刺史, 憲宗拒之以長生之語. 終致覆國亡身之禍, 可勝痛哉? 蓋人主之於下也, 其尊如天, 其威如雷霆; 虛襟而納之, 和顔而受之, 猶恐其不盡, 況懷務勝之心, 逞拒諫之術乎? 是故直臣結舌, 奸佞得志, 投間抵隙, 依阿狐媚, 比德堯、舜, 擬功湯、武, 使人主侈然自大, 神怒而不知, 民怨而不悟, 此豈國家之福也?

[해석] 장구령(張九齡)232)은 우선객(牛仙客)을 재상(宰相)으로 삼을 것을 간쟁하였으나 현종(玄宗)이 '벌열(閥閱)233)'의 말로 꺾었고, 간관(諫官)은 유필(柳泌)이 자사(刺史)가 된 것을 논하였으나 헌종(憲宗)이 '장생(長生)'의 말234)로 물리쳤는데, 마침내 나라를 망치고 몸을 망치는 화(禍)를 가져왔으니, 통탄스러움을 견딜 수 있겠습니까? 대개 임금이 아랫사람에게는 그 높기가 하늘과 같고 그 위엄이 천둥과 같으므로, 속을 털어놓고 받아들이고 낯빛을 부드럽게 하여 받아들여도 극진하지 못할세라 염려스러운데, 더구나 이기려고 힘쓰는 마음을 품고 간쟁을 물리치는 방법을 부리는 것이겠습니까? 이 때문에 곧은 신하가 혀를 묶어 두고 간사한 자가 뜻을 얻어 틈을 타서 치고 여우가 홀리듯이 아첨하며 덕(德)을 요임금과 순임금에 견주고 공(功)을 탕왕(湯王)·무왕(武王)에 비겨, 임금이 거만하게 스스로 위대하게 여겨 신(神)이 노하여도 모르고 백성이 원망하여도 깨닫지 못하게 만드니, 이것이 어찌 국가의 복이겠습니까?

今殿下天縱多能, 卓越前古, 智出庶物, 思周萬機. 有進言於殿陛之下者, 雖有一得之愚, 視以爲尋常, 不垂採納, 或動神機, 示天威以詰責之. 人臣愛身者多, 徇國者少, 誰肯出萬死以批逆鱗乎? 恐非大舜舍己察言之道也. 臣等俱以無狀, 職奉論思, 凡有所懷, 不敢含默, 妄以此四者爲當今修德敬天之實. 伏惟殿下勿以言之淺近而忽之, 國家幸甚. 不報.

[해석] 이제 전하께서는 천품이 재능이 많은 것이 예전 임금들보다 뛰어나서 지혜가 만물 위에 특출하고 생각이 만기(萬機)에 두루 미치시니, 전하께 진언(進言)하는 자가 한 가지 우직(愚直)한 말을 하더라도 예사로 여기고 받아들이지 않거나 신기(神機)를 움직이고 천위(天威)를 보여 힐책하시니, 신하 중에는 제몸을 아끼는 자가 많고 나라에 몸바치는 자는 적은데, 누가 꼭 죽을 데에 나서서 역린(逆鱗)235) 을 건드리려 하겠습니까? 아마도 위대한 순임금이 자기의 뜻을 버리고 남의 말을 살핀 도리가 아닐 듯합니다. 신들은 모두 변변치 못한 몸으로 직분이 논사(論思)하는 자리에 있으므로, 무릇 품은 생각이 있으면 감히 입을 다물고 있을 수 없습니다. 망령되게 이 네 가지 일이 지금으로서 덕을 닦고 하늘을 공경하는 실속이 된다고 생각합니다. 삼가 바라건대 전하께서 말이 천근(淺近)하다고 소홀히 여기지 마셨으면, 국가가 매우 다행하겠습니다."
하였으나, 답하지 않았다.

【태백산사고본】 29책 189권 8장 A면【국편영인본】 11책 107면

[註 229] 단주(丹朱) : 요(堯)임금의 아들. 단에 봉(封)하여짐.
[註 230] 사목(四目) : 사방 백성의 일을 잘 보는 눈.
[註 231] 사총(四聰) : 사방 백성의 일을 잘 듣는 귀.
[註 232] 장구령(張九齡) : 당 현종(唐玄宗)의 명상(名相).
[註 233] 벌열(閥閱) : 벌족(閥族).
[註 234] '장생(長生)'의 말 : 당(唐)나라 헌종(憲宗)이 방사(方士) 유필(柳泌)로 태주 자사(台州刺史)를 삼으니, 여러 신하가 "임금으로서 방사(方士)를 좋아하되 그로 하여금 백성을 다스리게 한 임금은 있어 본 예가 없었습니다."고 하여 반대하였는데, 헌종이 "한 고을의 힘을 써서 능히 임금을 위하여 오래 살게 한다면 신하로서도 무엇이 아까울 것이냐?" 하여 신하들이 감히 말하지 못하였다는 고사(故事)를 인용한 것임.
[註 235] 역린(逆鱗) : 임금의 분노를 비유해서 이르는 말.

◎3. 연산군일기 49권, 연산 9년 3월 16일 계미 1번째기사 1503년 명 홍치(弘治) 16년

간관이 정침과 김치원 및 집 철거하는 일에 대해 아뢰다

○癸未/御經筵。 司諫李懿孫、執義尹金孫論啓鄭沉及撤家事, 不聽。 金孫又論致元事, 不聽。 金孫曰: "唐 玄宗朝張九齡以言事見罷, 人無敢言, 國事日非。 人主雖和顔以待之, 虛懷以聽之, 猶懼不言。 近來臺諫言事或得罪, 或敎以務勝, 人皆爲自全之計, 誰敢冒嚴威, 而盡言耶?"

[해석] 경연에 납시었다. 사간 이의손(李懿孫)과 집의 윤금손(尹金孫)이, 정침(鄭沈) 및 집 철거하는 일을 논계하였으나 들어주지 않았다. 금손이 또 김치원(金致元)의 일을 논하였으나 들어주지 않았다.

금손이 아뢰기를, "당(唐)나라 현종(玄宗) 때에 장구령(張九齡)134) 이 일을 말하다가 파직되니, 아무도 감히 말하는 사람이 없어 국사가 날마다 글러졌습니다. 임금이 좋은 얼굴로 대하고 허심 탄회하게 들어주더라도 오히려 두려워서 말하지 못하는 것입니다. 근래에 대간이 일을 말하다가 혹은 죄를 입고, 혹은 '이기려고 애쓴다.'는 하교가 내리시게 되므로, 사람들이 모두 제몸이나 보전하려는 생각을 하니, 누가 감히 엄한 위엄을 무릅쓰고 할말을 하겠습니까?"하니,

王曰: "上之所爲, 則皆指爲特恩; 下之所爲, 則皆托爲公論, 期於得請而後已, 予以一人, 何能勝衆? 反覆計之, 予之執心已牢, 不能回矣。 非獨今時, 自成宗朝亦有之, 此何大關於事體耶?"

[해석] 왕이 이르기를, "위에서 하는 일은 모두 지적하여 특은(特恩)이라 하고, 아래서 하는 일은 모두 공론이라 칭탁하며 기어이 청한 대로 하고야 말려 하니, 나 한 사람으로서 어찌 여러 사람을 이기겠느냐마는, 반복하여 생각해 보았는데 나의 마음 먹음이 이미 굳어져 돌릴 수 없다. 유독 지금만이 아니라 성종 때부터 있는 일인데, 이것이 어찌 크게 사체(事體)에 관계되는 것이냐?"
하였다.　　※ 事體:일의 이치와 정황.①일의 이치(理致)와 당사자(當事者)의 체면(體面)　②사태(事態), 1. 사리(事理)와 체면(體面)을 아울러 이르는 말. 2. 같은 말 : 사태(事態)(일이 되어...).

【태백산사고본】 13책 49권 7장 A면【국편영인본】 13 책 552 면

[註 134] 장구령(張九齡) : 당나라의 명신(名臣). 자는 자수(子壽), 시호는 문헌(文獻). 문학이 당대의 일인자였고 벼슬이 상서 우승상(尙書右丞相)에 이르렀는데, 간신 이임보(李林甫)·우선객(牛仙客)의 등용을 저지하고, 안녹산(安祿山)이 모반할 것을 예견하고 베기를 청하였었음. 저서로《곡강집(曲江集)》이 있음.

◎4. 선조실록 4권, 선조 3년 7월 17일 계미 1번째기사 1570년 명 융경(隆慶) 4년
주강에《대학혹문》을 강하고 유희춘이 독서법 등을 아뢰다

○癸未/有晝講。 經筵官柳希春、柳濤、右承旨朴承任、特進官南應雲、柳景深入侍。 講《大學或問》《格物致知章》。 希春說《補亡章》之義曰: "《大學》、《中庸》二篇, 元在漢儒戴聖所記四十九篇之中, 至二程子表章之, 遂爲千萬世道學之淵源。 伊川 程子又說格物之方, 朱子盡收來, 而又加修飾潤色, 使學者讀之, 而文從字順, 易以興起。 蓋朱子竭平生精力於《大學》, 嘗自言見得前賢所未到處。 蓋三綱統八目, 八目隷三綱, 及知格物致治之傳亡, 而補之爲章句。 又爲或問, 十分精盡, 無餘蘊矣。 而世之儒名, 乃以爲第五章實不亡, 割裂穿鑿, 務以求勝。 此所謂井蛙示天者也。"

[해석] 주강이 있었다. 경연관 유희춘(柳希春)·유도(柳濤), 우승지 박승임(朴承任), 특진관(特進官) 남응운(南應雲)·유경심(柳景深)이 입시하였다.《대학혹문(大學或問)》의 격물치지장(格物致知章)을 강하였는데 희춘이 보망장(補亡章)의 뜻을 설명하여 아뢰기를,
"《대학(大學)》《중용(中庸)》두 편은 본래 한유(漢儒) 대성(戴聖)이 편술(編述)한 49편008) 속에 들어 있던 것을 두 분 정자(程子)가 드러내어 밝힘으로써 드디어 천만년 도학(道學)의 연원(淵源)이 되었습니다. 이천(伊川) 정자(程子)009) 가 격물(格物)의 방법에 대하여 설명하였는데, 주자(朱子)가 이를 모두 수렴하여 수식(修飾), 윤색(潤色)을 가해서 학자들이 이 것을 읽으면 문리(文理)에 막힘없이 이어져 쉽게 흥기할 수 있게 하였습니다. 주자는《대학》에 평생의 정력을 바쳤는데 일찍이 스스로도 '전현(前賢)이 깨닫지 못했던 부분을 깨달았다.'고 하였습니다. 이는 세 강령(綱領)이 여덟 조목(條目)을 통솔하고 여덟 조목은 세 강령에 예속되게 한 것입니다. 또 격물치지전(格物致知傳)이 없어진 것을 알고서 보충하여 장구(章句)를 만들고 또《혹문(或問)》을 만드니, 더없이 정밀하여 조금도 미진한 점이 없게 되었습니다. 그런데 어떤 유자(儒者)는 제5장이 실제로 없어진 것이 아니라고 하면서 편(篇)을

나누고 뜻을 천착하여 스스로 옳다고 주장하였으니, 이것이 이른바 우물안 개구리가 하늘이 작다고 여기는 것과 같습니다."하고,

又言: "讀書, 講明道義, 宜莫若四書、《小學》、《近思錄》、《大學衍義》、《通鑑綱目》八書。 朱子之道學, 一傳于黃幹, 黃幹傳于何基, 何基傳于王栢, 王栢傳于金履祥, 金履祥傳于許謙。 金履祥嘗著四書考證, 許謙序之曰: "聖人之心, 盡在四書, 而四書之義, 備於朱子。 顧其立言, 辭約意廣, 讀者咸得其粗, 而不能悉究其意, 或以一偏之致, 自異而初不知, 未離其範圍, 世之訾訾貿亂, 務爲新奇者, 其弊正坐此耳。 此金先生考證之所由作也。 元 大儒、 許衡嘗曰: '朱文公《小學》、四書, 吾敬信如神明。' 本末甚備, 有王者起, 必須取法, 能明此, 他書雖不治, 可也。"

[해석] 또 아뢰기를, "책을 읽어 도의(道義)를 강명하는 데는《사서(四書)》·《소학(小學)》·《근사록(近思錄)》·《대학연의(大學衍義)》·《통감강목(通鑑綱目)》 등 이 여덟 책보다 나은 것이 없습니다. 주자의 도학(道學)은 처음 황간(黃幹)에게 전하여졌고, 황간은 다시 하기(何基)에게, 하기는 왕백(王栢)에게, 왕백은 김이상(金履祥)에게, 김이상은 허겸(許謙)에게 전하였습니다. 김이상이《사서고증(四書考證)》을 지었는데 허겸이 그 서문에 '성인의 마음이 모두 사서(四書)에 들어있는데 사서의 대의(大義)는 주자에게서 완비되었다. 그 입언(立言)을 살펴보면 사의(辭意)가 간략하면서도 넓어서 독자들은 그 대략만을 이해할 뿐, 깊은 뜻은 모두 궁구하지 못하고 있어 어느 한 부분만 가지고 스스로 남다른 체 하지만 당초 그 범위를 벗어나지 못한 것을 모른다. 세상에서 남의 단점을 헐뜯고 분란을 일으켜 신기(新奇)함을 보이려 애쓰는 폐단은 모두 여기에 연유된 것으로 이것이 곧 김 선생이《사서고증》을 저작하게 된 동기이다.' 하였습니다. 원(元)나라의 대유(大儒)인 허형(許衡)도 일찍이 '주문공(朱文公)의《소학》과《사서》를 나는 신명(神明)처럼 경신(敬信)한다. 본말(本末)이 잘 짜여져서 있어 왕자(王者)가 세상에 다시 나오면 반드시 이것을 취하여 법을 삼을 것이다. 이 책만 잘 밝힌다면 다른 글은 다루지 않아도 된다.' 하였습니다." 하였다.

上曰: "六經不及四書乎?" 希春對曰: "《易》主卜筮, 《書》載帝王訓、誥、誓、命, 《春秋》記諸國善惡, 《詩》詠性情, 《禮記》節文, 皆帝王垂世之法。 然其道理之精微曲折, 不及於四書。 朱子亦屢言之矣。" 又曰: "人君處事, 莫大於刑賞。 如有一當賞, 或云當予萬錢, 或云當予千錢, 或云當予百錢, 或云當予十錢行賞, 而審問而愼賞, 其所賞之數, 則得中矣。 又有以賞, 而致後患者。唐 明皇時, 隴西節度使牛仙客, 以能儲積, 召爲宰相。自後藩鎭, 競效之, 晝役士卒, 夜繫牢獄, 利其死而沒其財。晋 汝南王 亮, 誅大傅楊駿, 濫功封侯者至百餘人。傅咸曰:'無功而獲厚賞, 人莫不樂, 國之有禍。' 亮不從, 而晋之亂遂從此起。此以謬賞, 而階禍亂也。不可不戒。"

[해석] 상이 이르기를, "육경(六經)이 사서(四書)만 못한가?"
하니, 유희춘이 아뢰기를,
"《주역(周易)》은 주로 복서(卜筮)에 관한 것이고 《서경(書經)》은 제왕의 훈고(訓誥)와 서명(誓命)을 기재하였고 《춘추(春秋)》는 여러 나라의 선악(善惡)을 기록하였고 《시경(詩經)》은 사람의 성정(性情)을 읊었고 《예기(禮記)》는 예절을 기록한 글이니 모두 제왕이 후세에 전한 법입니다. 그러나 도리(道理)의 정미한 곡절은 사서에 미치지 못한다는 것을 주자도 여러 번 말하였습니다."
하고, 또 아뢰기를,
"임금의 처사(處事)로는 형상(刑賞)보다 중대한 것이 없습니다. 마땅히 상을 주어야 할 사람이 있을 때에, 어떤 이는 만전(萬錢)을 주어야 된다 하고, 어떤 이는 천전(千錢)을 주어야 된다고 하고, 어떤 이는 백전(百錢)을 주어야 된다 하고, 어떤 이는 십전(十錢)을 주어야 된다고 합니다. 이 때 자세히 따져보아 주어도 될 수량으로 상을 준다면 적중함을 얻을 수 있습니다. 상을 주고 후환(後患)을 부르게 된 예가 있는데, 당 명황(唐明皇) 때 농서 절도사(隴西節度使) 우선객(牛仙客)이 저적(儲積)을 잘 하였다 하여 불러 재상을 삼았더니 그 뒤 번진(蕃鎭)에서 다투어 이를 본떠 사졸(士卒)들에게 낮에는 힘든 일을 시키고 밤에는 옥에 가두어 그들의 죽음을 이용하여 그 재산을 몰수하였습니다. 또한 진(晉)나라 여남왕(汝南王) 양(亮)이 태부(太傅) 양준(楊駿)을 죽이고 공을 남발하여 봉후(封侯)된 자가 1백여 명에 이르자, 부함(傅咸)이 '공도 없이 후한 상을 받게 되면 사람들이 나라에 화단이 있는 것을 즐거워하지 않는 이가 없게 된다.' 하였는데도 양은 끝내 따르지 않았는데 진나라의 난은 이를 계기로 일어났습니다. 이것이 모두 상을 잘못 주어 화단의 계제를 만든 것이니 경계하지 않을 수 없습니다."
하였다. ※ 儲積 = 貯積 , 당 명황(唐明皇) : 당 현종의 별칭

[註 008] 49편 : 오경(五經)의 하나인 《예기(禮記)》를 말한다. 한(漢)나라 때 대덕(戴德)이 고례(古禮)를 모아 89편으로 편술한 것을 그의 조카 대성이 다시 49편으로 줄인 것이다.
[註 009] 정자(程子) : 정이(程頤).

◎5. 선조실록 6권, 선조 5년 10월 8일 신유 1번째기사 1572년 명 융경(隆慶) 6년
주강에 유희춘과 윤탁연이 《서경》을 강하다

晋 賈后殺太傅楊駿, 賞其聽令, 而封侯者, 至一千八百餘人。傳咸曰:'無功而獲厚賞, 則人莫不樂國之有禍。' 厥後晉室果然。唐 明皇時, 河西節度使牛仙客, 能實府庫, 明皇以《尙書》賞之, 又以爲宰相邊將效之。戍卒之持繒帛錢金者, 晝則苦役, 夜繫地牢, 利其死而沒其財, 遂啓無窮之禍。此二事, 皆謬賞, 而生弊者也。

[해석] 진 가후(晉賈后)는 태부(太傅) 양준(楊駿)을 죽이고 그를 죽이기 위한 자기의 명령에 복종한 자를 제후로 봉한 것이 무려 1천 8백여 명이나 되니, 부함(傅咸)이 말하기를 '공이 없는데 후한 상을 받았으니 모두가 나라의 재앙을 좋아하게 될 것이다.'고 하였는데, 과연 진나라는 그의 말대로 되었습니다. 당 명황(唐明皇) 때 하서 절도사(河西節度使) 우선객(牛仙客)에게 창고의 곡식을 비축하였다 하여 상서(尙書) 벼슬을 상으로 내리고, 이를 또 재상이나 변장(邊將)에게 본보기로 권장하였습니다. 그러자 변방을 지키는 군졸들이 죽을 지경이었습니다. 낮에는 노역(勞役)에 시달리고 밤이면 지하 감옥에 갇히어 비단이나 돈을 가져다 바쳐야 풀려나니, 죽음으로 협박하여 재물을 몰수하는 무궁한 화근(禍根)의 빌미가 되었습니다. 위의 두 가지 사례는 모두 상을 잘못 주어서 생긴 폐단입니다." 하고,

【태백산사고본】 3책 6권 14장 B면【국편영인본】 21책 246면

★ 우선객牛仙客 (675年 - 742年)
경주순고涇州鶉觚 (현재 감소성甘肅 영대靈台) 사람으로 당 현종 때 재상을 한 사람이다. 원래 가난하게 태어나 어릴 때 향리에서 조그만 벼슬을 하였는데 당시 현령이 그가 출중한 사람이라고 생각하여 데리고 다니며 벼슬을 주었고 맡은 바의 직무를 잘 수행하여 여러 사람의 추천을 거쳐 재상에까지 이르게 된다. 왕군참王君㚟이 하서절도사일 때 그는 판관을 맡았

고 왕군참이 전사하자 소숭蕭嵩이 절도사로 왔는데 그가 군정사무를 잘 보았다. 소숭이 조정으로 들어가 중서령을 맡게 되면서 우선객을 추천하였고 후에 하서절도사를 맡는다. 우선객이 삭방행군대총관으로 임명되고 후임으로 최희일이 부임하여 오래지 않아 조정에 우선객이 절약을 많이 하여 재물을 축적한 정치적 공적이 있다고 상주하였다. 당 현종은 형부 원외랑이던 장리정에게 사실 조사를 시켰고 조사결과 창고가 가득하고 기계들이 잘 정비되어 있음을 보고하자 당현종은 크게 기뻐하여 우선객을 육부상서에 임명하려 했다. 이 때 재상이던 장구령이 반대를 했다. 그의 출신과 학식이 빈약한 것을 이유로 두 번에 걸쳐 반대를 하자 현종은 장구령의 출신도 보잘 것 없다고 했다. 장구령은 '신이 원래 가난한 집안에서 태어났으나 중추원에 다년간 재직하면서 문고文誥를 관장하여 우선객이 책을 보지도 못한 것과 다르다'고 답하였다. 장구령이 퇴근하자 이임보가 재차 현종에게 재능이 있으면 되는 것이지 어찌 경륜이 가득해야할 필요가 있습니까? 천자가 사람을 쓰는데 불가한 것이 어디 있습니까?(只要有才識 何必滿腹經綸, 天子用人 有何不可)라 하여 결국은 작위를 내려주었다. 장구령이 재상에서 파직되자 우선객은 공부상서로 임명되었고 그 후 그는 일을 스스로 결정을 하지 않고 이임보의 결정에 따라 일을 하였고 결국 당나라가 멸망하게 되는 길을 만들어준 계기를 제공하기도 하였다. 그러나 우선객은 평소 맡은 바에 충실하였고 말단 관리시절 맡은 일을 열심히 하여 남의 추천을 받아 재상까지 된 점과 고위직에 있을 때도 돈을 함부로 낭비하지 않은 점 등 생활하는 사람으로서 단점을 보이지 않았던 것으로 보인다. 또 화적법을 적극 실시하여 평민들의 고충을 해결하는 등 공로도 있었다.

이런 점을 볼 때 장상영은 국가를 위한 정책적인 면에서 볼 때 부족했다고 판단하여 재상의 이름을 가지거나 재상의 그릇이 아니라고 주석을 한 것이다.

여기서 우리는 생각해야 할 문제가 있다.

　오늘날 또 한편으로 생각건대 가난한 집안에서 아무런 배경 없이 열심히 일을 해 스스로의 직위가 올라가는 것은 또한 칭찬받을 만한 것이라 생각이 든다. 다만 그러기 위해 남을 해치거나 위태로운 지경으로 모함해 가면서 하지는 말아야 할 것이다. 또 장구령이 반대의 이유로 내세웠던 학문이나 학벌 등 공부한 것이 과연 사는데 얼마만큼의 중요성과 가치를 가지는가 하는 것이다. 사람이 살아가는 데는 반드시 공부로만 학습이 되지 않는 부분도 있고 어느 위치에서 어떤 일을 해야 하는 가에 따라 요구되는 자질이 다르기 때문이다. 하지만 처음부터 장군이 되지 않듯이 정해진 자질은 없겠으나 자리에 적합한 자질을 스스로 연마하고 키우면 될 것이다. 그리고 사람에 따라서 자질을 아무리 키워도 필요한 시간 내에 키워지지 않는 경우도 있을 것이다. 자신의 자질에 맞는 위치를 찾아 일하는 것이 매우 중요하다 할 것이다. 흔히 말하기를 '자리가 사람을 만든다'고 하는데 이 말은 자리에 맞도록 스스로 노력하는 경우에만 해당하는 것이 아닌가 생각이 든다.

★ 미드웨이 해전은 세계2차 대전 때 미국과 일본의 전쟁에서 분수령을 이루는 전투였다. 결국은 작전을 지휘하는 지휘자의 능력에 따라 전쟁의 승패가 갈린다는 것을 보여주는 예 중 하나다. 두 기사를 보면 보다 명확하게 알 수 있으리라 생각이 들어 인용한다.

◎1. **일본 함대의 오판**[46]　　　임용한 역사학자

1942년 6월 일본 연합함대 함정들이 태평양을 가르고 있었다. 목표는 미국의 최전방 기지인 미드웨이였다. 태평양 전쟁의 결정적 전투를 꼽으라고 하면 진주만 습격보다 먼저 미드웨이 해전이다. 일본군은 항모 8척, 전함 11척, 순양함 23척을 동원했다. 전함 중에는 세계 최대의 전함 야마도도 있었다. 미군은 항모가 2척뿐이었고 전함은 없었다. 순양함, 구축함은 3분의 1 규모밖에 되지 않았다. 미군의 뇌격기는 '날아다니는 관'이란 소리를 들었고, 어뢰는 불발되기 일쑤였다. 실제로 미군 뇌격기의 전과(戰果)는 거의 전무했고 무차별 학살당했다. 일본군의 제로센은 나중에 약점이 밝혀졌지만 당시엔 공포의 전투기였다. 오늘날 미국 입장에서 보면 믿기지 않는 열세였고, 그 뒤로 현재까지 이런 비장한 경험을 해 본 적이 없을 것이다.

질 수 없는 전투에서 일본군은 도저히 이길 수 없는 행동을 거듭한다. 희한하게도 이 세기의 항모대전에서 양측 지휘관 스프루언스와 나구모는 둘 다 초보자였다. 그러나 우왕좌왕한 나구모와 달리 스프루언스는 탁월한 판단력을 발휘했다. 양측의 인재관리 시스템에 치명적인 차이가 있었던 것이다. 이 모든 것을 다 합친 것보다 큰 실수가 있었다. 일본군이 함대를 셋으로 분할한 것이다. 그중 한 함대는 쓸데없이 미군 함대를 유인한다고 알류샨 열도 쪽으로 갔다. 미군은 유인당할 함대도 없었다.

최후의 순간 미군은 수리 중이던 요크타운호를 바다로 끌어냈다. 항모 8 대 2의 싸움이 될 뻔한 전투가 4 대 3의 전투가 되었다. 일본군은 왜 이런 치명적인 실수를 했을까? 짐작이지만 일본도 미군의 산업력을 두려워하고 있었다. 미국이 전시산업 체제로 완전히 전환하기 전에 최대한 타격을 입히고 자신들의 손실은 최소화해야 한다는 강박증이 있었던 것 같다. 그러다 보니 자꾸 사실

---

46) [임용한의 전쟁사] 〈92〉 동아일보 2020.01.14. 입력 2020-01-14 03:00수정 2020-01-14 10:44 dongA.com

을 왜곡하고, 맞지 않는 전술에 집착했다. 현실의 문제를 해결하는 최선의 방법은 현실을 똑바로 인지하고 자신의 처지를 솔직하게 고백하는 것이다. 개인이든 국가든 이게 그렇게 어렵다.

◎2. 1942년 미드웨이 해전[47]   권홍우 선임기자

"1942년 6월5일 오전10시25분, 일본은 태평양전쟁에서 이기고 있었다. 5분 뒤 전황은 완전히 반대로 기울었다. 유사 이래 그 어떤 때도 이보다 더 빠르게 역사를 완전히 뒤집어버린 사건은 없었다." 크레이그 시먼즈 미 해군대 교수의 평가다. 시먼즈 교수의 저서와 사건의 이름은 동일하다. '미드웨이 해전(the Battle of Midway).' 물량에서 미 해군을 압도하던 일본 연합함대가 불과 5분 만에 나락으로 떨어진 해전이다.

흔히 일본은 미국의 공업 생산력에 밀려 전쟁에서 졌다고 여긴다. 맞는 말이다. 진주만 공격 4개월 전 일본군 지휘부가 최종적으로 판단한 미국과의 전쟁 수행능력 격차는 10대1, 전함 2대1, 항공기 5대1, 노동력 5대1, 석탄 10대1, 철강생산 20대1, 석유 100대1로 미국에 뒤졌다. 미국과의 전쟁이 무모하다는 점을 알면서도 일본이 전쟁을 벌인 것은 '희망사고'때문. '초전에 미국을 흔들면 겁 많은 양키들이 협상테이블로 나올 것'이라고 믿었다. 미드웨이 해전은 진주만과 필리핀에서 연패하던 미국이 공세로 돌아선 전환점으로도 손꼽힌다.

미군은 성능이 떨어지는 구식 항공기로 제로센 전투기에 쉽게 사냥당하면서도 집요하게 일본 항공모함에 달라붙었다. 전투 불능상태에 빠진 폭격기를 몰고 일본 항모에 돌진한 사례도 있다. 태평양전쟁 최초의 가미카제는 일본이 아니라 미국이었던 셈이다. 일본이 미드웨이로 전력을 전개한 이유 역시 미국이 보여준 전쟁 의지로 설명될 수 있다. 1942년 4월19일 미군이 B-25폭격기를 항모에서 이륙시키는 발상의 전환으로 도쿄를 공습한 게 일본을 미드웨이로 불러들인 요인으로 작용했다.

일본은 본토의 안전을 위해 미군 장거리 폭격기가 발진할 수 있는 섬 점령에 나섰다. 일본은 첫 목표로 정한 미드웨이에 전력을 쏟아 항공모함을 8척이나 동원했으나 전략적 실수를 저질렀다. 미군을 속인다며 부대를 셋으로 나누는 통에 미드웨이해전에 투입된 항모는 절반인 4척으로 줄었다. 반면 항모가 2척뿐이던 미군은 수리기간 3개월이 필요하다던 항모 요크타운을 3일 만에 전선에 복귀시켰다. 8대2였던 항모 전력격차를 4대3으로 줄인 미군은 일본 함대를 먼저 발견해

---

[47] 권홍우 선임기자 hongw@sedaily.com   서울경제 2020년 6월 5일 금요일 31면   오늘의 경제소사

불과 5분 만에 3척을 격침했다. 하루 뒤 남은 1척마저 상실한 일본은 공격할 힘을 잃었다. 근거 없는 희망에서 나온 자만과 판단 착오가 부른 참패다.

★ 사인私人에 해당하지는 않으나 개인적으로 사사롭게 친한 여부에 따라 관직을 주면 안 되는 예가 다음과 같다.

◎ 정조실록[48] 6권, 정조 2년 12월 18일 갑술 2번째 기사 1778년 청 건륭(乾隆)43년
밤에 육선공의 진의를 강하고 인재등용법에 대해 논하다

上曰: "德宗播遷奉天之時, 以無陸贄, 至於痛哭。 及其收復之後, 又不用陸贄, 臨亂而思之, 居安而忘之 何也?" 德相曰: "此由於任之不誠, 私意間之之致也。 今此德宗之初思陸贄, 出於善心也。 後惡陸贄, 出於私意也。" 度默曰: "陸贄之始用也, 雖有小人, 似不能間之。 而蓋德宗, 任之不能以誠, 故畢竟不能見用矣。" 參贊官鄭民始曰: "德宗初非好陸贄也, 後非惡陸贄也。 及往奉天, 無他可仗之臣, 只有一(个)〔介〕 陸贄, 而捨陸贄, 則無他可與共之人, 故亦不覺善端之自然發也。" 上曰: "城門閉, 而言路開; 城門開而言路閉。 此言誠好矣。"

[해석] 임금이 말하기를, "당나라 덕종(德宗)이 봉천(奉天)으로 파천(播遷)할 때 육지(陸贄)가 없다 하여 통곡하기에 이르렀었으나, 수복(收復)한 뒤에는 또 육지를 기용하지 않았다. 난리를 닥쳐서는 생각을 하는데 평안하게 거처하게 되면 잊는 것은 무슨 까닭인가?" 하니, 송덕상이 말하기를, "이는 위임하는 것이 성실하지 못하고 사의(私意)가 끼어든 것으로 말미암은 소치입니다. 이제 덕종이 처음 육지를 생각한 것은 선심(善心)에서 나온 것이고, 뒤에 육지를 미워한 것은 사의에서 나온 것입니다." 하고,
이도묵은 말하기를, "육지를 처음 기용했을 적에는 소인이 있어도 이간할 수 없을 듯하였으나, 덕종이 위임한 것이 성실하지 못했기 때문에 마침내 기용되지 못한 것입니다." 하고,
참찬관 정민시(鄭民始)는 말하기를, "덕종이 처음에 육지를 좋아한 것이 아니고 나중에 육지를 미워한 것이 아니었습니다. 봉천(奉天)으로 갈 때에 이르러서는 달리 의지할 만한 신하가 없고 단지 하나의 육지가 있을 뿐이었는데, 육지를 버리면 달리 함께 일을 할 만한 사람이 없었기 때문에, 또한 선심의 단서가 저절로 발로되는 것을 깨닫지 못한 것입니다."

---

48) 조선왕조실록【태백산사고본】6책 6권 84장 A면【국편영인본】45책 82면

하니,

 임금이 말하기를, "성문(城門)은 닫혔어도 언로(言路)는 열려 있고 성문은 열렸어도 언로는 닫혀 있다고 한 이 말이 참으로 좋다." 하였다.

上又曰: "此章所論考實云者甚好。 始不考其實, 而察其得失, 則人之賢否, 無以辨矣。 事之善惡, 無以別矣。 必也於其惡處, 究其所以惡之端;於其善處, 得其所以善之端, 然後始可爲擇賢、任賢之道也。 三代之時, 共工、驩兜之類, 以堯、舜之德, 亦不能感化。 而自漢、唐以後之小人, 則予以爲, 莫非其君所使然也。 蓋元氣充實, 則外邪不能侵, 如太陽之中天, 鬼魅莫逃其形矣。 唐宗之使盧杞, 用事行臆, 而使陸贄, 不能輸忠盡才者。 此無他也。 杞是患得患失之類, 而其巧言令辭, 善中人主之意, 欲自以爲其君, 可以轉運, 故恣行威權, 莫之遏也。 以此觀之。 爲其君者, 安得免使之然之責乎?"

[해석] 임금이 또 말하기를, "이 주장(奏章)에서 논한 실상를 고사(考查)해야 한다고 한 것은 매우 좋은 말이다. 처음에 그 실상을 고사하여 득실을 살피지 않으면, 사람의 현부(賢否)를 변별할 수가 없고, 일의 선악(善惡)을 분별할 수 없는 것이다. 반드시 악한 점에 대해서는 악한 단서를 구명해 보고 선한 점에 대해서는 선한 단서를 안 후 에야 비로소 어진 이를 가리고 어진 이를 임용하는 방도가 되었다고 할 수 있는 것이다. 삼대(三代) 때 공공(共工)·환도(驩兜)511) 의 무리는 요(堯)·순(舜)의 덕으로도 감화시킬 수 없었는데 한나라·당나라 이후의 소인은 곧 모두 그 임금이 그렇게 만든 것이라고 나는 여긴다. 대개 원기(元氣)가 충실하면 밖의 사기(邪氣)가 침범할 수 없는 것은 마치 태양이 중천에 높이 떠 있으면 귀매(鬼魅)가 그 형체를 도망할 수 없는 것과 같다. 당나라 덕종이 노기(盧杞)에게는 권세를 부려 마음대로 행하게 하였으나, 육지(陸贄)에게는 충성을 바쳐 재능을 다 발휘하게 하지 못한 것은 다름이 아니고, 노기는 환득 환실(患得患失)하는 부류로서 아첨하는 말과 좋은 안색을 꾸며 임금의 뜻을 잘 맞추고 스스로 임금을 조종할 수 있도록 하려 했기 때문에, 멋대로 위권(威權)을 행해도 저지하는 일이 없었던 것이다. 이로써 살펴보건대, 임금된 사람이 그렇게 만들었다고 하는 책임을 어떻게 면할 수 있겠는가?" 하니,

德相曰: "上敎中, 其君使然云者, 果切中唐宗之病也。 唐宗若不用盧杞, 則杞安得售其奸, 至於此極乎? 開國承家, 小人勿用云者, 誠後世人主之龜鑑也。"

[해석] 송덕상이 말하기를, "상교(上敎) 가운데 임금이 그렇게 만들었다고 하신 것은 과연 당나라 덕종의 병통을 정확하게 지적한 말입니다. 덕종이 노기를 기용하지 않았다면, 노기가 어떻게 간교한 술책을 부린 것이 이처럼 극도에 이를 수 있었겠습니까? 국가를 세울 적에 소인은 기용하지 말라고 한 말은 참으로 후세 임금의 귀감(鬼鑑)인 것입니다." 하였다.

上曰: "賢邪雜進, 主客易處者, 專由於道心不能勝人心而然也。 如使至危之人心, 不能聽命於道心, 則所謂小人, 如衆陰之蔽陽, 而雖有賢者, 譬如稺陽, 不能保於積陰之中, 可不畏哉? 可不戒哉? 以王安石之衣垢不濯, 面垢不洗, 不近人情之事多矣。 韓魏公之時, 不敢售之。 而及夫韓公之卒也, 始得肆行無忌。 明道所云: '吾黨激成之論', 卽至言也。" 德相曰: "果如聖敎矣。"

[해석] 임금이 말하기를, "현사(賢邪)가 뒤섞여 나오고 주객이 전도된 것은 오로지 도심(道心)이 인심(人心)을 억제하지 못한 데 연유되어 그런 것이다. 만일 지극히 위태로운 인심이 도심의 명을 따를 수 없게 된다면, 이른바 소인은 여러 음(陰)이 양(陽)을 가린 것과 같아서 어진 사람이 있다고 하더라도 비교하건대 나약한 양이 많은 음의 가운데서 보전할 수 없는 것과 같으니, 두려워하지 않을 수 있고 경계하지 않을 수 있겠는가? 왕안석(王安石)이 때문은 옷을 빨지 않고 때묻은 얼굴을 씻지 않는 등 인정(人情)에 가깝지 않은 일이 많았는데, 그래도 한위공(韓魏公)512) 이 있을 때에는 감히 술책을 부리지 못하다가 한공이 졸서(卒逝)함에 이르러서는 비로소 거리낌없이 멋대로 행하게 된 것이다. 명도(明道)513) 가 이른바 우리 당(黨)이 격성(激成)해야 한다고 한 의논은 곧 이치에 들어맞는 말이다." 하니, 송덕상이 말하기를, "과연 성교(聖敎)와 같습니다." 하였다.

【태백산사고본】 6책 6권 84장 A면【국편영인본】 45책 82면

[註 511] 공공(共工)·환도(驩兜) : 모두 요순(堯舜) 때의 악인(惡人)으로, 순(舜)임금이 공공을 유주(幽州)에 유배(流配)하고 환도를 숭산(崇山)으로 추방하였음.
[註 512] 한위공(韓魏公) : 한기(韓琦).
[註 513] 명도(明道) : 정호(程顥).

★ 위노주에는 魏59, 魏60, 魏61의 세 문장이 장주의 58과 59사이에 있다.

59. 凌下取勝者는 侵하고 名不勝實者는 耗하고 凌下는 위노주에 凌弱으로 되어 있다

●해석● 아랫사람(약한 사람)을 능멸하여 이기는 자는 다른 사람이 치고 들어오고 이름이 사실과 다르게 미치지 못하면 소모된다.

[張註] : 陸贄曰 名近於虛나 於敎에 爲重하고 利近於實이나 於義에 爲輕이니 然則實者는 所以致名이오 名者는 所以符實이니 名實相副則不耗匱矣라.

●해석● 육지가 말하기를 이름은 허에 가까우나 가르침에 있어서는 중요하고 이익은 사실에 가까우나 의리와 비교하면 가볍다. 그러나 사실이라는 것은 이름에 이르는 것이고 이름은 사실에 부합하는 것이니 이름과 사실이 서로 맞아 부합되면 파괴되거나 소모되지 않는다.

[魏註] : 倚尊凌卑 强取勝功 是謂侵欺 故非有德. 張彼虛譽而無實功 其名日消 其道日耗.   ※ 欺: 속일기

●해석● 높은 사람에게 의지해 낮은 사람을 능멸하고 공을 강제로 빼앗는 것을 침기侵欺라 말한다. 그러므로 덕이 있는 것이 아니다. 헛된 명예를 펼치되 실질적인 공이 없으면 그 이름은 날로 없어지고 그 도는 날로 소모된다.

★ 육지陸贄(754-805)
자字는 경흥敬興. 오군가흥吳郡嘉興(지금 절강 가흥)사람이다. 당唐대 정치가, 문학가, 의학가로 덕종 때 재상을 지냈으나 나중에 유배당한다. 병부상서에 추서되었고 시호는 선宣이며 사람들은 육선공陸宣公이라 부른다. 당대 덕종 때 재상을 지냈으며 바른 말을 잘 하였다. 친구들이 바른 말을 육지와 같이 하면 화를 당할 것이라 충고하자 육지는 나는 위로는 천자를 배반하지 않고 아래로는 내가 공부한 지식을 배반하지 않으며 그 이외의 사물에는 연연하지

주해: 遵義

않는다고 답했다한다(我對上不辜負天子, 對下不辜負我所學到的知識, 我不留戀其他的事物). 육지는 배연령裵延齡의 무고를 받았다. ※ 辜負: 저버리다 배신하다 賞識: 알아주다 중시하다

60. 略己而責人者는 不治하고 自厚而薄人者는 棄하고

◘해석◘ 자신에게 대충 간략하게 하면서 다른 사람을 탓하는 자는 다스리지 못하고 자신에게 후하게 하며 다른 사람에게는 박하게 하는 사람은 버려진다.

[張註] : 聖人은 常善救人而無棄人하고 常善救物而無棄物이라 自厚者는 自滿也오 非仲尼所謂躬自厚之厚也이니 自厚而薄人則人將棄廢矣라.

◘해석◘ 성인은 항상 다른 사람 구하기를 잘하며 버리는 일이 없고, 항상 사물을 잘 구하며 버리는 일이 없다. 스스로 자신에게 후하게 하는 사람은 스스로 가득 차있다는 것인데 공자가 말한 신자후의 후가 아니다. 스스로 후하게 하면서 다른 사람에게는 박하게 하면 다른 사람이 앞으로 그를 폐기할 것이다.

[魏註] : 顯己之長 責人之短 自恃其能 必不治也. 自厚薄人 人不同心 故多棄叛.

◘해석◘ 나의 장점을 나타내고 다른 사람의 단점을 꾸짖으며 자신의 능력을 스스로 믿고 뽐내면 반드시 다스려지지 않는다. 스스로에게 후하게 하면서 다른 사람에게는 박하게 하면 사람마다 마음이 같지 않으므로 버림을 받고 반란을 당하는 경우가 많다.

★ 신자후躬自厚

논어 위령공衛靈公 권15[49])에 "子曰。躬自厚而薄責於人則遠怨矣

○責己厚故 身益修 責人薄故 人易從 所以人不得而怨之"

---

49) 논어 전게서 P325

◨해석◨ 자신에게 책망을 많이 하고 다른 사람에게 책망을 적게 하면 원망이 멀어질 것이다. ○자신을 책하는 것을 많이 하고 남을 책하는 것을 적게 하면 사람이 쉽게 따르므로 사람이 원망하지 않는 까닭이다.

★ 스스로 자책을 많이 하고 다른 사람에게는 책망을 적게 하라는 뜻이다(言凡事 自責厚 薄責於人)

61. 以過棄功者는 損하고 羣下外異者는 淪하고 위노주에는 以小過棄大功者損로, 外異는 外思로 되어 있다

◨해석◨ 과실 때문에 공을 버리는 사람은 손해를 보고 아래 사람들이 서로 다른 생각을 하면 물 빠지듯 망한다.

[張註] : 措置失宜하야 羣情隔塞하고 阿諛並進하며 私徇並行하야 人人異心이면 求不淪亡이나 不可得也이라.

◨해석◨ 조치가 적절한 때에 이루어지지 않아 대중의 정서가 막혀있고 아첨이 아울러 난립하고 사사로운 정이 아울러 들끓으며 사람마다 마음이 다르게 되면 망하지 않도록 구하려 해도 망하지 않을 수 없다.   ※ 淪: 빠질륜, 阿諛: 아첨, 徇: 부릴순使也

魏○以小過棄大功者損

◨해석◨ 작은 잘못으로 큰 공을 버리면 손해다

[魏註] : 以小過掩大功 則使徒進日滅其志 故可損也.

◨해석◨ 작은 과실로 큰 공을 가리면 날로 그 뜻을 없애므로 손해가 된다.

魏○羣下外思者淪

◐해석◑ 아래 사람들이 생각이 바깥으로 나가면 물 빠지듯 망한다.

[魏註] : 思歸於外卽多離心 援寡德孤 淪亡之兆.

※ 援寡:援助者少也, 淪: 물놀이륜 빠지다

◐해석◑ 생각이 바깥으로 모이면 마음이 많이 떠나게 되어 지원이 적어지고 덕이 외롭게 되니 망하는 징조다

62. 旣用不任者는 疏하고

◐해석◑ 이미 채용했으나 일을 맡기지 않으면 성글어진다.

[張註] : 用賢不任則失士心이니 此는 管仲所謂害覇也이라.

◐해석◑ 현인을 채용하였으나 일을 맡기지 않으면 선비의 마음을 잃는 것이니 이는 관중이 말한바 패왕을 하는데 해가 된다는 것이다.

[魏註] 에는 문장이 없다.

★ 제환공도 패주였으나 어진 이를 얻고도 위임하지 못하면 해가 된다고 관중이 말한 것을 예로 든 것이다. '管仲所謂害覇也'에 대해 조선왕조실록에 관련한 내용이 다음과 같다.

◎ 정조실록50) 6권, 정조 2년 12월 18일 갑술 2번째기사 1778년 청 건륭(乾隆) 43년
밤에 육선공(陸贄)의 진의를 강하고 인재등용법에 대해 논하다

上曰: "齊 桓公, 卽一覇主。而管仲, 以得賢不能任, 爲害覇, 對之。唐 太宗不過中主, 而魏

---

50) 국사편찬위원회 조선왕조실록 정조실록 006권 12월 18일 084b면
http://sillok.history.go.kr/popup/viewer.do?id=kva_102010#(조선왕조실록정조해당page사이트)
http://sillok.history.go.kr/search/inspectionList.do(조선왕조실록사이트)

徵以一小人, 敗衆君子之說, 陳之。 蓋用一小人, 則衆小人竝進易; 用一君子, 則衆君子彙進難。 以《易》之《姤卦》言之, 衆陽之中, 一陰, 雖不足爲害。 而若陽微陰盛, 至於十月, 則盡爲純陰。 可不畏哉? 故人君之用人, 必嚴於進退之際, 抑陰扶陽, 用賢去邪, 勿疑勿貳, 然後可免於此矣。"

[해석] 임금이 말하기를, "제(齊)나라 환공(桓公)은 곧 하나의 패주(覇主)이었으나, 관중(管仲)이 어진 이를 얻고서도 위임하지 못하는 것이 해(害)가 된다고 대답하였으며, 당(唐)나라 태종(太宗)은 중주(中主)에 불과하였으나 위징(魏徵)이 하나의 소인이 많은 군자들을 패퇴시킬 수 있다고 진달하였다. 대개 하나의 소인을 기용하면 많은 소인들이 아울러 나오기 쉽지만, 하나의 군자를 기용할 경우 여러 군자들이 무리지어 나오기는 어려운 것이다.《주역(周易)》의 구괘(姤卦)를 가지고 말하여 보더라도 여러 양(陽) 가운데 들어 있는 하나의 음(陰)은 비록 해로울 것이 없지만, 양이 미약해지고 음이 성하게 되는 10월에 이르러서는 모두 순음(純陰)이 되는 것이니, 두려워하지 않을 수 있겠는가? 그러므로 임금이 사람을 기용함에 있어서는 진퇴(進退)시키는 즈음에 음을 억제하고 양을 부식시키고, 어진 이를 기용하고 간사한 사람을 제거하여 의심하지 않은 후에야 이런 잘못을 면할 수 있게 된다."

【태백산사고본】 6책 6권 84장 A면【국편영인본】 45책 82면

★ 구 괘 (姤 卦) 乾 姤는 女壯이니 勿用取女이니라
　　　　　　　　 巽

63. 行賞悋色者는 沮하고   윗노주에는 悋色으로 되어있다.
　　　　　　 ※ 悋: 아낄린 인색할린 恪과 동, 悋: 아끼다 인색하다

◐해석◑ 상을 내리는데 인색하면 저체된다.

[張註] : 色有靳吝이면 有功者이 沮이니 項羽之刓印이 是也이라.

◐해석◑ 얼굴표정에 아까워하는 것이 있으면 공이 있는 자가 주저하게 된다. 항우의 도장이 닳도록 작위를 주지 않은 것이 바로 이 예다.

[魏註] : 既疑勿使 既用勿疑.

●해석● 이미 의심을 하면 시키지 말아야 하고 이미 기용했으면 의심하지 말아야 한다.

★ 사기[51])에 유방이 한중 땅으로 온 뒤 소하가 한신을 따라가 다시 데려오면서 대장으로 임명하고, 한신이 한왕인 유방에게 항우와 유방을 비교하여 용맹과 강함에 있어 누가 나은가를 묻자 한왕은 유방이 더 낫다고 말하자 한신이 항우의 사람 됨됨이가 비록 용맹하고 천하의 패왕이 되어 있으나 필부의 용, 부인지인을 가지고 있으며 잔인하여 제후들이 따르지 않고 천하의 인심을 잃었으니 한왕은 이와 반대로 하면 천하를 얻을 것이라는 계책을 주는 과정에서 나온 말이다. 원문은 다음과 같다.

"項王見人 恭敬慈愛 言語嘔嘔 人有疾病 涕泣分食飮 至使人有功當封爵者 印刓敝 忍不能予 此所謂婦人之仁也" : 항왕項王은 사람을 볼 적에 공경하고 자애로워 언어가 온화하며 사람들이 질병을 앓으면 눈물을 흘리며 음식을 나누어 준다. 하지만 공이 있어 봉작封爵해야 할 사람이 있어도 봉작封爵하는 도장印章을 이미 새겨 놓고도 손으로 만지작거려 도장印章의 모서리가 닳아서 망가질 때까지 망설이며 차마 주지 못하니 이는 이른바 부인婦人의 인仁입니다
※ 悋: 더러울 린 아낄 린 인색할 린, 悋色: 아까워서 주고 싶지 않은 기색 吝 悋과 같음. 靳: 아낄 근 吝과 같음, 刓: 깎을 완 모서리가 닳아서 망가진 것

64. 多許少與者는 怨하고

●해석● 많은 것을 허락하고는 적게 주면 원망이 생긴다.

[張註] : 失其本望이라.

●해석● 본래 바라는 것을 잃기 때문이다.

[魏註] 에는 문장이 없다.

---

51) 上海書店編 二十五史 史記卷九十二 淮陰候列傳第三十二 上海古籍出版社, 上海 1994, p293

65. 旣迎而拒者는 乖하고

◐해석◑ 이미 받아들이기로 한 다음 거부하면 괴리가 생긴다.

[張註] : 劉璋이 迎劉備而反拒之是也이라.

◐해석◑ 유장이 유비를 맞이하였으나 도리어 거부한 것이 이 예다.

[魏註] 에는 문장이 없다.

★ 유장은 후한 말 사람으로 전한 경제의 후손이자 익주목 유언의 4남으로 유언이 죽은 후 익주를 통치하였다. 조조가 형주를 치려한다고 하자 유장은 장송을 파견하였으나 조조의 대우에 만족하지 못한 장송은 조조와 관계를 끊고 유비와 손을 잡도록 권한다. 211년 조조가 한녕태수 장로를 정벌하려한다는 소문에 유비를 불러들였다. 그러나 212년 조조가 동오를 치려하자 유비는 손권을 돕겠다는 구실로 군사 1만명과 물자를 요구하였으나 유장은 군사 4천명과 나머지는 절반만 주었다. 장송의 형인 광한태수 장숙이 장송과 유비가 내통한다는 것을 알고 고발하여 유장은 장송을 죽이고 유비와 관계를 끊고 전쟁을 벌였으나 유비가 승리했다. 유장이 유비를 부르려 할 때 황권이나 왕루 등의 신하가 반대가 있었으나 익주를 유비에게 넘길 생각을 가지고 있었던 장송과 법정에 의해 유비를 맞은 것이며 유장이 정확한 판단을 하지 못한 이유로 생겨난 일이다.

66. 薄施厚望者는 不報하고

◐해석◑ 박하게 베풀면서 후하게 바라면 보답이 없다.

[張註] : 天地不仁히야 以萬物爲芻狗하고 聖人이 不仁하야 以百姓爲芻狗하나니 覆之載之하고 含之育之나 豈責其報也이리오.

◐해석◑ 천지가 인자하지 않아 만물을 필요할 때만 쓰고 버리며 성인이 인자하지 않아 백성

을 필요할 때만 쓰고 버리니 하늘이 만물을 덮고 땅이 만물을 받쳐 실어 수용하고 양육하는 것이 어찌 그 보답을 재촉하여 바라겠는가?

※ 芻: 꼴 추, 짐승먹이추, 芻狗: 짚으로 만든 개, 중국에서 제사에 썼는데 제사가 끝나면 버린다. 필요할 때만 쓰고 필요치 않으면 버리는 물건

[魏註] 에는 문장이 없다.

67. 貴而忘賤者는 不久하고

◐해석◑ 귀하게 된 다음 미천할 때를 잊어버리면 오래 가지 않는다.

[張註] : 道足於己者는 貴賤이 不足以爲榮辱하야 貴亦固有하고 賤亦固有로되
唯小人은 驟而處貴則忘其賤하나니 此所以不久也이라.

◐해석◑ 도가 자기 자신에게 족한 사람은 귀하고 천함을 영광되고 욕되는 것으로 잣대를 삼지 않는다. 귀한 것 역시 고유한 것이 있고 천한 것 역시 고유한 것이 있으니 오직 소인은 앞만 보고 마구 달려서 귀한 위치에 도달 한 다음 천했던 자신을 잊어버리니 이 때문에 오래 가지 못하는 것이다.   ※ 驟: 몰아갈 취 달릴 취 별안간 취

[魏註] 에는 문장이 없다.

★ 맹자[52])에 **천작**과 **인작**에 대한 내용이 있다.

◎ 孟子 曰有天爵者하며 有人爵者하니, 仁義忠信樂善不倦은 此 天爵也이오, 公卿大夫는
此 人爵也이니라.

◐해석◑ 맹자께서 말씀하기기를 천작이 있으며 인작이 있다하니 인의충신과 선을 즐거워하며 게을리 하지 않는 것이 이 천작이오, 공경대부 이는 인작이라 하셨다.

---

52) 맹자 전게서 告子 章句上 pp309,310

○天爵者 德義可尊 自然之貴也.
◐해석◑ 천작이란 것은 덕의가 가히 높으니 저절로 귀함이다.

◎ 古之人 修其天爵而人爵從之.
◐해석◑ 옛 사람은 천작을 수양하면 인작은 따라오는 것이다.

○修其天爵 以爲吾分之所當然者耳, 人爵從之 蓋不待求之而自至也.
◐해석◑ 그 천작을 수양함은 내 분수의 당연한 바를 할 뿐이오, 인작이 따르는 것은 대개 기다려 구하지 아니하여도 저절로 이르니라.

◎ 今之人 修其天爵 以要人爵, 旣得人爵而棄其天爵 則惑之甚者也. 終亦必亡而已矣.
◐해석◑ 지금 사람들은 천작을 수양하여 인작을 요구하고, 이미 인작을 얻으면 그 천작을 버리니 곧 미혹함이 심한 것이라. 마침내 역시 반드시 잃을 뿐이니라.

○要 求也. 修天爵 以要人爵, 其心 固已惑矣, 得人爵而棄天爵 則其惑 又甚焉, 終必並其所得之人爵而亡之也.
◐해석◑ 요는 구하는 것이다. 천작을 수양 하여서 인작을 구하니 그 마음이 진실로 이미 미혹됨이요, 인작을 얻고서 천작을 버리면 그 미혹됨이 더욱 심하니 마침내 반드시 얻은 인작까지 아울러 잃을 것이다.

◎ 孟子 曰欲貴者 人之同心也, 人人 有貴於己者 弗思耳.
◐해석◑ 맹자께서 말씀하시기를 귀하고자 하는 것은 사람마다 같은 마음이니 사람 사람마다 자신의 몸에 귀한 것이 있지만 생각하지 않을 뿐이다.

○貴於己者 謂天爵也.
◐해석◑ 자신의 몸에 귀한 것은 천작을 말한다.

◎ 人之所貴者 非良貴也, 趙孟之所貴 趙孟能賤之.
◐해석◑ 남이 귀하다고 하는 것은 진실로 귀한 것이 아니니 조맹이 귀하게 한 바는 조맹이 능히 천하게 할 수 있다.

○人之所貴 謂人以爵位 加己而後貴也. 良者 本然之善也. 趙孟 晉卿也. 能以爵祿 與人而 使之貴 則亦能奪之而使之賤矣. 若良貴 則人安得而賤之哉.

◧해석▷ 남이 귀하다 하는 것은 남이 작위로써 나 몸에 더해준 뒤에 귀하게 되는 것을 말한다. 양이란 것은 본연의 선이라. 조맹은 진나라 경이라. 능히 작록을 남에게 주어 귀하게 하면 또한 능히 빼앗아 천하게 할 수 있다. 만약에 본래 귀한 것이라면 남이 어찌 천하게 만들겠는가.

★ 조맹은 춘추시대 진(晉)나라의 역대 훌륭한 군주를 말하며 특정한 한 사람을 말하는 것이 아니다. 이런 의미로 볼 때 조맹에 해당하는 사람은 조무(趙武 즉 趙文子) 조앙(趙鞅 즉 趙簡子) 조무휼(趙無恤 즉 趙襄子)가 있다. (百度百科)

◎ 詩云旣醉以酒 旣飽以德. 言飽乎仁義也 所以不願人之膏粱之味也, 令聞廣譽 施於身 所以不願人之文繡也.

◧해석▷ 시에 이르기를 이미 술로써 취하고 이미 덕으로써 배부르다 하니, 인의로 배부르면 남의 고량의 기름진 음식을 원치 않는 것이며, 좋은 소문과 넓은 명예가 몸을 둘러싸면 남의 좋은 옷을 원하지 않는 다는 것을 말하는 것이다.

○詩 大雅旣醉之篇. 飽 充足也. 願 欲也. 膏 肥肉. 粱 美穀. 令 善也, 聞亦譽也. 文繡 衣之美者也. 仁義充足 而聞譽彰著 皆所謂良貴也.

◧해석▷ 시는 대아 기취 편이라. 포는 충족이라. 원은 하고자 함이라. 고는 기름진 고기다, 양은 맛있는 곡식이다. 영은 좋음이다, 문은 또한 명예다. 문수란 아름다운 옷이다. 인의가 충족되고 명예가 밝게 드러나는 것은 모두 본래 귀한 것이다.

○尹氏 曰言在我者重 則外物輕.
◧해석▷ 윤씨가 말하기를 나에게 있는 것이 중하면 나 이외 바깥에 있는 물건이 가벼워진다 하셨다.

68. 念舊怨而棄新功者는 凶하고

◧해석▷ 옛 원한을 마음에 품고 새로운 공을 포기하면 흉하게 된다.

[張註]: 切齒於睚眦之怨하고 眷眷於一飯之恩者는 匹夫之量이라 有志於天下
者는 雖仇나 必用은 以其才也오 雖怨이나 必錄은 以其功也이니 漢
高祖이 侯雍齒는 錄功也오 唐太宗이 相魏鄭公은 用才也이라.

◐해석◑ 눈 흘길 정도의 작은 원한에 이를 갈며 기회를 보는 것과 한 끼의 식사 정도의 은혜를 마음속에 항상 잊지 않고 있는 것은 필부의 그릇이다. 천하에 뜻을 두고 있는 자는 비록 원수이나 반드시 기용하여 쓰는 것은 그 재주 때문이고, 비록 원망이 있으나 채용하는 것은 그 공이 있기 때문이다. 한고조의 옹치를 작위를 주는 것은 공을 쓰는 것이고 당태종이 위정공을 재상시키는 것은 재능을 쓰는 것이다.

※ 睚眦之怨: 눈흘길 정도의 작은 원한, 眷眷: 항상마음속에서 잊지 않음, 錄用: 채용

[魏註] 에는 문장이 없다.

★ 옹치雍齒

진나라 말 사수군 패현泗水郡沛縣(지금의 강소성 풍현江蘇豊縣) 사람이다. 기원전 209년에 유방이 진나라에 반대하여 병사를 일으켰을 때 옹치가 따랐으나 옹치는 평소 출신이 미천한 유방을 경시하였다. 그 다음해 유방이 가장 어려운 때 옹치는 패현을 위국에 바치며 항복하여 유방이 매우 노하였다. 이로 인해 유방이 옹치에 대해 매우 좋지 않게 생각하고 있었다. 후에 옹치는 조나라에 속했다. 다시 유방에게 항복하여 공을 세웠다. 기원전 202년에 한고조가 공신들에게 제후의 작위를 내릴 때 여러 공신의 불만이 있었다. 장량의 계책에 의해 유방이 가장 미워하는 옹치에게 제후의 작위를 주자 옹치도 작위를 받는 다면 자신들은 근심할 것이 없다고 하여 공신들의 불만이 없어지게 되었다. 요즘 옹치란 아주 좋지 않은, 싫어하고 미워하는 관계를 이르는 말로도 쓴다.

★ 위정공魏鄭公

중국 당唐 나라 정치가 위징魏徵이다. 위징은 617년 이밀李密의 부하가 되어 그와 함께 당나라에 항복하였다. 이연이 당나라를 건립했으나 이밀, 두건덕, 왕세충 등 각지의 세력을 제거해야 했는데 이를 둘째 아들인 이세민이 정벌을 잘 했다. 621년에는 첫째 아들인 이건성李建成의

주해: 遵義

태자세마太子洗馬가 되어 이세민李世民을 죽일 것을 간언했다. 그러나 이세민(태종 : 太宗)은 현무문의 변을 일으켜 첫째형 이건성과 동생인 이원길을 죽이고 태종으로 즉위한다. 즉위 후 위징이 자신을 죽이라고 계책을 내놓은 사실을 알고도 그를 높이 평가하고 발탁하여 간의대부諫議大夫로 중용하였음. 이후 정국공鄭國公에 봉해졌으며, 국정에 대한 자문과 간언으로 정관貞觀의 치治를 이루는 데에 기여하였다.

69. 用人不得正者는 殆하고, 强用人者는 不畜하고

●해석▶ 사람을 쓰는데 정직하지 않으면 위태하고, 강제로 사람을 쓰려는 자는 기를 수 없다.

[張註] : 曹操이 强用關羽而終歸劉備하니 此는 不畜也이라.

●해석▶ 조조가 강제로 관우를 쓰려 했으나 끝내 유비에게 돌아갔으니 이것이 기를 수 없다는 것이다.

[魏註] 에는 문장이 없다.

70. 爲人擇官者는 亂하고, 失其所强者는 弱하고

●해석▶ 어떤 사람을 위해 관직을 선택하여 만들면 혼란하게 되고, 강한 바를 잃으면 약해진다.

[張註] : 有以德强者하고 有以人强者하고 有以勢强者하고 有以兵强者하니 堯舜은 有德而强하고 桀紂는 無德而弱하고 湯武는 得人而强하고 幽厲는 失人而弱하고 周는 得諸侯之勢而强하고 失諸侯之勢而弱하고 唐은 得府兵而强하고 失府兵而弱이라 其於人也엔 善爲强 惡爲弱이오 其於身也엔 性爲强 情爲弱이라.

◐해석▶ 덕이 강한 사람이 있고 사람관계가 강한 사람이 있고 세력이 강한 사람이 있고 병력이 강한 사람이 있다. 요순은 덕이 있어 강하고 걸주는 덕이 없어 약하고, 탕왕과 무왕은 사람을 얻어 강하고 유왕과 여왕은 사람을 잃어 약하고, 주나라는 제후의 세력을 얻어 강하였으나 제후의 세력을 잃고는 약하게 되었고, 당은 병력을 얻어 강하게 되었고 병력을 잃고는 약해졌다. 사람에 있어서는 선은 강한 것이고 악은 약한 것이며 신체에 있어서는 본성은 강한 것이고 정은 약한 것이다.

[魏註] 에는 문장이 없다.

71. 決策而不仁者는 險하고

◐해석▶ 책략을 결정하는데 인자하지 않으면 위험하다.

[張註] : 不仁之人은 幸灾樂禍라.

◐해석▶ 불인한 사람은 재난을 다행으로 여기고 화를 즐겁게 여긴다.

[魏註] 에는 문장이 없다.

72. 陰計外泄者는 敗하고, 厚斂薄施者는 凋하고

◐해석▶ 은밀한 계책을 바깥으로 발설하면 패하고, 많이 거두고 적게 베풀면 시들게 된다.

[張註] : 凋는 削也이니 文中子이 曰 多斂之國은 其財必削[53]이라.

◐해석▶ 조는 깎이는 것이니 문중자가 말하기를 많이 거두는 국가는 그 재물이 반드시 삭감된다 했다.   ※ 凋: 시들조

---

53) 文中子 中說 卷第一 王道篇 p6   四部備要 권55책 中華書局 1989 北京

[魏註] 에는 문장이 없다.

★ 문중자 [文中子]

구분 : 유서(儒書),   저자 : 왕통(王通),   시대 : 중국 수(隋)

《중설(中說)》이라고도 한다. 수(隋)나라 왕통(王通)이 찬(撰)하였다 하나 분명하지 않다. 그러나 책의 제호(題號)는 왕통의 시호(諡號)인 문중자와 일치한다. 《사고전서 총목제요(四庫全書總目提要)》에서는 <유가류(儒家類)>에 수록하였으며, 왕통의 아들 복교(福郊)·복시(福畤)가 그 유언을 찬술(纂述)한 것이라고 되어 있다. 그러나 후세에 가탁(假託)된 위서(僞書)라는 설도 있다.

전(全) 10권으로, 왕도(王道)·천지(天地)·사군(事君)·주공(周公)·문역(問易)·예악(禮樂)·술사(述史)·위상(魏相)·입명(立命)·관랑(關朗)의 각 편이 있다. 왕도를 첫머리에 놓은 것은 문중자의 가르침이 소왕(素王:왕위에는 있지 않으나 왕자의 덕을 갖춘 사람)을 계승하고 있기 때문이라고 말하고 있다. 이 책은 《논어(論語)》를 모방하여 대화의 형식으로 되어있는데, 불교가 널리 성하였던 당시에 《논어》의 참뜻을 밝혔다는 점에서 높이 평가된다.

[네이버 지식백과] 문중자 [文中子] (두산백과)

★ 王通 중국 수나라의 사상가. 당나라 왕발(王勃)의 조부이다. 어려서부터 시·서·예·역(易)에 통달, 스스로 유자(儒者)임을 자부하고 강학에 힘을 쏟았다. 《문중자(文中子)》(10권)를 세상에 남겼다.

출생-사망   584 ~ 617

자 : 중엄(仲淹),   시호 : 문중자(文中子),

자 중엄(仲淹). 시호 문중자(文中子). 허난[河南] 출생. 당나라 왕발(王勃)의 조부이다. 어려서부터 준민(俊敏)하여 시·서·예·역(易)에 통달, 스스로 유자(儒者)임을 자부하고 강학(講學)에 힘을 쏟음으로써 문하에서는 당의 명신 위징(魏徵)·방현령(房玄齡) 등이 배출되었다. 문제(文帝)에게 《태평10책(太平十策)》을 상주하였으나 채택되지 않았고, 다음 양제(煬帝)로부터는 부름을 받았으나 응하지 않은 채 《문중자(文中子)》(10권)를 세상에 남겼다. 《당서(唐書)》 《구당서(舊唐書)》

에는 이렇게 전하나 청대(淸代)의 요제항(姚際恒)이 《문중자》의 의경설(擬經說)을 주장하는 등 의견이 분분하여 송의 정자(程子)나 주자(朱子) 등은 그를 견유(犬儒)로 평가한다.

[네이버 지식백과] 왕통 [王通] (두산백과)

73. 戰士貧하며 游士富者는 衰하고

◐해석◑ 전투를 하는 사람은 가난하고 유세를 하는 사람은 부자이면 쇠약해진다.

[張註] : 游士는 鼓其頰舌하야 惟幸烟塵之會하고 戰士는 奮其死力하야 專捍疆場之虞하나니 富彼貧此면 兵勢衰矣라.

◐해석◑ 유사란 그 뺨과 혀를 놀려 오직 전쟁터의 연기와 먼지가 모인 곳에 가서 유세하는 것을 다행으로 생각할 뿐이고 전사는 죽을 힘으로 분투하여 변경을 전적으로 막는 자이다. 유세하는 자가 부자가 되고 전사가 가난하게 된다면 병력의 세력은 쇠약하게 된다.
　　　※ 捍: 호위할 한 막을 한, 虞: 염려할 우 즐길 우 편안할 우

[魏註] 에는 문장이 없다.

74. 貨賂公行者는 昧하고

◐해석◑ 공적인 일을 하는데 재물로 뇌물을 쓰면 어둡게 된다.

[張註] : 私昧公하고 曲昧直也이라.

◐해석◑ 사적인 일로 공적인 일을 어둡게 하고 굽은 것으로 바른 것을 어둡게 하는 것이다.

[魏註] 에는 문장이 없다.

주해: 遵義

75. 聞善忽略하며 記過不忘者는 暴하고

◆해석▶ 잘한 일을 듣고도 문득 잊어버리고 과실은 기록하여 잊지 않으면 폭정이 된다.

[張註] : 暴則生怨이라.

◆해석▶ 폭정이 되면 원한이 생긴다.

[魏註] 에는 문장이 없다.

76. 所任不可信하며 所信不可任者는 濁하고

◆해석▶ 일을 맡기면서 믿지 못하고 믿으면서 일을 맡기지 않으면 탁하게 된다.

[張註] : 濁은 溷也이라.

◆해석▶ 탁은 어지러운 것, 혼탁한 것이다.   ※ 溷: 어지러울 혼 흐릴 혼

[魏註] 에는 문장이 없다.

★62.旣用不任者는 疏하고 참조

77. 牧人以德者는 集하고 繩人以刑者는 散하고

◆해석▶ 사람을 키우는데 덕으로 하는 자는 사람이 모이고 사람을 형벌로 묶는 자는 사람이 흩어진다.

[張註] : 刑者는 原於道德之意而怨在其中이니 是以로 先王이 以刑輔德하고

而非專用刑者也이라 故로 曰 牧之以德則集하고 繩之以刑則散也이라.

●해석● 형이란 도덕에 근원한다는 뜻이며 용서가 그 가운데 있다 그러므로 선왕이 형벌로 덕을 보충하고 전적으로 형벌만 쓰지 않은 것이다. 그러므로 덕으로 기르면 사람이 모이고 형벌로 사람을 묶으면 흩어진다고 했다.

[魏註] : 窮問盡理 量罪行誅 使不受於無辜 以道教化 謂之得眾人皆聚而歸化也. 不量輕重 不窮詞理 而行誅滅 令人恐懼 不復聊生 謂之暴虐 故散亡也. ※ 誅:벨주. 辜: 허물고. 滅: 멸망하다 없애다. 聊生: 의지하고 믿고 살다

●해석● 신문을 끝까지 하고 사리를 밝혀 죄의 정도에 맞게 형벌을 행하여 무고의 죄를 받지 않도록 하며 도로써 교화하는 것을 대중을 모두 모이게 하고 교화를 받음을 얻는다고 말하는 것이다. 죄의 경중을 따지지 않고 사리를 다 밝히지 않고 벌을 주면 사람들로 하여금 공포를 갖게 하여 의지하여 살고자 하지 않으니 이를 폭학暴虐이라 말하고 그러므로 흩어지고 망하게 된다.

78. 小功不賞이면 則大功不立하고, 小怨不赦면 則大怨必生하고, 賞不服人하며 罰不甘心者는 叛하고 _{원노주에는} 賞不服人하며 罰不甘心者는 叛하고가 賞人恨之 罰人不甘心者叛로 되어 있다.

●해석● 작은 공에 상을 내리지 않으면 큰 공이 세워지지 않고, 작은 원한을 용서하지 않으면 큰 원한이 반드시 생기게 되고, 상을 내려 사람이 복종하지 않고 벌을 내려 마음으로 수긍하지 않으면 반란한다.

[張註] : 人心이 不服則叛也이라.

●해석● 사람의 마음이 복종하지 않으면 반란한다.

魏○小功不賞則大功不立, 小怨不拾大怨必生, 賞人恨之 罰人不甘心者叛　※ 拾: 주울 습

◀해석▶ 작은 공에 상을 주지 않으면 큰 공이 세워지지 않는다. 작은 원한을 거두어 담지 않으면 큰 원한이 반드시 생긴다. 상을 주고 원한을 가지게 하고 벌을 주고 마음으로 인정하지 않으면 반란한다.

[魏註] : 重賞之下 必有勇夫. 大人君子法象天地無不包容 不求小過于人 故天下無怨也. 功大而賞輕則恨起 過小而罰重則人必不甘.

◀해석▶ 상을 중하게 주는 아래에 용감한 장부가 반드시 있다. 대인군자는 천지를 본 따기 때문에 포용하지 않는 것이 없고 다른 사람에게서 작은 과실을 구하지 않기 때문에 천하에 원한이 없다. 공은 큰데 상이 적으면 원한이 일어나고 잘못이 적은데 벌이 무거우면 반드시 마음으로 인정하지 않는다.

79. 賞及無功하며 罰及無罪者는 酷하고 위노주에는 賞加無功者怨 無罪者 罰 善人彼其酷暴로 되어 있다.

◀해석▶ 상 내리는 것이 공이 없는 자에게까지 이르고 벌을 내리는 것이 무죄에까지 이르면 가혹하게 된다.

[張註] : 非所宜加者는 酷也이라.

◀해석▶ 마땅히 더해져야 하는 것이 아닌데 더해지면 가혹하게 되는 것이다.

魏○賞加無功者怨

◀해석▶ 상을 주는데 공이 없는 자가 더해지면 원한이 생긴다.

[魏註] : 無功者賞 有功者怨.

◑해석◐ 공이 없는데 상을 주면 공이 있는 자가 원한을 가지게 된다.

魏○罰及無罪者酷

◑해석◐ 벌이 죄가 없는 자에게까지 미치는 것은 혹독한 것이다.

[魏註] : 無罪者罰 善人彼其酷暴.

◑해석◐ 죄가 없는데 벌하면 착한 사람이 혹독하고 포악함을 입게 된다.

80. 聽讒而美하며 聞諫而仇者는 亡하고, 能有其有者는 安하고, 貪人之有者는 殘이니라 聽讒而美 聞諫而仇者는 위노주에 聽讒而美膳 聞諫如仇者으로 되어 있다 ※ 殘: 해치다 손상하다 죽이다 멸망하다

◑해석◐ 참람한 말을 듣고 아름답다고 하며 간언諫言을 듣고 원수같이 한다면 망하고, 있는 것을 있다고 할 수 있으면 편안하고 다른 사람이 가진 것을 탐하면 무너져 없어진다.

[張註] : 有吾之有則心逸而身安이라.

◑해석◐ 내가 가지고 있는 것을 있다고 하면 마음이 한가하고 몸이 편안하게 된다.

魏○聽讒如美膳 聞諫如仇者亡

◑해석◐ 참람한 말 듣기를 맛있는 음식 먹는 것과 같이 하고 충성된 간언 듣기를 원수를 만나듯 하면 망한다.

[魏註] : 樂讒言如飮美膳 聞忠諫似見仇讎 去道日遠 不亡何待.   ※ 膳: 반찬선

待: 기다릴대 대비할대)

◧해석▶ 참람한 말을 듣는 것을 맛있는 음식 먹듯이 하고 충성된 간언을 듣는 것을 원수를 만나듯하면 도리에서 날로 멀어져 망하지 않기를 어찌 기대 하겠는가.

魏○能有其有者安 貪人之有者殘 ※ 殘: 해치다 손상하다 죽이다 멸망하다

◧해석▶ 있는 것을 있다고 할 수 있으면 편안하고 다른 사람에게 있는 것을 탐하면 멸망하게 된다.

[魏註] : 能有其有者 滿而不溢 故安. 無道之君 貪人之有 非殘害者不可得也.
　　　※ 殘害;가혹하게 굴고 물건을 해침

◧해석▶ 있는 것을 있다고 할 수 있으면 가득차도 넘치지 않으므로 편안하다. 도리가 없는 군주는 다른 사람이 가진 것을 탐하여 가혹하게 빼앗지 않고는 얻을 수 없다.

右第五章은 言遵而行之者는 義也이라

우 제5장은 잘 지키며 행하는 것이 의義라는 것을 말하고 있다.

★ 위노주에 있으나 장상영주에 없는 문장은 다음과 같다.

魏59. 上下相違者散

◑해석◐ 상하가 서로 다르면 흩어진다.

[魏註] : 君臣貴和 患在不睦 上違下拒 可散可離

◑해석◐ 군신관계는 조화를 중요시하며 우환은 친목이 돈독하지 않은데 있다. 윗사람이 다르게 하고 아랫사람이 거절하면 가히 흩어지고 서로 멀어지게 된다.

魏60. 上下相怠者無功

◑해석◐ 상하가 서로 게으르면 공이 생기지 않는다.

[魏註] : 上下相承功齊天地 是非各異 何功而成

◑해석◐ 상하가 서로 이어가면서 공을 천지와 같이 크게 만든다면 시비가 각각 다른데 무슨 공을 이루겠는가.

★서로 자신의 공이 크다고 하면 각각 공의 기준이 다르므로 어떤 공도 이루지 못한다.

魏61. 上下相易者傾

◑해석◐ 상하가 서로 바뀌면 기울어진다.

[魏註] : 以勢奪權 以財易位 君臣俱傾危也

◑해석◐ 세력으로 권력을 빼앗고 재물로 권력의 자리를 바꾸면 군주와 신하가 모두 위태롭게 기울어진다.

安禮章 第六

81. 怨在不赦小過하며 患在不預定謀하고 福在積善하며 禍在積惡하고 赦는 위노주에 拾으로 되어 있다.　　※ 拾: 주을습

◘해석◘ 원망은 작은 과실을 용서하지 않는데 있고 우환은 예정된 모의를 예측하지 않는데 있다. 복은 선을 쌓는데 있고 화는 악을 쌓는데 있다.

[張註] : 善積則致於福하고 惡積則致於禍ㅣ니 無善無惡이면 則亦無禍福矣라.

◘해석◘ 선이 쌓이면 복에 이르고 악이 쌓이면 화에 이르게 되니 선과 악이 없으면 역시 화나 복이 없다.

[魏註] : 拾小過而怨是稀也. 不預定謀 臨難何悔. 積善之家 必有餘慶. 積不善之家 必有餘殃.

◘해석◘ 작은 잘못을 수습하면 원한은 거의 생기지 않는다. 정해진 모의를 예측하지 않으면 어려움에 닥칠 때 얼마나 후회스러울까. 선을 쌓는 집안은 반드시 경사가 넘치고 선하지 않는 것을 쌓는 집안은 반드시 재앙이 넘친다.

★ 患在不預定謀란 어떠한 일에 대해 어떤 일을 할 것이라는 것을 예측하지 못하면 우환이 생긴다는 것으로 유비무환(有備無患)과 비슷하다.

82. 飢在賤農하며 寒在惰織하고 安在得人하며 危在失事하고 富在迎來하며 貧在棄時하고 惰織은 위노주에 墮織으로 되어 있다 도장에는 危在失士로 되어 있다. 失士가 맞는 듯하다. 棄時는 위노주에 後時로 되어 있다

◐해석▶ 배고픈 것은 농사를 천시한 것이며 추운 것은 베 짜기를 나태하게 한 것이고, 편안함은 사람을 얻는데 있고 위험은 일을 놓치는데 있고, 부는 미래를 맞이할 준비하는데 있고 가난은 적절한 시기를 놓치는데 있다.

[張註] : 唐堯之節儉과 李悝之盡地利와 越王句踐之十年生聚와 漢之平準이 皆所以迎來之術也ㅣ라.

◐해석▶ 요임금이 근검, 절약한 것과 이회가 토지의 생산성을 최대한을 이용하도록 한 정책과 월왕 구천이 십년 동안 힘을 기른 것과 한나라 무제 때의 평준법 시행이 모두 미래를 맞이하는 기술이다.

[魏註] : 守天之道 分地之利 何有饑寒之也. 苟得其人 人必匡以政 故仁者安仁. 士有宣力 匡君竭誠爲主 反遭毁棄則賢者退 國必危亡也. 智者預謀 愚者後動.

◐해석▶ 하늘의 도리를 지키고 땅의 이로움을 나누면 어찌 기아와 추위로 고생함이 있겠는가. 어렵게 사람을 얻으면 그 사람은 정치를 바르게 하므로 인자가 인仁에 안주할 수 있다. 선비가 좋은 힘을 가지고 있으면 군주를 바르게 하고 정성을 다하는 것을 위주로 한다. 반대로 훼손하고 버리면 현자가 물러나니 국가는 반드시 위태롭고 망할 것이다. 지혜가 있는 자는 모의를 예측하고 어리석은 자는 뒤늦게 움직인다.　　※ 匡: 바를광 구제하다

★ 미래에 대한 준비를 하면 부자가 되고 적절한 시기를 놓치면 가난하게 된다.

★ **당요의 절검**唐堯之節儉
　　제요도당씨帝堯陶唐氏는 중국 신화 속 군주이다. 중국의 삼황오제三皇五帝 신화 가운데 오제 중 한분으로 요임금이다. 다음 대의 군주인 순舜과 함께 이른바 요순堯舜이라 하여 성군聖君의 대명사로 일컬어진다. 이름은 방훈放勳이며 당요唐堯 또는 제요도당帝堯陶唐으로도 부른다. 이는 요가 당唐 지방을 다스렸기 때문에 붙은 칭호이다. 요는 도당씨陶唐氏라고도 부르는데, 요가 처음에 도陶라는 지역에 살다가 당唐이라는 지역으로 옮겨 살았기 때문이라고 한다. 요임금은 근검하고 소박하여 궁전은 엉성하게 지은 초가였다고 하고 기둥이나 대들보도 산에

서 잘라온 거친 상태 그대로 썼다고 한다. 음식은 야채국과 거친 밥을 먹었으며 옷도 베옷이었고 추우면 사슴 가죽을 걸치고 지냈다. 그릇도 흙으로 빚은 것을 그대로 사용했다고 한다. (百度百科)

★ 이회李悝(BC455~395)

이회는 법가로 전국시대 위나라 위문후魏文侯 때 재상. 경제에서는 땅의 기운을 충분히 이용하도록 하는 진지력盡地力과 곡식 가격의 안정을 위한 선평적善平糴의 정책을, 정치에서는 세습귀족의 특권인 세경세록제도를 없애는 등 선현임능選賢任能, 상벌엄명賞罰嚴明의 법치를 하였으며 당시 각국의 법률을 모아 <법경>을 저술하였다. 그가 중농정책과 법치는 상앙과 한비자에게 영향을 크게 주었다.

전국 7웅七雄 가운데 가장 먼저 발전한 나라는 위였다. 위의 문후文侯는 이회李悝와 서문표西文豹를 등용하여 농업생산력을 증진시키는 한편, 오기吳起·악양樂羊 등의 장군을 기용하여 영토를 확대했다.

선평적善平糴은 이회가 실시한 변법變法으로 곡식이 남을 때 적정가격으로 사들였다 기근이나 수해가 났을 때 적정가격으로 팔아 곡식가격의 안정을 취하여 농민의 생산 활동을 적극적으로 장려하기 위한 제도다. (百度百科)

★ 월왕 구천의 십년생취

BC492년 월은 오나라를 공격하였는데 패하였다. 이때 월나라 왕인 구천은 오나라 왕인 부차에게 항복을 했다. 월나라 재상인 범려는 문종으로 하여금 월나라를 다스리게 하고 자신은 구천과 함께 오나라에 인질로 생활하기로 했다. 오나라는 오자서가 월왕인 구천을 살려두면 안된다고 주장하고 있었고 뇌물을 받은 태재인 백비는 풀어주자고 하는 쉽지 않은 상황이었다. 하인으로 생활하던 구천을 옆에서 보좌하며 오왕인 부차의 마음을 느슨하게 만들고자 미인 서시를 바치고 부차가 아플 때 대변 맛을 보아가며 왕의 회복을 기원하는 듯한 꾀를 낸 사람이 범려다. 한편 월나라에서는 문종이 다스리며 십년생취十年生聚라 하여 국가의 힘을 기르는 장기 계획을 진행하였다. 십년생취란 실력을 배양하여 원수를 갚고 치욕을 씻는 장기 계획을 말한다. 결국 월왕은 귀국하여 문종과 범려의 도움을 받고 자신은 쓸개를 맛보는 상담嘗膽을 하여 BC473년에 오나라를 멸망시키게 된다. (百度百科)

★ 한 나라의 평준법平準法

　　평준법은 한무제(BC.157-87 16세 즉위 54년 재위 서한 7대 황제)때 물가 안정법으로 평준관을 두어 각 지방의 물가를 조사하여 물가가 낮은 지역에서 매입하여 물가가 높은 지역에 매출하므로써 물가를 안정적으로 유지하게 하는 법이다. 이는 상홍양이 실시한 법이다. 이와 더불어 한무제는 소금, 철과 술을 전매하는 등을 통해 국가의 경제적 기반이 충실해지고 이는 무제가 대외적으로 대규모 전쟁을 할 수 있게 하였다. (百度百科)

83. 上無常躁면 下無疑心하고　　下無疑心은 위노주에 下多疑心으로 되어 있으나 下無疑心이 맞는 듯하다

◘해석◘ 윗사람이 평소 조급함이 없으면 아랫사람은 의심하지 않는다.

[張註] : 躁動無常하야 喜怒不節이면 羣情猜疑하야 莫能自安이라.

◘해석◘ 조급하게 움직이는데 일정함이 없어 예측할 수 없고, 기쁘고 화내는 것이 적절함이 없으면 모든 정이 시샘하고 의심하여 스스로 안정될 수 없다. ※ 猜: 시샘하다 의심하다 시

[魏註] : 君子居止不撓進退之儀 是為有德. 心若躁靜不常 喜怒不節 人皆莫測 故多疑生也. ※ 撓: 어지러울요 마음이 바르지 않다

◘해석◘ 군자는 행동거지가 진퇴에 위의威儀가 있어 흔들리지 않는 것은 이는 덕이 있는 것이다. 마음이 만약 조급하거나 평정하는 것이 일정하지 않고 기쁘고 화를 내는 것에 절도가 없으면 사람들이 모두 예측을 할 수 없기 때문에 많은 의심이 생기게 된다.

84. 輕上生罪하며 侮下無親하고

◘해석◘ 위를 가벼이 여기면 죄를 짓게 되며 아래를 무시하면 친할 사람이 없다.

[張註] : 輕上이면 無禮하고 侮下하면 無恩이라.

◉해석▶ 위를 가벼이 여기면 예의가 없어지고 아래를 무시하면 은덕이 없어진다.

[魏註] : 慢上招禍 侮下情疏 君臣旣疏 故無親也.

◉해석▶ 윗사람을 기만하면 화를 부르며 아랫사람을 업신여기면 정이 소원해진다. 군신이 이미 소원해지므로 친함이 없다.

85. 近臣을 不重이면 遠臣이 輕之하고   _{위노주에는 遠臣이 遠者로 되어 있다}

◉해석▶ 가까운 신하를 중하게 여기지 않으면 먼 신하도 그를 가벼이 여기고

[張註] : 淮南王이 言 去平津侯을 如發夢耳라.

◉해석▶ 회남왕이 평진후를 제거하는 것은 아주 쉬운 일이다라 하였다.

[魏註] : 欲仰其君 先觀其臣 良臣在朝 德先歸於君. 國無良臣 若車無輗也.
    ※ 車:수레거 바퀴거, 輗:수레초 적은차 초 小車遠望車운구차

◉해석▶ 군주를 우러러 보고자 할 때는 먼저 그 신하를 보고 훌륭한 신하가 조정에 있으면 덕이 먼저 군주에게 돌아간다. 국가에 훌륭한 신하가 없으면 바퀴 없는 수레와 같다.

★ 회남왕淮南王
    회남왕은 유안劉安(BC179-122)으로 한나라 고조高祖 유방의 손자며 유장劉長의 아들이다. 아버지 유장의 왕위인 회남왕을 이어 봉하여졌으나, 모반을 일으키다 미수에 그치게 되자 자살(BC122)하였다.

그는 <회남자>를 저술하였으며 <회남홍열淮南鴻烈>이라고도 하는데, 백과전서와 같은 잡가 雜家의 저작이다.

★ 회남왕 유장劉長의 사건
　유장은 문제 즉위 후 사소한 사건을 이유로 벽양후 심이기를 살해하고 천자와 마찬가지로 행세하고 마음대로 법령을 제정하고 천자만이 줄 수 있던 작위를 수여하는 등 문제를 일으켰다. BC174년 장안부근에서 반란을 일으켜 장안으로 소환되었으나 문제文帝는 유장을 형제라 하여 사형시키지 않고 촉으로 유배를 보냈다. 그는 유배 가던 중 자살하였다.

★ 평진후平津侯 : 한 무제 때 재상인 공손홍公孫弘을 말한다. 회남왕 유안이 모반하였을 때 재상이었다.

★ 발몽發蒙 : 물건의 덮개를 젖혀서 열음. 매우 쉬운 일을 말하며 사리에 어두운 것을 명백히 밝히는 것을 말함

★ 사기·회남형산열전《史記·淮南衡山列傳》54) : "欲如伍被計. 使人僞得罪而西 , 事大將軍 丞相, 一日發兵 , 使人卽刺殺大將軍靑, 而說丞相下之 , 如發蒙耳".

●**해석**● 오피의 계략대로 하고자 사람을 시켜 거짓으로 죄를 지은 것처럼 꾸며 서쪽으로 들어가 대장군과 승상을 섬기다 하루아침에 군사를 일으켜 그들을 시켜 대장군 위청을 찔러 죽이고 승상을 설득하여 항복하게 하는 것은 수건을 벗는 것처럼 쉬운 일이다.

★ 사기·급정열전《史記·汲鄭列傳》55) : "淮南王謀反叛. 憚黯. 曰 好直諫.守節死義. 難惑以非. 至於說丞相弘. 如發蒙振落耳"

●**해석**● 회남왕이 반란을 계획했을 때 급암을 두려워해서 말하기를 급암은 직간하기를 좋아하고 정절을 지켜 의롭게 죽으려 하지 아닌 것으로 현혹시키기 어렵다. 승상홍에게 말하는 것은 수건 벗는 것과 낙엽을 흔들어 떨어지게 하는 것과 같이 쉽다.

**★ 평진후 공손홍은 한 무제 때 직간直諫을 하는 신하인 급암汲黯과 마찰이 있었다. 급암은 한나

---
54) 四部備要 제15책 史記 中華書局 中國書店 影印 p1102　北京 1989
55) 四部備要 제15책 史記 상게서　p1110

라 때 직간을 하는 대표적 인물로 꼽히나, 공손홍은 황제에게 논의할 문제에 대해 대신들과 약속을 하였으나 황제 앞에서는 약속을 깨는 등 황제의 뜻에 따르는 신하였다. 이로 인해 급암은 공손홍이 제나라 사람이므로 제나라 사람은 속임수를 많이 써 믿음이 없다(齊地人多半欺詐詐而無眞情)라고 비난하였다. 결국 급암은 조정에서 소외되어 끝내 무제의 화를 사 관직에서 쫓겨났지만 무제의 뜻에 잘 맞춘 공손홍은 병으로 죽자 평진후로 봉해졌다.

★ 장상영의 주는 회남왕이 모반할 때 급암은 우내사右內史로 경기지역을 관할했는데 그의 명성을 아는 회남왕은 그를 부당한 이유로 유혹할 수 없고 공손홍은 쉽게 할 수 있다고 하여 나온 말이다. 여기서는 충신을 가까이 하지 않고 간신을 가까이 하면 멀리 있는 다른 사람들이 가까이 있는 간신을 우습게 안다고 한 것이다.

86. 自疑면 不信人하며 自信이면 不疑人하고

◐해석◑ 스스로 의심하면 다른 사람을 믿지 못하고 스스로 믿으면 다른 사람을 의심하지 않는다.

[張註] : 疑暗而信明也ㅣ라.

◐해석◑ 의심은 어둡고 믿음은 밝다.

[魏註] : 人君多自疑 不信忠直之言 若自誠信 則人化之情各盡誠 何勞疑矣.

◐해석◑ 군주가 스스로 의심이 많으면 충직한 말을 믿지 않는다. 만약 스스로 성실히 믿는다면 사람을 교화하는 정이 각각 정성을 다할 것이므로 어찌 의심하는 노고가 있겠는가.

87. 枉士난 無正友하며 曲上은 無直下하고   위노주에는 正友가 直友로 되어있다

◐해석◑ 구부러진 선비는 바른 친구가 없고 위를 굽게 하면 바른 아래가 없다.

※ 枉: 굽을 왕

[張註] : 李逢吉之友則八關十六子之徒ㅣ是也오 元帝之臣則弘恭石顯이 是也
ㅣ라.

●해석● 이봉길의 친구 즉 팔관십육자의 무리가 이 예이다. 원제의 신하 즉 홍공과 석현이 이 예이다.

[魏註] : 枉者 曲也. 夫好曲者必惡直 故云無直友也. 未有形正而影曲者 蓋上
不正即使下多委曲也.

●해석● 왕枉이란 구부러진 것을 말한다. 대개 구부러진 것을 좋아하는 자는 반드시 곧바른 것을 싫어하므로 바른 친구가 없다고 말한 것이다. 형체가 바른데 그림자가 굽어진 것이 아직 없다는 것은 대개 윗사람이 바르지 않으면 아랫사람으로 하여금 삐뚤고 구부러지게 하는 경우가 많다.

★ 이봉길李逢吉 (758-835年),
자字는 허주虛舟 , 농서고장(陇西姑臧:지금의 감숙성 농서현) 사람이다. 당 중기 때 재상을 지냈다. 그는 성격이 음험하고 매우 교활하였다. 명신名臣인 배도裴度를 배제하고 권구權圖, 왕수징王守澄과 결탁하여 우이당쟁牛李黨爭을 일으켰으며 우당牛黨의 대표인물이다. 당 헌종이 폭질로 말을 하지 못하자 환관인 양수겸, 유홍규, 왕수징 등과 의논하여 경왕景王 이담李湛을 황태자로 옹립하였다. 정주가 왕수징의 총애를 받는 것을 알고 정주에게 뇌물을 주어 왕수징의 단단한 지원을 받았고 이로써 마음대로 할 수 있게 되었다. 우당에는 장우신, 이속, 장권여, 유서초, 이우, 정석범, 강흡, 이봉길의 아들인 이훈 8명이다 이들을 팔관십육자八關十六子라 하며 청탁이 있으면 먼저 팔관에게 뇌물을 주고 나중에 이봉길에게 이르면 원하는 바를 모두 이룰 수 있었다.(百度百科)

★ 한 원제(BC74-33) 그의 아버지인 선제는 임종전에 원제를 위하여 악능후樂陵侯 사고史高를 중심으로 하여 태자태부太子太傅 소망지蕭望之, 소부少傅 주감周堪을 부로, 세 명이 정치를 보좌하게 하였다. 그러나 원제는 다재다능하고 근실했으나 우유부단하여 주견이 약하여 즉위 초기에 적절한 조정을 하지 못하고 의논이 길어지는 것을 싫어했다. 소망지가 이를 지적하자

환관인 중서령中書令 홍공弘恭, 복사僕射, 석현石顯 등의 질시를 받았다. 그들은 외척 등과 손을 잡고 공동으로 소망지에 대항하여 죽게 하였다. 소망지가 죽은 후 얼마 되지 않아 홍공이 죽자 석현이 중서령을 맡아 혼자 권력을 다 잡게 되었다. 원제 때는 환관인 홍공, 석현이 권력을 좌지 우지한데다 자연재해가 계속되었을 뿐 아니라 사회적 위기도 날로 심화 되어 한나라가 쇠퇴하기 시작한다.

★석현石顯은 자字가 군방君房이고 제남사람濟南人이다. 홍공弘恭은 패지사람沛地人이다.

★ 명종실록 16권, 명종 9년 6월 25일 갑오 2번째기사 1554년 명 가정(嘉靖) 33년
홍문관 부제학 정유길 등이 백성의 구휼 등에 대해 상차하다

○弘文館副提學鄭惟吉等上箚曰:

世道衰薄, 任字牧之責者, 不恤民隱, 愁嘆之聲, 每徹於黈纊之下, 乃朝廷今日之所共憂也。欲揀循良之吏, 少蘇民瘼, 故間有輟內補外之時, 亦出於不得已也。然經幄之臣, 輔養君德者也; 臺諫之官, 論政得失者也。其遴選之精, 責任之重, 比之州縣之官, 豈不大有逕庭乎? 西漢字牧最重, 由州縣入相者, 亦多有之, 而汲黯有補闕拾遺之請, 蕭望之有憂末忘本之憂。其內外之輕重, 古亦然矣。

[해석] 홍문관 부제학 정유길(鄭惟吉) 등이 상차(上箚)하기를,
"세상의 도의가 쇠퇴하여 자목(字牧)114) 의 책임을 맡은 사람이 백성들의 고통을 구휼하지 않아 슬퍼하고 탄식하는 소리가 매양 임금의 귓가에 사무치니 바로 오늘날 조정에서 함께 근심하는 바입니다. 이에 순량(循良)한 관리를 뽑아 보내 백성들의 고통을 다소나마 덜어주기 위해 간혹 내직을 면하고 외직에 보하는 일이 있는데, 이는 부득이한 데서 나온 일입니다. 그러나 경악(經幄)의 신하는 군덕(君德)을 보양하는 사람이요, 대간(臺諫)의 관리는 정치의 득실을 논하는 사람이니 선발할 때의 정밀함과 책임의 중대함은 주현의 지방관에 비교할 때 참으로 큰 차이가 있습니다. 서한(西漢)에서는 자목(字牧)을 가장 중하게 여겨 주현관(州縣官)을 지낸 후에 재상이 된 사람들이 많았는데도 급암(汲黯)115) 은 보궐(補闕)·습유(拾遺)하자는 청을 하였고 소망지(蕭望之)116) 는 지엽을 근심하다가 근본을 잊는다고 근심하였으니 내외(內外)의 경중에 대해서는 예전에도 그러하였습니다.

今者特輟侍從之臣, 命補于外, 此出於重民之盛意, 然臣等恐經幄之任, 反輕於州縣也。銓曹權衡人物, 雖曰職分, 內外輕重之分, 亦不可不慮, 而伏蒲之臣, 侍講之官, 一朝禀擬於通判之缺,【正言李瓘、校理李彥忠, 竝擬於寧邊判官望故云。】果何意耶? 近以侍從長官, 擅擬監司, 啓後日無窮之弊。公論之發未久, 推考之命纔下, 而聽若不聞, 復蹈前非, 是何强執自是, 心無顧忌, 若是之甚耶?

[해석] 요즘 특별히 시종(侍從)하는 신하를 면직시켜 외지에 전보하시니 이는 백성을 중하게 여기시는 아름다운 뜻에서 나온 것이기는 합니다. 그러나 신들은 경악의 임무가 도리어 주현의 수령보다 가벼워지지 않을까 염려됩니다. 전조(銓曹)에서 사람들을 뽑는 것이 비록 직분상의 일이라고는 하나 내외와 경중의 구분에 있어서는 생각하지 않을 수 없는데 복포(伏蒲)의 신하117)와 시강(侍講)하는 관리를 하루아침에 판관(判官)의 공석을 메꾸는 데 품의(禀擬)했으니【정언(正言) 이관(李瓘)과 교리(校理) 이언충(李彥忠)을 함께 영변 판관(寧邊判官)의 후보로 추천하였으므로 한 말이다.】과연 무슨 뜻에서입니까? 근래 시종의 장관을 멋대로 감사에 의망하여 뒷날의 무궁한 폐단을 열어 놓았으므로 공론이 나온 지 얼마 안 되고 추고하라는 명령이 겨우 내렸는데도 못들은 척하고 앞서의 잘못을 다시 범하니 어쩌면 스스로 옳다고 고집하여 꺼리는 마음이 없는 것이 이다지도 심합니까.

大抵君德日就, 內治日隆, 仁恩惠澤, 浹洽於遐邇, 則宣上德者, 自然有其人矣。伏願殿下, 重輔養諫諍之地, 以光聖德, 察內外輕重之殊, 以稱物情, 不勝幸甚。【是時侍從、臺諫, 若鄭浚、權容、李瓘, 俱出補外故言之, 其意蓋欲留之也。】

[해석] 대저 군덕(君德)이 날로 커지고 내치(內治)가 날마다 융성해져서 인은(仁恩)과 혜택이 온 나라에 널리 스며들게 되면 상덕(上德)을 펴는 사람은 자연히 있게 되는 것입니다. 바라건대 전하께서는 보양하고 간쟁하는 직을 능하게 여겨 성덕을 빛내고 내외 경중의 차이를 살펴 물정에 맞게 하시면 매우 다행이겠습니다."【이때 시종과 대간 중에 정준(鄭浚)·권용(權容)·이관(李瓘) 같은 자들을 모두 외직에 보하였기 때문에 말한 것인데, 그 뜻은 대체로 내직에 머무르게 하려는 것이었다.】하니,

答曰: "觀此箚辭, 所論當矣。然近年以來, 蒼生之困瘁, 莫此時甚, 而任字牧之責者, 不得其人, 剝割日極。當此之時, 特遣侍從之人, 不得已也。豈徒計內外輕重, 而不惠救民之方乎?" 又傳曰: "此則言其大槪耳。自祖宗朝, 亦有特遣侍從之時, 今之如此者, 亦爲赤子也。寧邊判官, 當別擇差, 故銓曹啓其意, 而自上令勿論臺諫、侍從而注擬也。此地人皆謀避, 而李瓘可合於其任, 故特遣之也。銓曹豈有他意?"

[해석] 답하기를, "이 차자의 내용을 보니 논한 바가 마땅하다. 그러나 근년 이래로 백성들의 고통이 지금보다 심한 때가 없는데 자목의 책임을 맡은 자가 적임자가 아니면 백성들이 수탈당하는 것이 날로 심해질 것이다. 그러니 이러한 때 시종하는 관리를 특별히 파견하는 것은 부득이한 일이다. 어찌 내외의 경중만을 헤아리고 백성을 구제하는 방법은 생각하지 않을 수 있겠는가."

하고, 또 전교하기를,

"이는 그 대개를 말한 것이다. 조종조에서도 시종을 특별히 보낸 때가 있었는데, 지금 이렇게 하는 것도 백성을 위해서이다. 영변 판관은 특별히 택차해야 하는 까닭에 전조에서 그 뜻을 아뢰었기에 내가 대간이나 시종을 가리지 말고 주의(注擬)하게 하였다. 이곳은 사람들이 모두 피하는 곳이고 이관이 그 임무에 적합하기 때문에 특별히 보내는 것이다. 전조가 어찌 딴 뜻이 있었겠는가."

하였다.

【태백산사고본】 11책 16권 70장 A면【국편영인본】 20책 212면

[註 114] 자목(字牧) : 수령을 말함.

[註 115] 급암(汲黯) : 전한(前漢)의 직신(直臣)으로 자는 장유(長孺)이며 복양(濮陽) 사람이다. 그는 황로(黃老)의 학설을 배워 관민(官民)을 다스릴 적에 청정(淸靜)함을 좋아해서 승사(丞史)를 가려 맡기고 대지(大旨)만을 독책했을 뿐이고 세밀하고 까다롭게 하지 않았다. 회양 태수(淮陽太守)로 있다가 졸했다. 《한서(漢書)》 권50 장빙급정전(張馮汲鄭傳).

[註 116] 소망지(蕭望之) : 전한(前漢)의 명신(名臣)으로 자는 장천(長倩)이며 동해 난릉(東海蘭陵) 사람. 벼슬은 태자 태부(太子太傅)에 이르렀다. 선제(宣帝)의 병이 중하자 유조를 받아 영상서사(領尙書事)가 되었고 원제(元帝)가 즉위하자 사부가 되어 이바지하는 바가 많았다. 후에 홍공(弘恭)·석현(石顯) 등 환관에게 모함을 받아 짐독(鴆毒)을 마시고

자살, 황제가 그 소식을 듣고 슬퍼하였다. 《한서(漢書)》 권78 소망지전(蕭望之傳).

[註 117] 복포(伏蒲)의 신하 : 한 원제(漢元帝)가 병이 들자 부소의(傅昭儀)와 정도왕(定陶王)이 늘 좌우에서 모셨고 황후와 태자는 이따금 나아가 뵈었다. 그러자 사단(史丹)이 직접 와내(臥內)로 들어가 청포(靑蒲)위에 엎드려 울면서 태자를 폐하고 다른 사람을 세우는 것은 옳지 않다고 간하였다. 《한서(漢書)》 권82 왕상 사단 부희전(王商史丹傅喜傳), 복포(伏蒲)의 신하란 이 고사에서 나온 말로 적간을 하는 신하라는 뜻이다.

★ 연산군일기 20권, 연산 2년 12월 11일 갑신 5번 째 기사 1496년 명 홍치(弘治) 9년

사헌부가 김효강·노사신 부자의 일로 상소하다

○司憲府上疏曰:

臣等以謂, 宦官用權, 爲國家患久矣。今出入宮禁, 親近人主, 受命則無違忤之患, 使令則有稱愜之効, 非如公卿大夫進見有時可嚴憚也。

[해석] 사헌부가 상소하기를,
"신 등이 보기에는, 환관이 권세를 부려 국가의 우환이 된 것은 오래되었습니다. 지금은 궁중[宮禁]에 출입하며 인군에게 친근하므로 명을 받으면 어기고 거스르는 우환이 없으며, 시키는 일은 마음에 맞는 효과가 있지만, 공경 대부를 수시로 진견함과 같지 않으니 〈환관을〉 엄히 대하고 거리낌이 있어야 합니다.

其間復有性識儇利, 承迎旨意, 巧中人主之欲, 多方以試之, 人主一惑, 墜吾術中, 則甘言卑辭之請, 浸潤膚受之愬, 無時不行。權移於近習, 而放濫驕溢, 莫能禁禦, 國欲無禍亂, 得歟? 明主深知其然, 灑掃之外, 不任以事, 不預以政。如或有罪, 小則刑之, 大則誅之, 不少寬假如此, 則雖使驕橫, 孰敢哉?

[해석] 그간에 다시 천성에 견식이 있고 영리한 자가 위의 뜻을 맞받아 가면서 인군이 하고 싶어 하는 것을 교묘하게 맞추고 여러 방면으로 시험합니다. 인군이 한 번 미혹하여 그 술수 중에 빠지면, 달콤한 말과 비굴한 언사로 하는 청구와 젖어들고 몸에 배어드는 하소연이 행하지 않을 때가 없어서 권세는 친근한 곳으로 옮겨지고 방자하고 외람되며 교만하고

지나친 짓을 금지하고 방어하지 못하는 것이니, 나라에 화란(禍亂)이 없기를 바란들 그렇게 될 수 있겠습니까. 밝은 인군은 그런 것을 깊이 알아서 소제나 하는 것 외에는 다른 일을 맡기지 않고 정사에 참여하지 못하게 하며, 혹 죄가 있을 때에는 작으면 형벌을 내리고 크면 베어서 조금도 용서하지 않았습니다. 이렇게 하면 교만 횡포라고 하더라도 누가 감히 하겠습니까.

臣等聞, 近者內需猾奴, 通同奸吏, 欺罔官司, 暗以公私臧獲, 錄於宣頭案。 厥後詐僞彰露, 其所錄人口, 已令給付官主, 國法已定矣。 今孝江不報於該司, 不告於政院, 專擅稟旨, 盡以宣頭案所錄公賤, 永不改易, 定爲恒制, 是孝江以一宦竪, 擅立國法, 操弄朝廷, 無所畏憚如此, 臣等恐弘恭、石顯復生於今日也。

[해석] 신 등이 듣건대 근자에 내수사(內需司)의 교활한 종이 간악한 서리와 함께 통하여 관청을 기망(欺罔)하고 남 모르게 공사 노비[臧獲]를 선두안(宣頭案)에 기록하였는데 그후에 거짓이 드러나서 그 기록한 인구를 관주(官主)에게 주라고 이미 명하였으니 국법은 벌써 정하여진 것입니다. 그런데 지금 김효강(金孝江)은 해사(該司)에 통보하지 않았고 승정원(承政院)에 알리지도 않았으며, 혼자서 품지(稟旨)를 마음대로 하여 선두안에 기록한 공천(公賤)495)을 영구히 고쳐 바꾸지 못하도록 하여 항구적인 제도로 확정하였습니다. 이것은 김효강이 한낱 고재[宦竪]로서 마음대로 나라 법을 만들고, 조정을 조롱한 것이니 두려워하고 거리낌 없음이 이와 같다면, 신 등은 홍공(弘恭)과 석현(石顯)496)이 다시 오늘에 나타날까 두렵습니다.

孝江之爲此, 有由然矣。 去歲內資官吏之罪, 用善得以擅啓, 而無刑譴; 洛山等寺之鹽, 孝江得以請賜, 而加寬典, 孝江安所懲艾, 而不敢恣乎? 殿下卽位以來, 欲臻至治, 而左右群竪, 恃恩專恣, 一至於此, 臣等不勝失望。 且內需所管之物, 非國公共之物, 乃殿下私藏也。 故孝江探伺旨意, 巧中殿下之欲, 以售其奸, 以固其寵, 此殿下之所深戒也, 而反釋不治何哉? 昔趙高有罪當死, 始皇以爲: "敏於事。" 赦之, 復其官, 卒貽二世之禍。 今殿下以孝江爲有勳勞也, 饒之而不治, 臣等恐孝江爲今日之趙高也。

[해석] 김효강이 이런 일을 한 것은 그 유래가 있어 그런 것입니다. 지난 해에 내자시(內資寺) 관리의 죄를 엄용선(嚴用善)이 제 마음대로 아뢰었는데도 형벌로 견책(譴責)함이 없었으며,

낙산사(洛山寺) 등의 소금을 김효강이 하사하기를 청하였는데도 너그러운 은전을 더하였으니 효강이 무엇에 징계되어, 감히 방자하지 못할 것이겠습니까. 전하께서는 즉위한 이래로 지극한 정치를 이루려고 하였는데도, 좌우의 내시들은 은혜를 믿고 제 마음대로 방자함이 이렇게까지 되었으니, 신 등은 실망을 금할 수 없습니다. 또 내수사에서 관장하는 물건은 이것이 국가의 공공한 물건이 아니요, 전하의 사사 물품입니다. 그러므로 김효강이 위의 뜻을 탐지하여 엿보면서 교묘하게 전하의 의도를 맞추어서 간악한 계교를 행사하여 전하의 총애를 굳게 하려는 것입니다. 이것은 전하로서 깊이 주의하여야 할 일인데, 도리어 놓아주고 다스리지 않으니 어찌된 일입니까. 옛날 조고(趙高)497) 가 죄를 져서 죽게 되었는데 시황(始皇)은 일에 민첩하다 하여 그를 용서하고 그 관직을 회복시켜 주었는데 끝내는 이세황제(二世皇帝)가 화를 당했던 것입니다. 지금 전하께서 김효강이 공로가 있다 하여 용서하고 다스리지 않는다면, 신 등은 김효강이 오늘의 조고가 될까 두려워합니다.

《易》曰: "履霜堅氷至。" 此言防微杜漸, 當謹於始也。今觀孝江之事, 氷已堅也, 而疾成膏肓, 豈不爲之寒心哉? 伏願殿下, 勿以臣等之言爲迂闊陳熟之言, 而更留三思。以歷代宦寺之禍, 爲覆車之鑑, 不饒孝江之罪, 以塞近習預政之源則宗社幸甚, 臣民幸甚。

[해석] 《역경(易經)》에 이르기를, '서리를 밟으면 다음에는 굳은 얼음이 된다[履霜堅氷].'고 하였습니다. 이것은 은미한 것을 방지하고 조짐을 막는데 시초에 조심하여야 함을 말한 것입니다. 지금 김효강의 일을 보면, 얼음은 이미 굳어지고, 병이 고황(膏肓)498) 을 이루었으니 어찌 한심한 일이 아닙니까. 삼가 아뢰옵건대, 전하께서는 신 등의 말이 오활 진부한 것이라 여기지 말고 다시 유의하여 세 번 생각하소서. 역대 환관의 화로 수레가 엎어졌던 것을 거울로 삼아, 김효강의 죄를 용서하지 않음으로써 근시들이 정치에 참여하는 근원을 막는다면 종사(宗社)에 매우 다행이며 신민에도 다행입니다." 하고,

仍啓: "法者, 朝廷大臣所商確而立。今者一老宦, 不由政院、該司, 擅自啓達立法, 此非漸也, 大奸已成矣, 請痛懲之。盧思愼父子, 或爲提調, 或爲該曹判書。當殿最之時, 父子同議, 於事體何? 請遞之。"

[해석] 이어 아뢰기를, "법이라는 것은 조정의 대신이 깊이 의논하여 만든 것인데, 지금 한 늙은 환관이 승정원이나 해사(該司)를 경유하지 않고 제 마음대로 아뢰어 법을 만드니, 이것

은 조짐이 아니라 큰 간악이 이미 이루어진 것이므로 통렬히 징계하기 바랍니다. 노사신(盧思愼) 부자가 혹은 제조(提調)가 되고 혹은 해조(該曹)의 판서가 되었으니 전최(殿最)499) 할 때를 당하여 부자가 함께 의논한다면 사체가 어떠하겠습니까. 갈으시기를 청합니다." 하니,

傳曰："孝江事，決不可聽也。然當觀疏意而更傳之。公弼事，蓋一諫官請立法，從而立法，則無乃不可乎？且一法立百弊生。先王朝已行之法何敢更改？"

[해석] 전교하기를, "김효강의 일은 결코 들어줄 수 없다. 그러나 상소 중의 뜻을 보아서 다시 전교하겠다. 노공필(盧公弼)의 일은, 한 간관(諫官)이 입법(立法)을 청한다 하여 거기에 따라 입법했던 적이 없었으니 불가하다. 또 한 가지 법을 만들면 많은 폐단이 생기는 것이다. 선왕조에서 이미 행하던 법을 어찌 감히 다시 고치겠느냐." 하였다.

【태백산사고본】 5책 20권 9장 A면【국편영인본】 13 책 171 면

[註 495] 공천(公賤) : 관청의 남녀 종.
[註 496] 홍공(弘恭)과 석현(石顯) : 모두 중국 한(漢)나라 원제(元帝) 때의 환관. 민첩한 언행으로 황제의 신임을 얻어, 중서령(中書令) 등 요직에 있으면서 국정을 마음대로 하였음.
[註 497] 조고(趙高) : 진(秦)나라의 환관.
[註 498] 고황(膏肓) : 불치의 고질.
[註 499] 전최(殿最) : 관원들의 성적고사.

88. 危國에 無賢人하며 亂政에 無善人하고 _{위노주에 賢人은 賢臣으로 되어있다}

◐해석◑ 위태로운 나라에 현인이 없고 어지러운 정국에 선한 사람이 없다.

[張註] : 非無賢人善人이나 不能用故也ㅣ라.

◐해석◑ 현인 선인이 없는 것이 아니라 쓸 수 없기 때문이다.

[魏註] : 夫國之起禍 如身之有疾 善攝養者不使困弊 善理國者不致顛危 用忠信之言 其禍可救 從無益之計 其國必危 國既危矣 賢人何救 故云無賢臣也. 上以風化下 故小人隨之也.

◉해석◗ 대개 국가에서 화가 일어나는 것은 몸에서 병이 생기는 것과 같다. 섭생을 잘하는 사람은 피곤하게 하지 않는다. 국가를 잘 경영하면 전복되는 위험에 이르지 않는데, 충성되고 믿음이 있는 말을 써서 화를 구할 수 있다. 무익한 계획을 따르면 그 나라는 반드시 위험하게 되고 국가가 이미 위험하면 현인이라 할지라도 어찌 구할 것인가. 그러므로 현명한 신하가 없다고 말한 것이다. 윗사람은 아랫사람을 바람처럼 교화시키므로 소인이 따르는 것이다.

89. 愛人深者난 求賢急하며 樂得賢者난 養人厚하고

◉해석◗ 사람을 사랑하는 것이 깊은 사람은 현인을 구하는 것을 급하게 하고, 현인을 얻는 것을 좋아하는 사람은 사람 기르는 것을 후하게 한다.

[張註] : 人不能自愛오 待賢而愛之하고 人不能自樂이오 待賢而養之라.

◉해석◗ 사람이 스스로 사랑할 수 없으면 현인을 기다려 사랑하고 스스로 즐거워 할 수 없으면 현인을 기다려 기른다.

[魏註] : 昔周公欲成大國之美 而求天下之賢 吐哺進賓 握髮待士 居上位而不驕 輔成大業 垂芳萬古 謂之聖人. 取魚必香餌 縻賢必厚祿 以香餌求魚 魚可竭 以厚祿養士 士畢至 故得天下賢人聚而歸之.

※ 哺: 씹어먹을포 口中嚼食, 握髮: 주공이 한 번 머리를 씻을 동안 여러 번 머리카락을 잡은 채 방문인사를 면접한 고사. 현인을 얻으려고 애씀, 垂芳: 垂美名於後世也, 餌:먹이이, 縻: 멜미 얽을미 고삐미

◀해석▶ 예전에 주공은 대국의 완성을 이루고자 하여 천하의 현인을 구하였는데 성왕을 보좌하여 섭정할 때 현인이 왔다고 하면 현인이 기다리지 않도록 하기 위해 식사 도중 씹던 밥을 뱉고 손님을 맞으러 나아갔고 머리를 씻고 있는 동안에도 젖은 머리카락을 잡은 채 여러 번 방문인사를 만났다. 높은 자리에 있으면서도 교만하지 않고 보필하여 대업을 이루어 아름다운 이름이 후대에 까지 전해져 성인이라 일컬어진다. 고기를 잡을 때는 반드시 향기 나는 미끼를 쓰고 현인을 모시는 데는 반드시 많은 녹봉을 써야 한다. 향기 나는 미끼로 고기를 잡으면 고기는 다 잡힐 것이고 많은 녹봉으로 선비를 기르면 선비는 마침내 찾아올 것이므로 천하의 현인이 모여 들것이다.

★ 자애自愛

문종실록 4권, 문종 즉위년 10월 10일 경진 6번째기사 1450년 명 경태(景泰) 1년
직제학 박팽년이 거인 자대, 수령의 체대, 학교의 진흥 등에 대해 상서하다

○集賢殿直提學朴彭年上書。其一曰:

今之士大夫之俗, 嗜利忌義, 依阿無節, 容悅勢利, 一資半級, 計出百端, 其狡如兔, 其媚如狐, 其繆結如蛇虺。每除書出, 人必指曰: "某也, 某之姻婭也; 某也, 某之交舊也。" 習俗至此, 因恬而不知怪, 用人有保擧之法, 而所薦皆干請之輩, 由是而欲賢才之進用, 不亦難乎? 或以謂: "申明保擧之法, 罪及擧主, 則弊可救也", 臣以爲不可。蘇軾嘗論擧主之法曰: "知人, 堯、舜所難。今日爲善, 而明日爲惡, 猶不可保。況於數十年之後, 其幼者已壯, 壯者已老, 而猶執一時之言, 使同被其罪, 不已過乎? 莫若令長官, 各察其屬, 屬有罪, 而長官不擧者, 同罪。 然則貪利小人, 無容足之地矣。" 臣亦持此論, 久矣。乞依唐擧人自代故事, 以觀人品, 又依軾論, 以察能否, 痛繩以法, 不少假借, 則庶乎可矣。人莫不自愛且重也, 誰肯擧不如己者, 以自代之, 而輕其身也? 況觀其所擧, 而擧之者之賢否自見。如所擧者稱而已, 果不稱, 則因以代之, 亦可也。此法一行, 則賢否自別, 一時人物, 不難知矣。貪者雖詐以爲淸, 不能者雖詐以爲能, 而以得一時之擧, 其貪其廉、其能與不能, 居官處事之際, 爲長官者, 必先知之。責長官, 以察其屬, 亦其理宜也。

[해석] ○집현전(集賢殿) 직제학(直提學) 박팽년(朴彭年)이 상서(上書)하였다. 그 첫째는 이

러하였다.

"지금의 사대부(士大夫)의 습속(習俗)이 이익을 탐내어 의리를 잊고 비위를 맞추고 아첨하여 절개가 없고 권세와 이익에 아부하므로, 1자급(資級) 반자급도 계책이 온갖 방면에서 나오니, 그 교활함이 토끼와 같고 그 아첨함이 여우와 같고 그 얽히고설키는 것이 독사와 같습니다. 매양 제서(除書)982 가 나올 때마다 사람들은 반드시 가르키기를, '아무개는 아무의 인아(姻婭)983 이요, 아무개는 아무의 사귀는 친구(親舊)이다.'고 하여, 습속이 이 지경에 이르렀으나 아무렇지도 않게 여기기 때문에 괴이(怪異)함을 알지 못합니다. 사람을 쓰는 데 보거(保擧)984 하는 법(法)이 있으나, 천거(薦擧)하는 바는 모두 벼슬을 간청(干請)하는 무리이니, 이로 말미암아 어진 인재(人才)를 진용(進用)하려고 하더라도 또한 어렵지 않겠습니까? 혹자는 '보거(保擧)하는 법을 거듭 밝혀 죄를 거주(擧主)985 에게 미치게 한다면 폐단을 구제할 수 있다.'고 생각하나, 신은 불가(不可)하다고 생각합니다. 소식(蘇軾)986 이 일찍이 거주(擧主)의 법을 논하기를, '사람을 알기란 요(堯) 순(舜)도 어렵게 여겼던 바이다. 금일에 잘 하다가 명일에 나쁘게 할른지를 오히려 보장할 수 없다. 하물며 수십 년 뒤에 있어서 그 어렸던 자가 이미 장년(壯年)이 되고, 장년이었던 자가 이미 늙은이가 되는데, 오히려 한때의 말을 가지고 같이 그 죄를 입게 하는 것은 너무 지나치지 않겠는가? 장관(長官)으로 하여금 그 요속(寮屬)을 살피게 하고 요속에 죄가 있는데도 장관(長官)이 거론하지 않는 경우에는 같이 죄를 주는 것만 같지 못하였다. 그렇게 되면 이익을 탐내는 소인(小人)은 발을 붙이지 못할 것이다.'고 하였는데, 신(臣)도 또한 이 의논을 지지한 지 오래입니다. 빌건대 당(唐)나라의 거인 자대(擧人自代)987 의 고사(故事)에 의하여서 인품(人品)을 보고, 또 소식의 의논에 의하여서 능하고 능하지 않은지를 살피고, 법으로써 엄격히 다스려 조금이라도 용서하지 않는다면 거의 옳을 것입니다. 사람은 자애(自愛)하고 자중(自重)하지 않는 이가 없는데, 누가 즐겨 자기와 같지 않은 자를 천거하여서 자기를 대신 시켜 그 처신을 가볍게 하겠습니까? 더구나 그 천거한 바를 보더라도 천거한 사람의 어질고 어질지 못함이 저절로 나타날 것인데, 만약 천거한 사람이 알맞다면 그만이지만, 과연 알맞지 않다면 잇달아 그를 대신시키는 것도 또한 가(可)합니다. 이 법이 한 번 시행되면 어질고 어질지 못함이 저절로 구별될 것이요, 한때의 인물도 알기가 어렵지 않을 것입니다. 탐오(貪汚)한 자가 비록 거짓으로 청렴(淸廉)한 체 하고, 능하지 못한 자가 비록 거짓으로 능한 체 하여서 한때의 천거(薦擧)를 얻더라도, 그 탐오하고 그 청렴하고 그 능하고 그 능하지 않음은 관(官)에게

거(居)하여 일을 처리할 즈음에 장관(長官) 되는 자가 반드시 먼저 알 것이니, 장관(長官)에게 책임 지워서 그 요속을 살피게 하는 것도 또한 이치가 마땅한 것입니다."

議政府議: "今考古制, 唐 德宗 建中元年制, 常參官及刺史授上, 訖三日內, 擧一人, 自代。 韓愈爲京兆尹, 擧馬摠, 自代; 爲潮州, 擧韓泰, 自代。 此非唐盛時之事也。 且令自代, 則是造化之權, 在於下矣, 不可擧行。" 從之。

[해석] 의정부(議政府)에서 의논하기를, "이제 옛 제도를 고찰하니, 당(唐)나라 덕종(德宗) 건중(建中) 원년(元年)에 상참관(常參官)과 자사(刺史)가 윗자리로 제수(除授)되면 곧 3일 안에 1인을 천거하여 자기를 대신시키는 법을 제정하였습니다. 한유(韓愈)988) 가 경조윤(京兆尹)이 되었을 때 마총(馬摠)989) 을 천거하여 자기를 대신하게 하였고, 조주(潮州)990) 의 장관이 되었을 때 한태(韓泰)991) 를 천거하여 자기를 대신하게 하였는데, 이것은 당나라가 성(盛)할 때의 일이 아닙니다. 또 자기를 대신하도록 한다면 이것은 조화(造化)992) 의 권한이 아랫사람에게 있게 되니, 거행(擧行)할 수가 없겠습니다." 하니, 임금이 그대로 따랐다.

【태백산사고본】 2책 4권 11장 A면【국편영인본】 6책 298면

[註 982] 제서(除書) : 나라에서 벼슬을 제수(除授)할 때 전조(銓曹)에서 임명된 관리의 명단을 적은 문안(文案)을 말함.
[註 983] 인아(姻婭) : 친척 관계.
[註 984] 보거(保擧) : 관리를 임명할 때 거주(擧主)가 후보자를 보증 천거하던 일.
[註 985] 거주(擧主) : 관리를 임명할 때 3망(三望)의 후보자를 천거하는 사람. 거주의 자격은 동반(東班)은 6품 이상이었고, 서반(西班)은 4품 이상이었으나, 대개 당상관(堂上官)인 경우가 많았음.
[註 986] 소식(蘇軾) : 중국 북송 시대 문인. 당송팔대가(唐宋八大家)의 하나.
[註 987] 거인 자대(擧人自代) : 사람을 천거하여 자기를 대신케 하는 법. 당(唐)나라 때 지방 장관이 체임(遞任)할 즈음에 자기를 대신할 사람을 스스로 천거하던 제도였음.
[註 988] 한유(韓愈) : 당(唐)나라 덕종 때 문인. 당송팔대가(唐宋八大家)의 하나.
[註 989] 마총(馬摠) : 당나라 덕종 때 문신.

[註 990] 조주(潮州) : 광동성(廣東省) 조안현(潮安縣).
[註 991] 한태(韓泰) : 당나라 덕종 때 문신.
[註 992] 조화(造化) : 자연이 만물을 낳고 죽임. 즉 임금이 벼슬을 임명하고 사면함.

90. 國將霸者난 士皆歸하며 邦將亡者난 賢先避하고 위노주에 賢士徵不歸 亡國之證 國之將亡賢士先出라 하였다

◑해석◐ 나라가 장차 패도를 잡으려하면 선비들이 모여들고 나라가 장차 망하려하면 현인이 먼저 도피한다.

[張註] : 趙殺鳴犢故로 夫子ㅣ 臨河而返하시고 微子去商과 仲尼去魯ㅣ 是也ㅣ라.

◑해석◐ 조간자가 두명독을 죽인 까닭에 공자께서 강에 이르렀으나 돌아가고 미자가 상나라를 떠나고 공자가 노나라를 떠난 것이 이런 예이다.

魏○賢士徵不歸 亡國之證

◑해석◐ 현명한 선비가 구하여도 돌아오지 않는 것은 망국의 증상이다. (徵부르다 구하다)

[魏註] : 君昏則賢去國 迎而不返者 是亡國之徵也

◑해석◐ 군주가 혼미하면 현명한 신하가 나라를 떠나고 맞아들여도 돌아오지 않는 것은 망국의 징조다

魏○國之將亡賢士先出

◑해석◐ 국가가 장차 망하려 하면 현명한 선비가 먼저 나간다.

[魏註] : 微子去商 仲尼去魯

◑해석◐ 미자가 상나라를 떠나고 공자가 노나라를 떠난 것이 그 예이다.

주해: 安禮

★ 맹자 이루離婁 장구하 권8[56]) : "孟子曰無罪而殺士則大夫可以去이오 無罪而戮民則士可以徙이니라"

◉해석◉ 맹자께서 말씀하시기를 죄가 없는데 선비를 죽이면 대부는 가히 떠날 것이요 죄가 없는데 백성을 죽이면 선비가 가히 떠날 것이라 하셨다.

★ **조살명독趙殺鳴犢**

◎ 사기·공자세가《史記·孔子世家권47》[57]) : "孔子旣不得用於衛 將西見趙簡子. 至於河而聞竇鳴犢舜華之死也, 臨河而嘆曰美哉水 洋洋乎. 丘之不濟此 命也夫. 子貢趨而進曰 敢問何謂也 孔子曰竇鳴犢舜華晉國之賢大夫也. 趙簡子未得志之時 須此兩人而后從政, 及其已得志 殺之乃從政. 丘聞之也 刳胎殺夭則麒麟不至郊, 竭澤涸漁則蛟龍不合陰陽, 覆巢毀卵則鳳皇不翔. 何則 君子諱傷其類也. 夫鳥獸之於不義也尙知辟之 而況乎丘哉. 乃還息乎陬鄕, 作爲陬操以哀之."

◉해석◉ 공자가 위나라로부터 이미 등용되지 못하자 서쪽으로 가 조간자를 만나려 했다. 하수에 도달해 두명독과 순화의 죽음을 들었다. 하수가에서 탄식하여 말하기를 '아름답구나 물이여 양양하구나 내가 이를 건너지 못하는 것은 운명이구나' 라 했다. 자공이 성큼 나아가 물었다. 감히 묻건데 무슨 말씀이십니까? 공자가 말하기를 두명독과 순화는 진국의 현명한 대부다. 조간자가 뜻을 얻지 못했을 때는 이 두 사람 말을 들은 후 정치를 했다. 뜻을 얻고 나니 죽이고 정치를 했다. 내가 듣기를 태아를 가르고 죽이면 기린이 그 지방에 오지 않고 못을 말려 고기를 다 잡으면 교룡이 알을 낳지 않고 새집을 엎어 알을 부수면 봉황이 날아들지 않는다 고 들었다. 그 이유는 군자가 같은 종류를 해쳤기 때문이다. 대개 새나 짐승이 불의에 대해 일찍이 알고 피하는데 하물며 내가 어찌 피하지 않겠는가. 이에 돌아서 노나라 추 땅으로 가 쉬면서 추조를 지어 슬퍼했다.

★ 조간자는 조양자의 아버지로 진晉으로부터 독립하여 세력을 가지고자 했다. 춘추시대 말 진나

---

56) 맹자 전게서 p209
57) 四部備要 제15책 사기 공자세가 전게서 p662,663

라는 여섯 명의 경이 세력을 차지하고 있었다. 이는 지씨, 범씨, 중항씨, 조씨, 한씨, 위씨다. 이 중 지씨가 가장 세력이 컸고 조씨, 한씨, 위씨로 세력이 좁혀지자 지씨는 이들을 모두 침략하려 했으나 오히려 조씨 즉 조양자에게 패하여 조씨, 한씨, 위씨가 진을 나누어 통치하게 되고 주나라로부터 BC403년 제후로 공식적인 인정을 받는다. 이를 삼가분진三家分晉이라 하며 전국시대의 시작으로 보기도 한다.

★ 명독鳴犢 : 두명독竇鳴犢, 진나라 대부로 조간자에게 죽임을 당했다.

★ **미자거상微子去商**

◎ 논어論語58)·미자微子 권18 : "微子는 去之하고 箕子는 爲之奴하고 比干은 諫而死하니라. 孔子曰 殷有三仁焉하니라
○微 箕 二國名. 子 爵也. 微子 紂庶兄. 箕子 比干 紂諸父. 微子見 紂無道去之以存宗祀. 箕子比干 皆諫, 紂殺比干 因箕子以爲奴, 箕子 因佯狂而受辱.
○三人之行 不同 而同出於至誠惻怛之意 故不咈乎愛之理 而有以全其心之德也. 楊氏曰 此三人者 各得其本心 故同謂之仁."

◐해석◑ 미자는 나라를 떠났고 기자는 노예가 되었고 비간은 간언을 하다 죽었다. 공작께서 은나라에 세 명의 인자가 있다고 하셨다.
○ 미, 기는 두 나라의 이름이다. 자는 작위다. 미자는 주왕의 서형이고 기자 비간은 주왕의 숙부다. 미자는 주왕이 도가 없음을 보고 역대 선조의 위패와 제기를 가지고 은상殷商을 떠나 주 무왕에게 투항하여 종사를 이어가게 했다. 기자 비간은 모두 간언을 하다 주왕은 성인은 심장에 구멍이 있다고 들었다며 비간의 심장을 꺼내 죽였고 그로 인해 기자는 노예가 되었고 기자는 미친 사람같이 행동하여 욕을 감수하였다.
○ 세 사람의 행동은 모두 다르나 모두 지성측달의 뜻에서 나온 것을 같으므로 사랑하는 도리에 어긋난 것은 아니며 온 마음을 다한 덕이 있는 것이다. 양씨가 말하기를 이 세 사람은 각각 그 본심을 얻은 것이므로 같이 인이라 말할 수 있다고 했다.

---

58) 논어 전게서 p375

★ 중니거노仲尼去魯

◎1. 맹자 만장萬章 장구 하 권10[59]) : "孔子之去齊에 接淅而行하시고 去魯에 曰遲遲라 吾行也이여하시니 去父母國之道也이라 可以速則速하며 可以久則久하맛 可以處則處하며 可以仕則仕는 孔子也이시니라

○接 猶承也. 淅漬米水也, 漬米 將炊而欲去之速故 以手承水取米而行 不及炊也. 擧此一端 以見其久 速仕止 各當其可也. 或曰 孔子去魯 不稅冕而行 豈得爲遲. 楊氏曰 孔子欲去之意 久矣, 不欲苟去故 遲遲其行也. 膰肉不至則 得以微罪行矣 故 不稅冕而行 非速也."

※ 稅: 脫과 同. 膰: 제지낸고기 번

●해석● 공자가 제나라를 떠날 때 물에 젖은 쌀을 건저 바로 떠나셨고 노나라를 떠날 때는 내 걸음이 느리도다 라 하시니 이는 부모의 나라를 떠나는 도리이다 빨리 떠나야 할 때 빨리 떠나고 오래 머물만하면 머물며 벼슬을 그만 둘 때 그만두고 벼슬을 해야 할 때면 벼슬을 하는 것이 공자이다

○ 접은 승과 같다. 석은 쌀을 물에 담그는 것이다. 쌀을 물에 담그는 것은 장차 취사할 때 빨리 가고자 하는 것이므로 손으로 물에서 쌀을 건져 갔지만 밥을 지은 것은 아니다. 이 일부를 보건데 오래 머물거나 빨리 가거나 벼슬하거나 멈추는 것은 각각 마땅히 가능한 것이다. 혹자가 말하기를 공자가 노나라를 떠날 때 면류관을 벗지 않고 가는 것인데 어찌 느린가 하였다. 양씨가 말하기를 공자가 가고자 하는 뜻이 오래되었고 구차히 가고자 하지 않기 때문에 가는 것이 느린 것이다. 제사지낸 고기가 도달하지 않으면 아주 가벼운 죄로 가는 것이다. 그러므로 면류관을 벗지 않고 가는 것이지만 빠르지 않았다.

◎2. 논어 미자微子 권18[60]) : "齊人이 歸女樂이어늘 季桓子이 受之하고 三日不朝한대 孔子이 行하시다

○季桓子魯大夫 名斯. 按史記 定公四十年 孔子爲魯司寇 攝行相事 齊人懼 歸女樂以沮之. 尹氏曰 受女樂而怠於政事如此 其簡賢棄禮 不足與有爲可知矣. 夫子所以行也 所謂見機而作 不俟終日者與."

---

[59]) 맹자 전게서 p261
[60]) 논어 전게서 p377

●해석● 제나라 사람이 여악을 보내자 계환자가 받고 삼일동안 조회를 하지 않자 공자께서 노나라를 떠나시다.

○계환자는 노나라 대부다 이름은 사다. 사기를 보건데 정공 사십년에 공자는 노나라 사구를 하여 재상의 일을 하고 있었다. 제나라 사람들이 두려워 여악을 보내 저지하려 했다. 윤씨가 말하기를 여악을 받고 정사에 태만한 것이 이와 같으니 현인을 소홀히 하고 예의를 무시하는 것이 부족함을 가히 알 수 있다. 공자가 행한 것은 기미를 보고 행한 것이지 종일 기다려 한 것이 아니다.

◎3. 사기 공자세가孔子世家[61] : "於是選齊国中女子好者八十人 皆衣文衣而舞康樂 文馬三十駟 遺魯君 陳女樂文馬於魯城南高門外. 季桓子微服往觀再三 將受 乃語魯君為周道游 往觀終日 怠於政事. 子路曰 夫子可以行矣. 孔子曰 魯今且郊 如致膰乎大夫, 則吾猶可以止. 桓子卒受齊女樂 三日不聽政 郊又不致膰俎於大夫. 孔子遂行, 宿乎屯. 而師己送 曰 夫子則非罪."

●해석● 이에 제나라 미녀 80명을 뽑아 모두 무늬있는 아름다운 옷을 입히고 강락무康樂舞를 가르쳐 무늬 있는 말 30필과 함께 노나라 군주인 정공定公에게 보냈다(BC496년). 무녀들과 무늬 있는 말을 노나라의 성 남쪽 높은 문 밖에 늘어놓았다. 계환자는 남의 눈에 띄지 않게 옷을 갈아입고 두세 번 가서 보고, 접수하려고 했으며, 이에 노나라 군주에게 두루 순회한다고 말하고, 종일토록 관람하며 정사를 태만히 했다. 자로가 선생님이 노나라를 떠날 때가 왔습니다라 말하자 공자께서 이제 곧 교제郊祭를 지낼 텐데 만약 그때 군주가 제사에 썼던 고기를 대부들에게 나누어주면 나는 그대로 여기에 남을 것이다라고 말씀하셨다. 계환자는 졸지에 제나라의 여악을 받아들이고는 사흘 동안 정사를 돌보지 않았다. 교제를 지내고도 제사에 썼던 고기들을 대부들에게 나누어주지 않았다. 공자는 드디어 노나라를 떠나 둔屯에서 묵었다. 악사 기己가 공자를 전송하며 말했다. 선생님은 죄가 없습니다 라 말했다.

◎4. **현종개수실록 14권, 현종 7년 2월 19일 경오 3번 째 기사 1666년 청 강희(康熙) 5년**
대사간 이은상이, 예송에 다른 의견을 낸 공조 정랑 김수흥의 사판 삭제를 청하다

---
61) 四部備要 제15책 사기 공자세가 전게서 p660

........"《朱文公家禮》《八月圖》曰: '庶母', 註云: "庶母則父之妾也。"《書傳》《微子篇》題曰: "微子 名啓, 帝乙長子, 紂之庶母兄也。"《論語》《微子篇》曰: "微子去之", 註曰: "微子, 紂之庶兄也", 小註云"《史記》、宋世家, 微子者, 殷帝乙子, 而紂之庶兄也。"《春秋》, 經曰: "大事于太廟, 躋僖公", 註云: "僖公、閔公之庶兄也。

[해석] 주문공《가례》팔모도(八母圖)에 '서모'라고 한 데 대한 주에 '서모는 아버지의 첩이다.' 했습니다.

《서전》미자편의 편제에 '미자(微子)의 이름은 계(啓)인데 제을(帝乙)의 장자이고 주(紂)의 서모형(庶母兄)이다.' 했습니다.

《논어》미자편에 '미자는 떠나갔다.' 한 주에 '미자는 주의 서형이다.' 하였고, 소주에 이르기를 '《사기》송세가(宋世家)에 의하면 미자는 은(殷)나라 제을(帝乙)의 아들이고, 주(紂)의 서형(庶兄)이다.'고 했습니다.

《춘추》의 경문에 '태묘에 큰 일이 있었는데 희공(僖公)을 제승하기 위한 것이다.' 한 주에 '희공은 민공(閔公)의 서형이다.'고 했습니다.

【태백산사고본】 14책 14권 38장 B면【국편영인본】 37책 484면

91. 地薄者난 大物不産하며 水淺者난 大魚不遊하며 樹禿者난 大禽不棲하며 林疎者난 大獸不居하고 _{위노주에는} 地薄者 大物不生 水淺者 大魚不遊 樹禿者 大鳥不栖 林疏者 大獸不居라 하였다

※ 禿: 머리빠질독 대머리독 민둥산독

■해석■ 땅이 척박한 곳에서는 큰 사물이 생산되지 않고 물이 얕은 곳에서는 큰 물고기가 놀지 않으며 가지가 적은 나무에는 커다란 날 짐승이 살지 않으며 숲이 우거지지 않은 곳에서는 큰 짐승이 살지 않는다.

[張註] : 此四者난 以明人之淺則無道德하고 國之淺則無忠賢也ㅣ라.

◉해석◉ 이 네 가지는 사람이 천박하면 도덕이 없고 국가가 천박하면 충신과 현인이 없다는 것을 명확히 한 것이다.

[魏註] : 此皆喩君德不廣 賢人無所容也.

◉해석◉ 이는 모두 군주의 덕이 넓지 못하고 현인이 포용하는 것이 없음을 비유한 것이다.

92. 山峭者난 崩하며 澤滿者난 溢하고

◉해석◉ 산이 높고 험하면 무너지고 연못이 가득차면 넘친다.

[張註] : 此二者난 明過高過滿之戒也 ㅣ라.

◉해석◉ 이 둘은 지나치게 높거나 가득 찬 것에 대한 경계가 분명하다.

[魏註] : 言山無基脚 峭拔而獨高必崩, 喩君無輔佐 而必政危亡. 澤不及江海之廣 而易爲滿溢 喩量狹之君 如澤之溢滿也.　　※ 脚: 다리각, 峭拔: 높이 빼어난모양

◉해석◉ 산을 지탱하는 기반이 없이 높이 빼어나 홀로 높으면 반드시 무너진다고 말하는 것은 군주가 보좌하는 신하가 없으면 반드시 정치는 위험하고 망하게 된다는 것을 비유한다. 못이 넓은 강과 바다에 이르지 못하면 쉽게 차고 넘치게 된다. 이는 도량이 좁은 군주는 못이 차고 넘치는 것과 같다는 것을 비유한다.

93. 棄玉取石者난 盲하며 羊質虎皮者난 辱하고　　棄玉取石者는 위 노주에 棄玉如石者로 되어 있다

◉해석◉ 옥을 버리고 돌을 취하는 자는 눈이 먼 것이고, 내용은 양이나 겉껍질은 호랑이인 자는 욕을 본다.

[張註] : 有目이나 與無目者로 同하고 有表無裏면 與無表로 同이라.

◐해석◑ 눈이 있으나 눈이 없는 것과 같고 겉은 있으나 속이 없으면 겉껍질이 없는 것과 같다.

[魏註] : 玉石不分 賢愚不辯 如其盲瞽也. 不量才而用人 德不稱其位. 喩虎皮致于羊身 豈不辱其威儀哉.　　※ 瞽:소경고

◐해석◑ 옥과 돌을 구분하지 않고 현명한 사람과 어리석은 사람을 구별하지 않는 것은 맹인이나 소경과 같다. 재능을 가늠하지 않고 사람을 쓰면 덕이 그 위치와 상응하지 않는다. 비유하자면 호랑이 가죽을 양의 몸에 덮은 것과 같으니 어찌 그 위의를 욕되게 하지 않겠는가.

94. 衣不擧領者난 倒하며 走不視地者난 顚하고

◐해석◑ 옷을 입고 깃을 세우지 않으면 넘어지고 달리면서 땅을 보지 않으면 엎어진다.

[張註] : 當上而下하고 當下而上이라.

◐해석◑ 마땅히 위에서 아래로 가고 마땅히 아래에서 위로 가는 것이다.

★ 絜維而目張 擧領而裘順 : 벼리를 끌어 당기면 그물코가 반드시 펼쳐지고, 옷깃을 들면 옷이 똑바로 들리듯이 하여(중종실록60권 중종22년12월21일)
★ 깃을 세운다는 것은 옷의 가장 중심이 되는 부분을 세운다는 것으로 넓은 의미로 보면 옷과 사람을 연결하는 중심이 옷깃으로 볼 수 있어 국가의 기강을 세우는 것과 같은 의미다

[魏註] : 擧衣不從領必倒 用人不量才必亂. 喩君子之德在乎寬審 不詳不審 必致顚墜也.

◐해석◑ 옷을 드는데 옷깃이 따르지 않으면 옷이 뒤집어지고 사람을 쓰는데 재능의 범위를

무시하면 반드시 혼란스럽게 된다. 이는 군자의 덕이 관용과 세심하게 살피는데 있다는 것을 비유한다. 상세하지 않고 세심하게 살피지 않으면 반드시 거꾸로 넘어져 추락하게 된다.

95. 柱弱者난 屋壞하며 輔弱者난 國傾하고

■해석▶ 기둥이 약하면 집이 무너지고 보필하는 사람이 약하면 나라가 무너진다.

[張註] : 才不勝任을 謂之弱이라.

■해석▶ 재능이 맡은 바 임무를 이기지 못하는 것을 약이라 말한다.

[魏註] : 峻宇必資於梁柱 明君須藉其良臣 輔佐非其人 如屋之無梁柱也 必致傾壞.　　※ 藉: 깔자 도울자 빌릴자

■해석▶ 높은 집은 반드시 동량과 기둥에서 비롯되고 밝은 군주는 모름지기 좋은 신하가 있어야 한다. 적절하지 않은 사람이 보좌하는 것은 집에 동량과 기둥이 없는 것과 같아서 반드시 기울어 무너지게 된다.

96. 足寒傷心하며 人怨傷國하고

■해석▶ 발이 추우면 심장을 상하고 사람이 원망을 하면 나라를 상하게 한다.

[張註] : 夫沖和之氣生於足而流於四肢호되 而心爲之君이니 氣和則天君이 樂하고 氣乖則天君이 傷矣라.

■해석▶ 대개 잘 어우러진 기운沖和之氣은 발에서 생겨 사지로 흐르는데 심장은 군주와 같으니 기가 조화로우면 천군心臟이 즐겁고 기가 어그러지면 천군이 상하게 된다.

주해: 安禮

[魏註] : 國以人爲本 明君能理民怨 常察民心 以遵所欲 太公曰國將亡而民先困也.

◑해석◐ 나라는 사람을 근본으로 하고 밝은 군주는 백성의 원망을 잘 처리할 수 있고 항상 백성의 마음을 살펴 백성들이 하고자 하는 바를 따른다. 강태공이 말하기를 국가가 망하려면 백성이 먼저 곤궁해진다고 하였다.

97. 山將崩者난 下先墮하며 國將衰者난 人先弊하고 위노주에

97, 98이 같이 이어져 있으며 山欲崩者先虧基 國將衰者人先弊 根枯枝朽 人困國殘라 하였다

◑해석◐ 산이 장차 무너지려면 아래가 먼저 떨어지고 국가가 장차 쇠약해지려면 사람들에게서 먼저 폐해가 나타난다.

[張註] : 自古及今에 生齒富庶하며 人民康樂而國衰者ㅣ 未之有也ㅣ라.

◑해석◐ 옛날부터 지금까지 백성이 많고 부유하며 건강하고 즐거우면서 나라가 쇠약한 경우는 아직 없다. ※ 生齒: 백성, 이가 난 이상의 사람들을 말하며 백성을 뜻한다. 富庶: 부유하고 많은 백성

魏○山欲崩者先虧基 國將衰者人先弊 根枯枝朽 人困國殘

◑해석◐ 산이 무너지려 하면 먼저 기저부분이 훼손되고 국가가 장차 쇠퇴하려 하면 사람이 먼저 폐해를 입는다. 뿌리가 마르면 가지가 시들고 사람이 곤궁해지면 국가가 쇠잔해진다.

[魏註] : 山以基爲本 樹以根爲本 言亡其本 皆無以立也.

◑해석◐ 산은 아래의 기초가 근본이고 나무는 뿌리가 근본이 되며 근본이 없다는 말은 모두 설 수 없는 것이다.

98. 根枯枝朽하며 人困國殘하고

●해석● 뿌리가 마르면 가지가 썩으며 사람이 곤란해지면 국가가 무너진다.

[張註] : 長城之役이 興而秦殘하고 汴河之役이 興而隋殘이라.

●해석● 장성의 노역이 심하여 진나라가 망하고 변하의 노역이 심하여 수나라가 망하였다.

[魏註]에는 97과 같이 이어져 있다.

★ 진나라 시황제는 만리장성을 위해 많은 백성들을 동원하였고, 수나라 양제는 무리하게 대운하의 토목공사를 벌리고 40여개의 행궁을 짓고 호화로운 뱃놀이를 하였고 전쟁 특히 3차에 걸친 고구려 침공으로 백성을 동원하여 많은 피해를 주었다. 결국 두 나라 모두 백성을 무리하게 동원하여 망하게 되었다.

99. 與覆車同軌者난 傾하며 與亡國同事者난 滅하고

●해석● 넘어진 차와 궤도를 같이 하면 기울게 되고 망하는 나라와 같이 일을 하면 멸망한다.

[張註] : 漢武ㅣ 欲爲秦皇之事라가 幾至於傾호되 而能有終者난 末年에 哀痛自悔也ㅣ라 桀紂난 以女色亡而幽王之褒姒ㅣ 同之하고 漢은 以閹宦亡而唐之中尉ㅣ 同之라.

●해석● 한 무제가 진나라 시황제의 일을 하려하다 거의 기울어지는 지경에 이르렀으나 능히 그칠 수 있었지만 말년에 가서 애통해하고 스스로 후회를 했다. 걸과 주는 여색으로 망하고 유왕이 포사로 망한 것이 같고 한나라는 환관으로 망하였는데 당나라의 중위가 이와 같다.   ※ 閹: 내시 환관엄

[魏註] : 前車已覆 後車宜改轍 亡國之令 亦宜改之 反與同行 自貽傾滅也.
         ※ 轍: 바퀴자국 철 흔적 철, 貽: 끼칠 이 남기다 전하다

◐해석▶ 앞에 가는 차가 이미 엎어지면 뒤에 가는 차는 마땅히 궤도를 달리해야 한다. 망한 국가의 명령 역시 바뀌어야 마땅하나 반대로 앞 차와 같이 간다면 스스로 기울어 멸망하게 되는 것이다.

★ 신책군은 당 현종 때 돌궐인으로 명장인 가서한哥舒翰이 만든 부대로 754년 조정의 비준을 받았고 755년 안사의 난 때 활약을 하였다. 당 덕종이후에 신책군神策軍으로 하여금 천자의 호위군인 금군禁軍으로 했는데 신책군에 호군중위護軍中尉를 설치하여 전적으로 환관이 담당하도록 하여 금군의 병사를 통솔하였다. 덕종은 783년 주지朱泚가 반란을 일으켜 봉천으로 피난 간다. 장안으로 돌아온 뒤 연호를 정원(785-805)으로 바꾸고 이때부터 환관이 금군을 통솔한다. 결국 당은 환관으로 인해 멸망하게 된다. (百度百科)

100. 見己生者난 愼將生하며 惡其跡者난 須避之하고　위노주에
　　　見已往 愼將來 惡其跡者豫避라 하였다

◐해석▶ 이미 생겨난 것을 보고 장차 생길 것에 대해 신중히 해야 하며, 그 족적을 싫어하면 모름지기 피해야 한다.

[張註] : 己生者난 見而去之也오 將生者난 愼而弭之也ㅣ라 惡其跡者난 急履而
　　　　惡路ㅣ不若廢履而無行이오 妄動而惡知ㅣ不若絀心而無動이라.

◐해석▶ 이미 생겨난 것은 보고서 버려야 하고 장차 생겨날 것은 신중히 그쳐야 한다. 그 흔적을 싫어하면 급히 밟아서 나쁜 길을 가는 것보다 신을 버리고 다니지 않는 것만 못하고, 망동하여 알려지는 것이 싫어하는 것보다 마음을 버리고 움직이지 않는 것만 못하다.
※ 弭: 활고자 각궁미 중지하다 그치다미,　絀: 꿰멜출 물리칠출 굽힐 출

魏○見已往 愼將來 惡其跡者豫避

◐해석▶ 이미 지나간 것을 보고 장차 올 것에 대해 신중해야 하며 그 족적을 싫어하면 미리 피해야 한다.

[魏註] : 察彼興亡之道 可見吉凶之源 惡跡之人宜改而避之 終無累也.

◐해석▶ 남의 흥망한 길을 살피면 길흉의 근원을 볼 수 있을 것이니 나쁜 족적을 가진 사람은 마땅히 바꾸고 피해야 끝내 연루됨이 없을 것이다.

101. 畏危者난 安하며 畏亡者난 存하나니

夫人之所行이 有道則吉하고 無道則凶이라 吉者난 百福所歸오 凶者난 百禍所攻이니 非其神聖이오 自然所鍾이니라   畏亡은 위노주에 懼亡으로, 非其神聖은 非曰神聖으로 되어 있다.

◐해석▶ 위험을 두려워하면 안전할 수 있으며, 망하는 것을 두려워하면 계속 존재할 수 있다. 대개 일을 할 때 도도가 있으면 길하고 도도가 없으면 흉하게 된다. 길하다는 것은 백가지 모든 복이 모이는 것이고 흉이란 백가지 모든 화가 공격하는 것이니 신이나 성인이 아니라도 복과 화가 자연히 모이게 된다.   ※ 鍾: 모을종聚也

[張註] : 有道者난 非以求福而福自歸之하고 無道者난 畏禍愈心而禍愈攻之하나니 豈有神聖이 爲之主宰리오 乃自然之理也ㅣ라.

◐해석▶ 도도가 있는 자는 복을 구하지 않아도 복이 저절로 들어오고, 도도가 없는 자는 화를 마음으로 두려워할수록 화가 더 공격하니 어찌 신성이 있다 한들 마음대로 통제할 수 있겠는가. 이는 자연의 섭리이다.

[魏註] : 君子居安思危 所以長久. 不思不慮 恣情所欲 自取傾亡也. 周公文王以德伏諸侯而天下歸之, 有兵不戰而取勝 有城不備而無敵, 子孫相承八百餘年 謂之吉君. 桀紂之君縱彼兇暴 以酒爲池 以肉爲林 積財如丘, 以募勇士能拔山扛鼎者 能陸地行舟者 能舒鉤斷索者 勇力之人可及數千 立見亡敗 身首異處 子孫滅亡 無道雖縱於一時 醜名自彰於百代 豈不哀哉. 君行仁德 衆所歸之而成福 君行暴虐 衆所攻之而致禍. 黃石公謙言云 非吾能致人之吉凶 乃隨人之

所爲而致其禍福也.　　　　※ 募:모으다,　扛:들강 두손으로 들다,　舒: 펼서　鉤: 갈고랑쇠구,
　　　　索: 찾을색 동아줄노, 謙: 겸손할겸공손할겸

■해석▶ 군자는 편안할 때 위험하게 될 경우를 생각하므로 오래 가는 것이다. 사려하지 않고 하고 싶은 대로 정에 따라 행동하면 스스로 기울어 망하게 되는 것이다. 주공과 문왕은 덕으로 제후를 감복시켜 천하를 돌아오게 하였다. 병사가 있었으나 싸우지 않고 승리를 거두었고, 성이 있으나 방비를 하지 않아도 적이 없었고, 자손이 팔백여년 이어갔으니 길한 군주라 말한다. 걸임금과 주임금은 그들의 흉악하고 포악함을 따라 술로 못을 만들고 고기로 숲을 만들며 재물을 언덕과 같이 쌓아두었으며, 용사를 모집하여 산을 뽑고 쇠솥을 들게 할 수 있는 사람도 있었고, 육지에 배를 다니게 할 수 있게 하는 사람도 있었고, 능히 쇠갈고리를 잡아 길게 늘일 수 있거나 밧줄을 끊을 수 있는 자도 있었고, 힘을 쓰는 사람은 가히 수천 명에 이르나 모두 패망하여 몸과 머리가 서로 다른 곳에 떨어져 묻혀있고 자손은 멸망하였다. 도道가 없어도 잠깐은 추종하지만 추한 이름이 백대에 걸쳐 들어나니 어찌 슬프지 않겠는가. 군자는 인과 덕을 행하여 대중이 따르는 바가 되니 복을 이룬다. 군자가 포학한 행동을 하면 대중이 공격하여 화를 부르게 된다. 황석공이 겸손하게 말하기를 내가 사람을 길흉에 도달할 수 있게 하는 것이 아니라 사람들이 스스로 하는 바에 따라 화와 복에 도달하는 것이라고 말하였다.

102. 務善策者난 無惡事하며 無遠慮者난 有近憂니라　　有近憂는
　　　위노주에 無近憂라 하였다

■해석▶ 좋은 책략에 힘쓰면 나쁜 일이 없고, 멀리 염려하지 않는 것은 가까이에 우환이 있는 것이다.

[張註] 에는 주가 없다

[魏註] : 君子不務善策　如木不從繩　不有遠慮　其何免于憂乎
　　　　※ 策: 꾀책　簡冊(=簡策)책

◐해석◑ 군자가 좋은 정책에 힘쓰지 않는 것은 나무를 끈으로 묶지 않는 것과 같고, 멀리를 염려하지 않으면 어찌 근심을 면할 수 있겠는가.

★ '구슬이 서 말이라도 꿰어야 보배'
★ 옛날에는 책을 만들 때 나무에 글을 써 끈으로 묶었다. 나무를 끈으로 묶지 않는 다는 것은 책으로 만들어지지 않은 것을 뜻하기도 한다.

이하 103부터는 장주에만 있고 위노주에 문장이 없다.

103. 同志相得하며

◐해석◑ 같은 뜻은 서로 얻는다.

[張註]: 舜則八元八凱오 湯則伊尹이오 孔子則顔淵이 是也ㅣ라.

◐해석◑ 순임금은 팔원팔개를 얻었고 탕임금은 이윤을 얻었고 공자는 안연을 얻은 것이 이 예이다.

★ 팔원팔개八元八凱

◎1. 영조실록 119권, 영조 48년 9월 2일 甲午 1번 째 기사 1772년 청 건륭(乾隆) 37년
예조 판서 심각이 삼명일의 경사를 치를 것을 아뢰다

○甲午/上御集慶堂, 藥房入診。禮曹判書沈瑴曰: "三名日陳賀, 載在典禮, 今年則固當稱慶, 以表歡忭之忱。" 上曰: "其於太康何?" 瑴曰: "虞舜坐於南薰殿上, 與八元八凱, 彈五絃之琴, 歌南風之曲, 上下同樂, 亦似太康, 而經史未聞以太康書之矣。" 上笑曰: "禮判之言, 質實矣。" 右議政元仁孫曰: "殿下旣知其如此, 則何不許之耶?" 上曰: "唐宗雖曰千秋節, 豈有受賀之事乎? 雖細事, 予定固矣。"

[해석] 임금이 집경당에 나아가니, 약방에서 입진하였다. 예조 판서 심각(沈鏠)이 말하기를, "삼명일(三名日)220) 의 진하(進賀)는 전예(典禮)에 실려 있으니, 금년에는 마땅히 경사를 치러서 기뻐하는 정성을 표시해야 합니다." 하니, 임금이 말하기를, "태강(太康)은 어떠한가?" 하니, 심각이 말하기를,"우순(虞舜)은 남훈전(南薰殿) 위에 앉아서 팔원 팔개(八元八凱)221) 와 함께 오현금(五絃琴)을 타고 남풍곡(南風曲)을 노래하면서 상하가 함께 즐거워하여 역시 태강(太康)한 듯하였으나 경사(經史)에 태강하다고 썼다는 말을 듣지 못하였습니다." 하니, 임금이 웃으면서 말하기를, "예조 판서의 말은 질실(質實)하다." 하매, 우의정 원인손이 말하기를, "전하께서 이미 그러하심을 아시면서 어찌 허락하지 않으십니까?" 하니, 임금이 말하기를, "당태종(唐太宗)에게 비록 천추절(千秋節)이 있었으나 어찌 수하(受賀)하는 일이 있었던가? 비록 세세한 일이기는 하나 내가 굳게 정하였다." 하였다.

【태백산사고본】 79책 119권 24장 A면【국편영인본】 44책 435면

[註 220] 삼명일(三名日) : 정조(正朝)·동지·임금의 탄일.
[註 221] 팔원 팔개(八元八凱) : 순(舜) 임금의 훌륭한 신하들. 팔원은 고신씨(高辛氏)의 아들로 백분(伯奮)·중감(仲堪)·숙헌(叔獻)·계중(季仲)·백호(伯虎)·중웅(仲熊)·숙표(叔豹)·계리(季貍). 팔개는 고양씨(高陽氏)의 아들로 창서(蒼舒)·퇴애(隤敳)·도인(檮戭)·대림(大臨)·방강(尨降)·정견(庭堅)·중용(仲容)·숙달(叔達).

◎2. 영조실록 42권, 영조 12년 7월 2일 갑오 2번 째 기사 1736년 청 건륭(乾隆) 1년
소대에서 후주의 세종이 직접 정벌에 나섰기에 자만심이 생긴 것을 보고 경계하다

○上行召對。 上曰: "周 世宗親征事, 斷則斷矣, 而自此有自足之心, 是可爲戒。 " 參贊官金尙星曰: "聖敎誠然。 周 世宗不過五季中翹楚, 而雖古昔聖王, 亦必以自滿爲戒。 蓋此心一萠, 則德業不進, 言路閉塞。 堯、 舜事業, 不過聖不自聖而已, 願殿下勉焉。 " 上曰: "自足者便是退步也。 聖人猶有不足之心, 況中人乎? 李奉朝賀亦以自滿陳戒, 而予之自期, 不如是焉。 人君無獨爲之事, 以堯、 舜之聖, 猶擧八元八凱。 君臣有相須之義, 一人何可自用而獨運乎?"

[해석] 임금이 소대를 행하였다. 임금이 이르기를, "후주(後周)의 세종(世宗)이 직접 정벌(征伐)에 나섰던 일은 결단으로는 옳은 결단이었지만, 이로부터 스스로 만족해 하는 마음을 지니게 되었으니, 이는 경계해야 될 일이다." 하니, 참찬관(參贊官) 김상성(金尙星)이 말하기를, "성교(聖敎)가 진실로 옳습니다. 후주의 세종은 오대(五代) 때의 뛰어난 임금에 불과하였습니다. 옛날의 성왕(聖王)들도 반드시 자만(自滿)을 경계로 삼았었습니다. 자만심이 한 번 싹트게 되면 덕업(德業)이 향상되지 않고 언로(言路)가 폐쇄되어 버리니, 요순(堯舜)의 사업도 성인(聖人)이면서 스스로 성인이라고 여기지 않은 데 불과할 따름입니다. 바라건대, 전하께서는 면려하소서." 하자, 임금이 이르기를, "스스로 만족한다는 것은 곧 퇴보(退步)하는 것이다. 성인도 늘 자신이 부족하다는 마음을 지니고 있었는데, 더구나 중인(中人)이겠는가? 봉조하(奉朝賀) 이광좌(李光佐) 또한 자만에 대해 진계(陳戒)하였는데, 내가 스스로 기약하는 것은 이와 같지 않다. 인군(人君)은 혼자서 하는 일이 없으니 요순(堯舜) 같은 성인으로서도 오히려 팔원 팔개(八元八凱)317)를 거용(擧用)하였다. 군신(君臣)은 서로 돕는 의리가 있는 것인데, 한 사람이 어떻게 자신의 마음대로 혼자서 운용할 수가 있겠는가?" 하였다.

【태백산사고본】 32책 42권 1장 A면 【국편영인본】 42책 510면

[註 317] 팔원 팔개(八元八凱) : 여덟 명의 선량한 사람과 여덟 명의 화합(和合)한 사람. 팔원은 고신씨(高辛氏) 때의 재자(才子)인 백분(伯奮)·중감(仲堪)·숙헌(叔獻)·계중(季仲)·백호(伯虎)·중웅(仲熊)·숙표(叔豹)·계리(季狸)이고, 팔개는 고양씨(高陽氏) 때의 재자(才子)인 창서(蒼舒)·퇴고(隤鼓)·도연(檮戭)·대림(大臨)·방강(尨降)·정견(庭堅)·중용(仲容)·숙달(叔達)임.

★ 이윤伊尹:

(BC1649-1550) 하말상초夏末商初 때의 정치가 사상가로 상나라 개국공신이며 도가학파의 창시자 중 한 사람이다. 그는 상나라 탕왕을 도와 하나라의 걸왕을 무찔렀으며 윤(尹:승상)으로 추대되어 이윤이라 불리 운다. 그는 상나라 5대에 걸쳐 50여 년간 군주를 모셨다.(百度百科)

주해: 安禮

★ 맹자62) 만장萬章 하에 **이윤, 백이, 유하혜, 공자**를 **비교**한 글이 있다.

◎孟子曰 伯夷는 目不視惡色하며 耳不聽惡聲하고 非其君不事하며 非其民不使하여 治則進하고 亂則退하여 橫政之所出과 橫民之所止에 不忍居也하며 思與鄕人處하되 如以朝衣朝冠으로 坐於塗炭也러니 當紂之時하여 居北海之濱하여 以待天下之淸也하니 故로 聞伯夷之風者는 頑夫廉하며 懦夫有立志하나라』

◐해석◑ 맹자께서 말씀하시기를 백이伯夷는 눈으로는 나쁜 색을 보지 않고, 귀로는 나쁜 소리를 듣지 않고, 섬길 만한 군주가 아니면 섬기지 아니하며, 그 부릴 백성이 아니면 부리지 아니하여, 다스려지면 나아가고 혼란하면 물러서며, 나쁜 정치가 나오는 곳과 나쁜 백성들이 거주하는 곳에는 거처하는 것을 참지 못하며, 향인鄕人들과 더불어 거처함을 생각하는 것이 마치 조복朝服과 조관朝冠으로 도탄塗炭에 앉은 듯이 여기더니, 주紂의 때에는 북해의 물가에 거처하면서 천하가 맑아지기를 기다렸다. 그러므로 백이의 풍風을 들은 자들은 분별없는 완고한 지아비가 분별이 생기게 되고, 유약한 지아비가 뜻을 세우게 된다고 하셨다.

○橫 謂不循法度. 頑者 無知覺, 廉者 有分辨. 懦 柔弱也. 餘 並見前篇
◐해석◑ ○횡은 법도를 따르지 않음을 이른다. 완은 지각이 없는 것이다. 염은 분별이 있는 것이다. 나는 유약한 것이다. 나머지는 전편前篇에 있다.

伊尹이曰 何事非君이며 何使非民이리오하여 治亦進하며 亂亦進하여 曰 天之生斯民也는 使先知로 覺後知하며 使先覺으로 覺後覺이시니 予는 天民之先覺者也이로니 予將以此道로 覺此民也이라하며 思天下之民이 匹夫匹婦이 有不與被堯舜之澤者이어든 若己이 推而內之溝中하니 其自任以天下之重也이니라』

◐해석◑ 이윤이 말하기를 어느 사람을 섬기든 군주가 아니면, 어느 사람이든 부리면 백성이 아니겠는가 하여, 세상이 다스려져도 나아가며 혼란해도 나아가서, 말하기를 하늘이 이 백성을 낸 것은 먼저 안 사람으로 하여금 뒤늦게 아는 사람을 깨우쳐주며, 먼저 깨우친 자로 하여금 뒤늦게 깨닫는 자를 깨우치게 하신 것이니, 나는 하늘이 낸 백성 중에 먼저 깨친 자이니, 내가 장차 이 도로써 이 백성을 깨우치게 하겠다 하였으며, 천하의 백성을 생각하기를 필부필부라도 요순의 혜택을 받지 못한 자가 있으면, 마치 내가 그들을 밀어서 도랑 가운데로 들어가게 하여 혜택을

---
62) 맹자 전게서 p259-262

받게 할 것이라 하였으니, 이는 천하의 중함으로써 자임한 것이다.

○何事非君 言所事卽君, 何使非民 言所使卽民. 無不可事之君 無不可使之民也. 餘見前篇
◐해석◑ ○하사비군은 섬기면 곧 군주임을 말하고 하사비민은 부리면 곧 백성임을 말한다. 섬기지 못할 군주가 없으며, 부릴 수 없는 백성이 없다는 것이다. 나머지는 전편前篇에 있다.

柳下惠는 不羞汙君하며 不辭小官하며 進不隱賢하여 必以其道하며 遺佚而不怨하며 阨窮而不憫하며 與鄕人處하되 由由然不忍去也하여 爾爲爾요 我爲我이니 雖袒裼裸裎於我側인들 爾焉能浼我哉리오하니 故로 聞柳下惠之風者는 鄙夫이 寬하며 薄夫이 敦하니라.
※ 汙:汚와 同, 阨:좁을 애 막히다, 憫: 근심할 민 裼: 웃통벗어 어깨를 들어내다 소매를 걷다 석, 裎: 벌거숭이 정 浼: 더럽힐 매
◐해석◑ 유하혜는 더러운 군주를 섬김을 부끄러워하지 않으며, 작은 벼슬을 사양하지 않으며, 나아가면 어짊을 숨기지 아니하여 반드시 도로써 하며, 버림을 받아도 원망하지 않고, 곤궁을 당해도 근심하지 않으며, 향인들과 더불어 처하되 유유하게 있으며 떠나지 않고, 너는 너이고 나는 나이니, 비록 내 옆에서 옷을 걷어 어깨를 들어내고 벗는다한들 네가 어찌 나를 더럽히겠는가 하였다. 그러므로 유하혜의 풍(風)을 들은 자들은 비루한 지아비가 너그러워지며, 박(薄)한 지아비가 인심이 후해진다.』

○鄙 狹陋也. 敦 厚也. 餘見前篇
◐해석◑ ○비는 좁고 누추함이다. 돈은 후함이다. 나머지는 전편(前篇)에 있다.

孔子之去齊에 接淅而行하시고 去魯에 曰遲遲라 吾行也이여하시니 去父母國之道也이라 可以速則速하며 可以久則久하맛 可以處則處하며 可以仕則仕는 孔子也이시니라
○接 猶承也. 淅 漬米水也. 漬米 將炊而欲去之速故 以手承水取米而行 不及炊也. 擧此一端 以見其久 速仕止 各當其可也. 或曰 孔子去魯 不稅冕而行 豈得爲遲 楊氏曰 孔子欲去之意 久矣 不欲苟去故 遲遲其行也. 膰肉不至則 得以微罪行矣 故 不稅冕而行 非速也. ※稅:脫과 同. 膰: 제지낸고기번
◐해석◑ 공자가 제나라를 떠날 때 물에 젖은 쌀을 건저 바로 떠나셨고 노나라를 떠날 때는 내걸음이 느리도다 라 하시니 이는 부모의 나라를 떠나는 도리이다 빨리 떠나야 할 때 빨리 떠나고 오래 머물만하면 머물며 벼슬을 그만 둘 때면 그만두고 벼슬을 해야 할 때면 벼슬을 하는 것이

공자이다
○접은 승과 같다. 석은 쌀을 물에 담그는 것이다. 쌀을 물에 담그는 것은 장차 취사할 때 빨리 가고자 하는 것이므로 손으로 물에서 쌀을 건져 가지만 밥을 지은 것은 아니다. 이 일부를 보건데 오래 머물거나 빨리 가거나 벼슬하거나 멈추는 것은 각각 마땅히 가능한 것이다. 혹자가 말하기를 공자가 노나라를 떠날 때 벼슬을 벗고 가는 것이 아닌데 어찌 느린가 하였다. 양씨가 말하기를 공자가 가고자 하는 뜻이 오래되었고 구차히 가고자 하지 않기 때문에 가는 것이 느린 것이다. 제사지낸 고기가 도달하지 않으면 아주 가벼운 죄로 가는 것이다. 그러므로 벼슬을 벗지 않고 가는 것이니 빠르지 않았다.

孟子이曰 伯夷는 聖之淸者也이요 伊尹은 聖之任者也이요 柳下惠는 聖之和者也이요 孔子는 聖之時者也이시니라
◘해석◘ 맹자께서 말씀하시기를 백이는 성인의 깨끗한 것이요, 이윤은 성인의 스스로 맡은 바요, 유하혜는 성인의 조화요, 공자는 성인의 시의적절하게 처신하는 시중(時中)이다 라 하셨다.

張子曰 無所雜者 淸之極, 無所異者 和之極, 勉而淸 非聖人之淸, 勉而和는 非聖人之和. 所謂聖者 不勉不思而至焉者也. 孔氏曰 任者 以天下 爲己責也. 愚謂孔子 仕止久速 各當其可 蓋兼三子之所以聖者而時出之 非如三子之可以一德名也. 或疑伊尹出處合乎孔子 而不得爲聖之時 何也. 程子曰 終是任底意思在.
◘해석◘ 장씨가 말씀하시기를, 잡된 것이 없는 것은 깨끗함의 지극한 것이요, 다름이 없는 것은 조화가 지극한 것이니, 애써서 깨끗하게 하는 것은 성인의 깨끗함이 아니요, 애써서 조화하는 것은 성인의 조화가 아니다. 소위 성이란 애쓰지도 않고 생각하지 않아도 이르는 것이다 라 하였다. 공씨가 말하기를 임任이란 천하를 자기의 책임으로 한 것이다 라 하셨다. 내가 생각건대 공자께서는 벼슬하고 그만두며 오래 머물거나 속히 떠남이 각각 그 마땅함이 있었으니, 이는 세 분의 성스러움을 모두 겸하여 때에 맞게 나온 것이며, 세 분이 하나의 덕德으로써 이름 할 수 있는 것은 아니다. 혹자가 의심하기를 이윤이 벼슬을 하거나, 하지 않는 것은出處 공자와 같은데도 성인의 시중時中이 되지 못하는 것은 왜 입니까 하자, 정자께서 말씀하시기를 끝내 자임自任하는 것이 생각 속에 있었기 때문이다 라 하셨다.

104. 同仁相憂하며

◉해석◉ 같은 인은 서로 걱정하며

[張註] : 文王之閎散과 微子之父師少師와 周旦之召公과 管仲之鮑叔이 是也]라.

◉해석◉ 문왕과 굉요·산의생, 미자와 부사 소사, 주단과 소공, 관중과 포숙이 그 예이다.

★ 주나라 문왕의 친구 네 명 즉 남궁 괄南宮 适, 산의생散宜生, 태전太顚, 굉요閎夭를 말한다. 이들은 문왕이 상나라 주왕紂王에게 잡혀 유리에 감금되어 큰 아들인 백읍고를 삶은 곰탕을 먹으며 고생하고 있을 때 주왕에게 뇌물을 바쳐 풀려나게 하였다.

★ 미자는 태사 소사와 함께 주왕紂王의 포악함을 피해 조상의 위패를 가지고 주나라 무왕에게 투항하였다.

★ 주 무왕武王.
  무왕은 이름은 발發이고 문왕의 둘 째 아들이다. 주공은 이름이 단이며 문왕의 넷째 아들로 성왕 때 태재太宰를 맡은 후 성왕이 성인이 되자 물려주었다. 소공은 이름은 석奭이며 같은 희姬씨 성을 가진 일족으로 무왕이 죽은 후 성왕과 강왕을 보좌해 성강지치成康之治를 이루었다. 특히 성왕 때 주공이 태재를 맡자 채숙, 관숙과 주왕紂王의 아들인 무경과 함께 주공이 주나라를 차지할 거라는 소문을 내며 반란을 일으켰다. 이 난을 '삼감의 난'이라 하는데 이 난을 태공망 강상, 소공, 주공 세 명이 같이 진압하여 주나라를 안정시키는데 큰 공을 세웠다.

★ 관중과 포숙의 우정을 관포지교管鮑之交라 한다.

105. 同惡相黨하며

◉해석◉ 같은 악은 서로 작당하며

[張註] : 商紂之臣億萬과 盜蹠之徒九千이 是也ㅣ라.

◐해석◑ 상나라 주의 억만 명의 신하와 도척의 무리 구천 명이 이 예이다.

★ 상서63)에 "受有臣億万, 惟億萬心。予有臣三千, 惟一心"
◐해석◑ 주紂왕이 신하를 억만 명이 있었으나 억만 가지의 마음이 있었고 내(무왕)는 신하가 삼천이나 오직 한 마음이다.

★ 주紂왕의 신하가 억만 명이나 될 정도로 많았다고 하는데 모두가 각각 다른 마음을 가지고 있었다고 하여 신억만臣億萬이라 하였다. 주 무왕은 신하가 삼천 명이지만 모두 한 마음이었다.

★ 고문진보 후집에서 보면 구양수歐陽脩가 붕당론朋黨論64)에서 이 문장을 인용하여 '주의 신하는 억만 명이나 있었으나 억만 가지의 마음이 있었고 주나라는 신하가 삼천 명이나 한 마음뿐이었다. 상나라 주왕 때는 억만 명의 사람이 각각 다른 마음이라 친구를 이루지 못하였으니 이로 인해 나라가 망하고 주나라 무왕의 신하는 삼천 명이 하나의 큰 친구를 이루어 주나라가 이를 써 흥성하게 된 것이다' 라 하였다.

◎ **붕당론**은 아래와 같다.

〈朋黨論〉歐陽脩

臣聞朋黨之說이 自古有之하니 惟幸人君이 辨其君子小人而已라 大凡君子는 與君子로 以同道爲朋하고 小人은 與小人으로 以同利爲朋하나니 此自然之理也라 然이나 臣謂小人無朋이요 惟君子則有之라하노니 其故何哉오

---

63) 서전, 전게서 권2, 주서(周書) 태서(泰誓) 上, p254,
64) 고문진보 후집 권7.
★ 본 자료의 원문 및 현토는 전통문화연구회의 동양고전종합DB(http://db.juntong.or.kr)에서 인용된 내용입니다.

小人은 所好者利祿也요 所貪者財貨也니 當其同利之時하여 暫相黨引以爲朋者는 僞也라 及其見利而爭先하고 或利盡而交疎하여는 甚者反相賊害하여 雖其兄弟親戚이라도 不能相保라 故로 臣謂小人無朋이요 其暫爲朋者는 僞也라하노이다

君子則不然하여 所守者道義요 所行者忠信이요 所惜者名節이라 以之修身이면 則同道而相益하고 以之事國이면 則同心而共濟하여 終始如一하니 此君子之朋也라 故로 爲人君者는 但當退小人之僞朋하고 用君子之眞朋이면 則天下治矣리이다

堯之時에 小人共工驩兜等四人이 爲一朋하고 君子八元八愷十六人이 爲一朋이어늘 舜佐堯하사 退四凶小人之朋하시고 而進元愷君子之朋하시니 堯之天下大治하고 及舜自爲天子하여는 而皐夔稷契等二十二人이 並列于朝하여 更相稱美하며 更相推讓하여 凡二十二人이 爲一朋이어늘 而舜皆用之하사 天下亦大治하니이다

書曰 紂有臣億萬호되 惟億萬心이어니와 周有臣三千하니 惟一心이라하니 紂之時에 億萬人이 各異心하니 可謂不爲朋矣로되 然紂以此亡國하고 周武王之臣은 三千人이 爲一大朋이로되 而周用以興하니이다

後漢獻帝時에 盡取天下名士하여 囚禁之하고 目爲黨人이러니 及黃巾賊起하여 漢室大亂일새 後方悔悟하여 盡解黨人而釋之나 然已無救矣요 唐之晩年에 漸起朋黨之論이러니 及昭宗時에 盡殺朝之名士하여 或投之黃河曰 此輩는 淸流라 可投濁流라하니 而唐遂亡矣니이다

夫前世之主 能使人人異心하여 不爲朋이 莫如紂요 能禁絶善人爲朋이 莫如漢獻帝요 能誅戮淸流之朋이 莫如唐昭宗之世나 然皆亂亡其國하고 更相稱美推讓而不自疑가 莫如舜之二十二人이요 舜亦不疑而皆用之나 然而後世에 不誚舜爲二十二人朋黨所欺하고 而稱舜爲聰明之聖者는 以其能辨君子與小人也라 周武之世에 擧其國之臣三千人이 共爲一朋하니 自古爲朋之多且大가 莫如周나 然周用此以興者는 善人雖多而不厭也일새니 夫興亡治亂之迹을 爲人君者 可以鑑矣니이다

★ **도척盜跖·盜蹠** : 중국 춘추시대春秋時代에 있었던 도적의 이름. 유하혜柳下惠의 아우로 구천 명의 부하를 거느렸다고 한다.

◎1. 맹자 진심盡心 장구 상[65]) : "孟子曰 鷄鳴而起 孶孶爲善者 舜之徒也 鷄鳴而起 孶孶爲利者 蹠之徒也 欲知舜與蹠之分 無他 利與善之間也"   ※ 孶: 부지런할 자

◘해석◘ 닭이 울 때 일어나 부지런히 선을 위하는 자는 순의 무리이다. 닭이 울 때 일어나 부지런히 이익을 위하는 자는 도척의 무리이다. 순과 도척의 구분을 알고자 하면 다른 것이 없고 이익과 선의 구분이다.

◎2. 장자 권9 도척 제29[66]) : "從卒九千人 , 橫行天下 , 侵暴諸侯 , 穴室樞戶 , 驅人牛馬 , 取人婦女 , 貪得忘親 , 不顧父母兄弟 , 不祭先祖"

◘해석◘ 무리 구천 명을 이끌고 천하를 종횡무진으로 다니며 제후를 침략하고 집과 방을 파헤치고 사람과 마소를 몰아내고 부녀를 취하며 탐내는 것이 친소가 없고 부모형제를 돌아보지 않으며 선조에게 제사를 지내지 않는다.

◎3. 장자莊子 권4 ·거협胠篋 제10[67]) : 故跖之徒問于跖曰 盜亦有道乎 跖曰 何適而無有道邪 夫妄意室中之藏 聖也, 入先勇也, 出后 義也, 知可否 知也, 分均 仁也. 五者不備而能成大盜者 天下未之有. 由是 觀之 善人不得聖人之道不立, 跖不得聖人之道不行. 天下之善人少 而不善人多 則聖人之利天下也少 而害天下也多. 故曰 脣竭則齒寒 魯酒薄而邯鄲圍, 聖人生而大盜起 掊擊聖人 縱舍盜賊 而天下始治矣. 夫川竭而谷虛 丘夷而淵實, 聖人已死 則大盜不起 天下平而無故矣.   ※ 胠: 겨드랑이거 옆에서 열다거,   篋: 상자협

◘해석◘ 도척의 무리가 도척에게 물었다. 도적질에도 도가 있습니까? 도척이 말하기를 어느 곳인들 도가 있지 아니하겠는가? 대개 실내에 있는 것을 추측하는 것은 성이고 먼저 들어가는 것은 용이요 나중에 나오는 것은 의요 가능 여부를 아는 것은 지요 고르게 나누는 것은 인이다. 이 다섯 가지를 갖추지 않고 능히 큰 도적이 되는 것은 천하에 아직 없다. 이를 볼 때 선인이 성인의 도를 얻지 못하면 스스로 서지 못하고 도척이 성인의 도를 얻지 못하면 도적질을 행하지 못한다.

---

65) 맹자 전게서 p357
66) 장자 사부비요 권53 장자 권9 p115 중화서국 중국서점 영인
67) 장자 전게서 권4 p43

천하에 선한 사람은 적고 착하지 않은 사람은 많으니 성인이 천하를 이롭게 하는 것은 적고 천하를 나쁘게 하는 것은 많다. 그러므로 입술이 없어지면 이가 시리고 노나라의 술이 박하게 되면 한단이 포위된다하니 성인이 나고 큰 도적이 일어나니 성인을 배격하며 도적을 놓아주어야 천하가 비로소 다스려지기 시작한다. 대개 시내물이 마르면 계곡이 비게 되고 언덕이 무너져 평평해지면 연못이 메워진다. 성인이 이미 죽으면 큰 도적이 일어나지 않으니 천하가 태평하고 사고가 없게 된다.

※ 한단은 조나라의 수도인데 초나라 선왕宣王이 제후를 조회하는 자리에 노나라 공공恭公이 늦은데다 술이 박했다. 선왕은 화가 나서 병사를 일으켜 제齊나라와 함께 노나라를 공격하려 했다. 양혜왕은 항상 조나라를 공격하려 했지만 초나라가 구해주는 것이 두려웠는데 초나라가 노나라와 싸우게 되자 조나라의 한단을 포위할 수 있었던 것이다.

106. 同愛相求하며

◐해석◑ 좋아하는 것이 같으면 서로 찾는다.

[張註] : 愛財則聚歛之士을 求之하고 愛武則談兵之士을 求之하고 愛勇則樂傷之士을 求之하고 愛仙則方術之士을 求之하고 愛符瑞則矯誣之士을 求之니 凡有愛者난 皆情之偏이오 性之蔽也ㅣ라.

◐해석◑ 재물을 좋아하면 재물을 모으는 사람을 찾고 무예를 좋아하면 군대에 관해 얘기하는 사람을 찾고 용기를 좋아하면 상처를 입은 무용을 즐기는 사람을 찾고 신선을 좋아하면 방술을 하는 사람을 찾고 부적이나 조짐을 좋아하는 사람은 속임수를 쓰는 사람을 찾으니 대개 좋아한다는 것은 정이 치우친 것이고 본성을 가리는 것이다.
※ 瑞: 상서 길조서 교, 符瑞: 좋은 조짐 상서로운 조짐, 矯誣: 속임

107. 同美相妬하며

◐해석◑ 같은 아름다움은 서로 질투하며

[張註] : 女則 武後, 韋庶人, 蕭良娣丨是也오 男則 趙高, 李斯丨是也丨라.

◼해석◼ 여자로서는 무후, 위서인, 숙량제가 그 예이고, 남자로서는 조고와 이사가 그 예이다.

★ 측천무후, 위서인, 숙량제 모두 당현종의 총애를 받기 위해 질투한 것인데 위서인은 위왕후로 숙량제가 현종의 총애를 받자 측천무후를 끌어들여 숙량제를 멀리하게 하였다. 그러나 자신도 측천무후에게 밀려 서인으로 폐비되었다.

★ 조고는 2대 황제가 된 호해의 스승으로, 이사는 승상이므로 시황제가 순회할 당시 수행했었는데 시황제가 죽자 조고는 문서를 위조하고 이사와 함께 큰 아들인 부소태자를 자결케 한 다음 호해를 황제로 옹립했다. 그러나 조고는 이사를 반역죄로 몰아 사형을 시켰다.

108. 同智相謀하며

◼해석◼ 같은 지략은 서로 도모하며

[張註] : 劉備, 曹操, 翟讓, 李密이 是也丨라.

◼해석◼ 유비와 조조, 적양과 이밀이 이 예이다.　　※ 翟: 꿩깃적

★ 적양 이밀: 적양은 수나라 말기 일어난 의병군인 와강군瓦崗軍을 이끌며 이밀을 수령으로 추대하여 위공魏公이라 불렀고 이밀은 적양을 사도司徒로 임명했다. 그러나 이밀은 적양을 살해했다.

109. 同貴相害하며

◼해석◼ 같은 귀함은 서로 해친다.

[張註] : 勢相軋也ㅣ라.

◐해석◑ 세력이 비슷하면 서로 다투기 때문에 삐걱 거린다. ※ 軋: 삐걱거릴 알

110. 同利相忌하며

◐해석◑ 같은 이익은 서로 기피한다

[張註] : 忌난 相刑也ㅣ라.

◐해석◑ 기피한다는 것은 서로 벌을 준다는 것이다.

★ 이익이 같다는 것은 서로 추구하는 방법, 또는 과정, 이유 등이 비슷하기 때문에 서로를 잘 이해하여 다음 수순이 무엇인지 알 수 있고, 그런 이유로 인해 다른 경쟁자와 싸우는 동안 자신의 내용이 들어날 수도 있어 서로 기피하는 것이다.

111. 同聲相應하며 同氣相感하며

◐해석◑ 같은 소리는 서로 반응하며 같은 기운은 서로 느낀다.

[張註] : 五行五氣五聲이 散於萬物하야 自然相感應也ㅣ라.

◐해석◑ 오행, 오기, 오성은 만물에 널리 퍼져 있어 자연스럽게 서로 감응한다.

★ 오행은 목, 화, 토, 금, 수를 말하며 오기는 희喜, 노怒, 우憂, 사思, 공恐 등 감정의 다섯 가지, 또는 돼지기름 냄새 조臊, 타는 냄새 초焦, 향기로운 냄새 향香, 생선 비린내 성腥, 썩는 냄새 부腐의 냄새를 말한다. 오성은 부르는 소리 호呼, 웃는 소리 소笑, 우는 소리 곡哭, 노래 소리 가歌, 신음하는 소리 신呻, 또는 오음계인 궁宮, 상商, 각角, 치徵, 우羽를 말한다.

112. 同類相依하며 同義相親하며 同難相濟하며

◘해석◘ 같은 종류끼리는 서로 의지하며, 같은 뜻끼리는 서로 친하며, 같은 어려움에 처한 사람끼리 서로 구제하며

[張註] : 六國이 合從而拒秦하고 諸葛이 通吳而敵魏난 非有仁義存焉이오 特同難耳라.

◘해석◘ 육국이 합종하여 진을 거부하고 제갈량이 오와 협력하여 위나라를 물리치는 것은 인의가 있어서가 아니라 오직 같은 어려움에 처했기 때문이다.

★ 합종은 BC324년 위魏의 공손연이 처음 제안한 것이며 지역적으로 볼 때 한, 위, 조를 중심으로 북쪽에는 연, 남쪽에는 초 동쪽에는 제 서쪽에는 진이 있었는데 진나라가 국력이 강해지면서 동쪽으로 세력을 확장하자 연, 조, 제, 위, 한, 초의 6국이 연합하여 진나라에 대항하는 하는 것을 말하는데 소진蘇秦이 이를 시행하였고 한편 장의張儀는 연횡책을 써 초나라가 제나라와 연맹을 끊고 진과 연합하도록 하였다.

★ 제갈량이 오나라와 합동으로 위나라를 무찌른 것은 적벽대전을 승리하여 이룬 것이다. 조조는 원소를 평정하고 유표劉表가 지키는 형주를 차지하기 위해 남하한다. 유표는 급사하여 조조는 쉽게 형주를 차지 하면서 유비와 오나라와 대치하게 되어 위태로운 지경에 이르자 유비와 오나라 손권이 연합을 하여 적벽에서 황개의 화공火攻으로 조조를 물리친다. 이를 계기로 유비는 형주 서부의 지역을, 손권은 강동지역으로 나누는 제갈량이 말한 천하삼분天下三分이 이루어지게 된다.

★ 유유상종類類相從이란 말이 있다.

★ 승정원일기 8책 (탈초본 1책) 인조 3년 8월 10일 병술 28/30 기사 1625년 天啓(明/熹宗) 5년

資政殿에 金瑬 등이 입시하여 孟子를 進講함

○ 午時, 上御資政殿。 晝講入侍, 知事金瑬, 特進官金藎國, 參贊官徐景雨, 侍讀官尹墀, 檢討官洪命耉, 假注書姜瑜, 記事官鄭沇·具鳳瑞。 上讀前受音一遍, 侍讀官尹墀進講孟子萬章下篇, 自欲見賢人而不以其道, 止不可以執一論也章註。 上讀前受音一遍, 大文釋一遍。

[해석] 오시에 상이 자정전(資政殿)에 나아가 주강을 행하였다. 지사 김류(金瑬), 특진관 김신국(金藎國), 참찬관 서경우(徐景雨), 시독관 윤지(尹墀), 검토관 홍명구(洪命耉), 가주서 강유(姜瑜), 기사관 정연(鄭沇)·구봉서(具鳳瑞)가 입시하였다. 상이 전에 배운 대목을 음으로 한 번 읽었다. 시독관 윤지가 《맹자》 만장 하편을 진강하였는데, '욕견현인이불이기도(欲見賢人而不以其道)'에서 장(章)의 주(註)인 '불가이집일론야(不可以執一論也)'까지였다. 상이 새로 배운 대목을 음으로 한 번 읽고 대문(大文)을 한 번 해석하였다.

尹墀講論旨義曰, 此章之義, 與上章相連, 尙友之章, 以士之於友, 道德必同, 然後相交, 故所言者此耳。 東漢之時, 李膺·韓泰, 有一時重名, 天下想望風采, 此則天下之善士也。 若管仲·鮑叔之交, 則一國之善士也。 特言其大小而已。 尙友云者, 盡交一時之友, 而猶以爲不足, 缺一行經傳如對越聖賢, 則此非尙友乎?

[해석] 윤지가 지의(旨義)를 강론하기를, "이 장의 뜻은 윗장과 서로 연결이 됩니다. 상우(尙友)를 말한 장에서 선비가 벗을 사귈 때에 도덕이 반드시 같은 연후에 서로 사귀는 것이라고 하였기 때문에 말한 바가 이와 같을 뿐입니다. 동한(東漢) 시대에 이응(李膺)과 한태(韓泰)가 한 시대의 중망(重望)이 있어 천하가 그들의 풍채를 사모하여 우러러보았으니 이는 천하의 훌륭한 선비이고, 관중(管仲)과 포숙(鮑叔)의 사귐은 한 나라의 훌륭한 선비로 벗한 것이니 다만 그 대소를 가지고 말했을 뿐입니다. 상우라는 것은 한 시대의 벗들과 사귐을 다하여도 오히려 부족하기 때문[주-D001] - 1행 원문 빠짐 - 마치 성현을 대하는 것같이 하면 이는 상우가 아니겠습니까." 하고,

金瑬曰, 同聲相應, 同氣相求, 善者交善, 不善者交不善, 固其常也。 夫善士立朝, 然後朝有衆善之聚矣。 故一鄕稱善者, 立於朝, 則淸明之氣象, 可以見矣。 一鄕不稱其善, 則必有虛名作媒, 而觀其終竟, 則未免爲不善之歸, 此事推之於用人, 亦然矣。 叔向與子産, 異國之大夫, 一遇而爲兄弟, 此皆一國之善士, 故自然相合矣。 士有曠百世而相感, 奮乎百世之下, 亦當聞風而興起矣。

[해석] 김류가 아뢰기를, "같은 소리는 서로 응하고 같은 기운은 서로 구하는 것이니, 선한 사람은 선한 사람과 사귀고, 불선한 사람은 불선한 사람과 사귀는 것이 참으로 인지상정입니다. 선한 선비가 조정에 벼슬한 뒤라야 조정에 여러 선한 사람들이 모이게 되는 것이기 때문에, 한 고을에서 선한 사람이라고 일컬어지는 사람이 조정에 벼슬하게 되면 청명(淸明)한 기상을 볼 수 있을 것입니다. 그리고 한 고을에서 그의 선함을 일컫지 않는다면 반드시 허명(虛名)을 매개로 하는 것이니, 끝까지 그를 살펴보면 불선으로 귀결됨을 면하지 못할 것입니다. 이 일을 인재의 등용에 미루어 보아도 역시 마찬가지일 것입니다. 숙향(叔向)과 자산(子産)은 서로 다른 나라의 대부였는데 한 번 만나보고서 형제의 관계를 맺었으니, 이는 모두가 한 나라의 선한 선비였기 때문에 자연히 서로 합치되었던 것입니다. 선비 중에는 백세(百世)를 거슬러 감응하여 백세의 뒤에서 분기하는 자가 있으니, 또한 풍도(風度)를 듣고서 흥기하는 것입니다." 하였다.

[주-D001] 1행 원문 빠짐 : 원문은 '缺一行 經傳'인데, '經傳'도 결자와의 관계를 알 수 없어 번역하지 않았다.

ⓒ 한국고전번역원 | 이정원 (역) | 2003

113. 同道相成하며

◦해석◦ 같은 도는 서로 완성하게 한다.

[張註] : 漢承秦後하야 海內凋弊라 蕭何ㅣ以淸靜涵養之러니 何ㅣ將亡에 念諸將이 俱喜功好動하야 不足以知治道하고 時에 曹參이 在齊하야 嘗治盖公黃老之術하야 不務生事故로 引參以代相이라.

◦해석◦ 한나라가 진나라의 뒤를 잇자 국내가 모두 폐허된 상태라 소하가 청정함으로 배양하려 하였으나 소하가 장차 죽을 때가 가까워짐을 알고 국내 정세를 살펴보니, 모든 장군들이 공을 좋아해 공을 이루고자 군사를 움직이기를 좋아하며 도로써 다스릴 줄을 모른다고

생각하였다. 그 때 조참이 제나라에 있어 일찍이 개공의 황노 이론으로 다스려 애써서 일을 만들려고 하지 않고 도교의 무위無爲로 일을 처리하는 고로 조참을 데려다 대신 재상으로 시켰다.   ※ 凋: 시들조

★ 전한서前漢書 권39 . 조참전曹参傳[68]: "孝惠元年 除諸侯相国法 更以参爲齊丞相. 参之相齊 齊七十城. 天下初定 悼惠王富于春秋, 参盡召長老諸先生 問所以安集百姓 而齊故諸儒以百數 言人人殊 参未知所定. 聞膠西有盖公 善治黃老言 使人厚幣請之. 既見盖公 盖公爲言治道 貴清靜而民自定, 推此類具言之 参於是避正堂 舍盖公焉. 其治要用黃老术 故相齊九年 齊国 安集 大稱賢相."

●해석● 2대 황제인 효혜왕 원년에 제후상국법을 없애고 조참을 제국의 승상으로 임염하였다. 조참이 제나라 승상을 할 때 제나라는 70개의 성을 가지고 있었다.(나중에 측천무후가 이를 4등분 한다) 천하가 처음으로 안정되었다. 도혜왕은 나이가 어려 조참이 나이든 여러 선생을 모두 초빙하여 백성을 안정하고 모이게 하는 방법을 물었다. 제나라는 유학자가 수백 명 있었으나 사람마다 모두 말이 달라 조참이 정하지 못했다. 요서에 개공이란 사람이 황노의 말에 능하다고 들어 사람으로 하여금 후하게 사례하여 청했다. 개공을 만나자 개공은 치도는 청정을 귀하게 여기면 백성은 저절로 안정된다고 말하였다. 이런 모든 말을 미루어 볼 때 조참은 정당正堂을 피하고 개공을 선택하였다고 할 수 있다. 그 치세의 요체는 황노의 술을 썼고 9년 동안 재상을 하는 동안 제나라는 안정되고 모였으며 현명한 재상이라 불리운다.

114. 同藝相規하며

●해석● 같은 기술은 서로 규제하며

[張註] : 李醯之賊扁鵲과 逢蒙之惡后羿是也ㅣ니 規者난 非之也ㅣ라.

●해석● 이혜가 편작을 살해하고 봉몽이 후예를 싫어한 것이 이 예이다. 규는 부정하는 것이다.

---

68) 사부비요 권16, 중화서국, 북경, 1986, p672,673

★ 편작은 진월인으로 전국시대의 의사다. 대략 BC401년경에 태어나 310년에 사망한 것으로 알려져 있다. 화타, 장중경, 이시진 등과 함께 고대 4대 명의라고도 한다. <한서 예문지>에 <편작내경>과 <편작외경>의 저서가 있다고 하나 전해지지 않고, 사마천의 <사기 편작창공열전扁鵲倉公列傳> 등 그에 대한 내용이 있다. 그는 진秦나라 태의령 이혜의 시기로 죽임을 당했다고 한다.

★ 봉몽은 후예에게 화살 쏘는 법을 배웠으며 스승이 없으면 자신이 일인자가 된다는 것을 알고 후예를 살해했다. 후예는 전설에 나오는 화살의 명수로 요임금 때 열 개의 태양이 떠올라 식물들이 모두 타 죽자 후예가 10개 중 9개를 화살로 쏘아 떨어뜨렸다. 이런 후예는 상제의 분노를 샀는데 이유는 자신의 아들인 10개의 태양 중 9개를 쏘아 떨어뜨렸기 때문이다. 이에 관한 것은 산해경과 회남자에 기술되어 있다. 후예는 그 죄 값으로 아내인 항아姮娥와 함께 신적神籍을 박탈당했다. 그러자 항아는 불사약을 훔쳐 먹고 달月로 도망갔으나 두꺼비로 변했다고 한다.　　※ 醯: 초혜

115. 同巧相勝하나니

해석 같은 기교는 서로 이기려한다.

[張註] : 公輸子九攻과 墨子九拒ㅣ是也ㅣ라.

해석 공수자가 아홉 번 공격한 것과 묵자가 아홉 번 막은 것이 이 예이다.

★ 공수자

공수자는 이름이 반般이며 노 반魯 般 또는 魯班 공수반公輸 般이라 부른다. 대략 BC450년 이후에 초나라에 가서 운제라는 살상력이 강력한 무기를 만들어 송나라를 공격하려 할 때 묵자가 노나라에서 10일 밤낮을 달려 초나라 수도 영에 도착하여 공수자와 초왕을 설득하여 송나라를 공격하지 않도록 하였다.

◎1. 묵자 권13 노문魯問[69]) : "公輸子削竹木以為鵲 成而飛之 三日不下 公輸子自以為至巧. 子墨子謂公輸子曰子之為鵲也, 不如匠之為車轄, 須臾劉三寸之木 而任五十石之重. 故所為功

利於人謂之巧 不利於人謂之拙."

●해석● 공수자가 대나무를 깎아 까치를 만들어 다 만들자 날아가서 삼일동안 내려 오지 않았다. 공수자는 스스로 이를 지극한 솜씨라 여겼다. 묵자가 공수자에게 말하기를 당신이 까치를 만드는 것은 장인이 차 빗장을 만들고 잠깐 사이에 세 촌 길이의 나무를 자귀로 깎아 만들어 오십 석의 무게를 지탱하게 하는 것만 못하다. 그러므로 공이 되는 바는 사람에게 이로운 것을 교라 하고 사람에게 이롭지 못한 것을 졸이라 한다.

◎2. 묵자 권13 공수公輸[70]: "公輸盤為楚造雲梯之械成 將以攻宋. 子墨子聞之 起於齊 行十日 十夜而至於郢 見公輸盤. 公輸盤曰夫子何命焉為 子墨子曰北方有侮臣 願藉子殺之. 公輸盤不說. 子墨子曰請獻十金. 公輸盤曰吾義固不殺人. 子墨子起 再拜曰請說之, 吾從北方聞子為梯 將以攻宋 宋何罪之有 荊國有餘於地 而不足於民 殺所不足 而爭所有餘 不可謂智, 宋無罪而攻之 不可謂仁, 知而不爭 不可謂忠, 爭而不得 不可謂強, 義不殺少而殺眾 不可謂知類. 公輸盤服. 子墨子曰然乎不已乎 公輸盤曰不可 吾既已言之王矣. 子墨子曰胡不見我於王 公輸盤曰諾. ……"

●해석● 공수자가 초나라를 위해 운제의 기계를 만들었다. 장차 송나라를 공격하기 위함이다. 묵자가 듣고 제나라에서 나와 십일 밤과 낮을 달려 초나라 수도 영에 도착해서 공수자를 만났다. 공수자가 말하기를 묵자께서는 어떤 명을 받으셨는지요 하자 묵자는 북방에 하찮은 신하가 있는데 당신의 힘을 빌어 죽이고 싶다고 말하였다. 공수자는 기뻐하지 않았다. 묵자는 십금을 드리겠다고 하였다. 공수자는 나의 뜻은 진실로 사람을 죽이는 것이 아니요라 하자 묵자가 일어나 재배를 하고 말하기를 청컨대 말씀드리겠습니다. 나는 북방에서 왔습니다. 당신이 운제를 만들어 장차 송나라를 공격하려 한다고 들었는데 송나라가 어떤 죄가 있습니까? 형국 즉 초나라는 땅이 넓고 백성은 부족하고 부족한 바를 죽여 유여한 바를 다투는 것은 지혜라 말할 수 없습니다. 송나라가 죄가 없는데 공격하는 것은 인이라 할 수 없습니다. 알면서 논쟁하지 않는 것은 충이라 할 수 없습니다. 논쟁하여 결론을 얻지 못하면 강이라 말할 수 없습니다. 의가 있다 하여 적은 것은 죽이지 않고 많은 것을 죽이는 것은 지혜로운 사람이라 말하기 어렵습니다. 공수자가 감복하였다. 묵자가 말하기를 그렇다면 어찌 그만두지 않습니까? 하자 공수자가 말하기를 불가합니다,. 나는 이미 왕에게 말을 하였습니다. 묵자가 말하기를 어찌 나를 왕에게 알현하지 않게 합니까? 하자 공수자가 말하기를 좋다고 하였다. ……

---

69) 사부비요 권53 전게서 p96
70) 사부비요 권53 전게서 p96,97

"王曰 善哉 雖然公輸盤為我為雲梯 必取宋. 於是見公輸盤 子墨子解帶為城 以牒為械, 公輸盤九設攻城之機變, 子墨子九距之. 公輸盤之攻械盡 子墨子之守圉有餘. 公輸盤詘 而曰 吾知所以距子矣 吾不言. 子墨子亦曰吾知子之所以距我 吾不言. 楚王問其故. 子墨子曰 公輸子之意 不過欲殺臣, 殺臣 宋莫能守 可攻也. 然臣之弟子禽滑釐等三百人 已持臣守圉之器 在宋城上而待楚寇矣. 雖殺臣 不能絶也. 楚王曰善哉 吾請無攻宋矣."　　※ 詘: 굽힐 굴, 圉: 마부어 감옥어,　距: 떨어질거,　禽滑釐: 묵자의 제자

■해석▶ 왕이 말하기를 좋구나 그렇다면 공수자는 나를 위해 운제를 만들어 반드시 송을 취할 것이다 라 하였다. 이때 공수수자를 보고 묵자는 허리띠를 풀어 성과 같이 만들어 패로는 기계를 만들었다. 공수자가 아홉 번 성을 공격하는 기계를 변화하였고 묵자가 아홉 번 막았다. 공수자의 공격하는 기계가 다하였지만 묵자의 수비는 여유가 있었다. 공수반이 패배를 인정하면서 말하기를 나는 당신을 막는다고 알고 있습니다. 나는 말하지 않겠습니다. 하자 묵자도 말하기를 나는 당신이 나를 막는다고 알고 있습니다. 나도 말하지 않겠습니다하였다. 초왕이 그 이유를 묻자 묵자는 말하기를 공수자의 뜻은 나를 죽이고자 함에 불과합니다. 나를 죽이는 것은 송나라도 막지 못하니 공격할 만합니다. 그러나 저의 제자 금활리 등 삼백명이 이미 내가 방어하는 기계를 가지고 있어 송나라 성위에서 초나라 병사들을 기다리고 있습니다. 비록 나를 죽이더라도 그치지 않을 것입니다. 초왕이 말하기를 좋구나 내가 청컨대 송나라를 공격하지 않도록 하겠다고 하였다.

◎3. 맹자 이루離婁 장구 상[71]): "孟子曰 離婁之明과 公輸子之巧로도 不以規矩이면 不能成方員이오 師曠之聰으로도 不以六律이면 不能正五音이오 堯舜之道로도 不以仁政이면 不能平治天下이니라"

■해석▶ 이루의 밝은 눈과 공수자의 기술로도 규와 거가 없으면 각지고 원을 만들 수 없으며 진나라 악사인 사광의 총명함이 있어도 육율이 없으면 오음을 바르게 할 수 없으며 요순의 도로도 인정이 없으면 천하를 평치할 수 없다.

116. 此乃數之所得이니 不可與理違니라

---

[71] 맹자 전게서 p175

◐해석◑ 이것은 수치로써 얻는 것이니 이치에 맞지 않는 다면 가능하지 않는 것이다.

[張註] : 自同志下로 皆所行을 所可預知니 智者난 知其如此하야 順理則行之하고 逆理則違之라.

◐해석◑ 동지 이하 모두 행하는 바를 예측할 수 있으니 지혜로운 자는 예측이 가능함을 알아서 순리에 맞으면 행하고 이치에 맞지 않으면 피해야 할 것이다.

117. 釋己而敎人者난 逆하며 正己而化人者난 順이니

◐해석◑ 자신을 버리고 즉 자신은 하지 않으면서 남을 가르치는 자는 역이라 하고 자신을 바르게 하고 다른 사람을 교화시키는 것은 순이다.

[張註] : 敎者난 以言이요 化者난 以道라 老子ㅣ 曰法令滋彰하고 盜賊多有난 敎之逆者也오 我無爲而民自化하고 我無欲而民自朴은 化之順者也ㅣ라.

◐해석◑ 교라는 것은 말로써 하는 것이고 화라는 것은 도로 하는 것이다. 노자가 말하기를 법령이 명확히 있는데도 도적이 많은 것은 교가 잘못된 것이고, 내가 아무 것도 하지 않음에도 백성이 스스로 교화되고, 내가 아무 욕심이 없는데도 백성이 스스로 소박한 것은 교화의 순조로움이라 하였다.

118. 逆者난 難從이로 順者난 易行이라 難從則亂하고 易行則理니

◐해석◑ 역한 것은 따르기 어려운 것이고 순이란 쉽게 행할 수 있는 것이다. 따르기 힘들면 어지럽게 되고 쉽게 행할 수 있는 것은 이치에 부합되는 것이다.

[張註]: 天地之道ㅣ 簡易而己오 聖人之道ㅣ 簡易而己니 順日月而晝夜之하고 順陰陽而生殺之하고 順山川而高下之난 此ㅣ 天地之簡易也오 順夷狄而外之하고 順中國而內之하고 順君子而爵之하고 順小人而役之하고 順善惡而賞罰之하고 順九土之宜而賦歛之하고 順人倫而序之난 此ㅣ 聖人之簡易也ㅣ라 夫烏獲이 非不力也ㅣ나 執牛之尾하고 而使之郤行則終日에 不能步尋丈호되 及以環桑之枝로 貫其鼻하며 三尺之綯로 繫其頸이면 童子도 服之하고 風於大澤에 無所不至者난 盖其勢順也ㅣ라.

◑해석◐ 천지의 도가 간단하고 쉬워야 하고 성인의 도는 간단할 따름이니 해와 달을 따라 주야가 바뀌고 음양에 따라 태어남과 죽음이 따르고 산천을 따라 높고 낮음이 생기니 이는 천지자연에서 간단하고 쉽게 알 수 있는 것이다. 이적夷狄을 따라 바깥으로 나가고 중국을 따라 안으로 들어오고 군자를 따라 작위를 주고 소인을 따라 노역을 하고 선악을 따라 상을 주고 벌을 하고 천하 토지九州의 이로움에 따라 세금을 거두고 인륜에 따라 그 차례를 정하여 질서를 유지하는 것은 성인의 간단하고 쉬운 일이다. 대개 조획이 힘이 없어서가 아니라, 소꼬리를 잡고 뒤로 가게하면 종일토록 여덟 척에서 열 척밖에 걷지 못하나 뽕나무가지로 고리를 만들어 코에 꿰며 세척의 새끼로 목에 걸어 메면 어린아이도 소를 복종하게 할 수 있고, 큰 연못에 바람이 도달하지 않는 곳이 없는 것은 대개 그 세력에 순응하는 것이기 때문이다.   ※ 郤: 물리칠각退也, 綯: 새끼꼴 도

★ 조획烏獲: 맹자[72] 고자 장구 하 : "力不能勝一匹雛이면 則爲無力人矣오 今日擧百鈞이면 則爲有力人矣니 然則擧烏獲之任이면 是亦爲烏獲而已矣니 夫人은 豈以不勝爲患哉리오 弗爲耳니라. ○烏獲 古之有力人也 能擧移千鈞"

◑해석◐ 힘으로 적은 병아리 한 마리를 이겨내지 못한다면 힘 없는 사람이라 하지만 지금 백균을 든다고 하면 힘 있는 사람이다. 그런즉 오획의 임무를 감당하면 이 역시 오획이 되는 것이다.. 대개 사람이 어찌 감당하지 못함을 근심할 뿐 하지 않는 것이다. ○조획은 옛날 힘이 센 사람을

---

[72] 맹자 전게서 고자장구 하 pp315,316

말하며 1000균을 들어 옮길 수 있다.

★ 균鈞: 30근斤

119. 如此면 理身理家理國이 可也ㅣ니라

◐해석◑ 이와 같으면 몸을 다스리고 집안을 다스리고 나라를 다스리는 것이 가능하다.

[張註] : 小大不同이나 其理則一이라.

◐해석◑ 크고 작음이 같지는 않으나 그 이치는 하나다.

위노주에만 있는 문장

102. 務善策者난 無惡事하며 無遠慮者난 有近憂니라 이후는 위노주에는 장주와 문장이 다르다. 다음과 같은 내용이 대신하고 있다.

魏103. 夫勇者可令進鬪 不可令持堅   ※ 持: 가지다 보존하다

◐해석◑ 대개 용감한 자는 나아가 전투를 명령할 수 있으나 단단히 지키라고 명령하지 못한다

[魏註] : 堅者 堅守

◐해석◑ 견이란 단단히 지키는 것이다

魏104. 重者可令固守 不可令凌敵

◐해석◑ 신중한 자는 단단히 지키라 명령하고 적을 무시하라 명령하지 못 한다

[魏註] : 重 仁德深重是也

◐해석◑ 중이란 인과 덕이 깊고 무거운 것이다.

魏105. 貪者可令攻取 不可令分財

◐해석◑ 탐하는 자는 공격하여 빼앗으라 명령하지만 재물을 나누어 가지라고 명령하지는 못 한다

[魏註] : 旣能貪財 必能亡命

◐해석◑ 이미 재물을 탐하면 반드시 죽게 된다

魏106. 廉者可令主守 不可令進取

◐해석◑ 청렴한 자는 지키는 것을 위주로 명령하고 나아가 취하는 것을 명령하지 않는다.

[魏註] : 孤守淸潔 難與衆合

◐해석◑ 홀로 청결하게 지키면 대중과 더불어 합치기 어렵다.

魏107. 信者可令持約 不可令應變

◐해석◑ 믿음이 있는 자는 약속을 지키라 명령하지만 때에 따라 변화하라 명령하지 않는다.

[魏註] : 執情守信 必無變通也

◐해석◑ 정을 가지고 믿음을 지키면 반드시 변통이란 없다.

魏108. 五者各令隨其才而消息之 卽無不亨也

◐해석◑ 위 다섯 가지는 각각 명령이 그 재능을 따라서 이루어지나 각각 재능의 구별이 없어지게 되면 즉 형통하지 않는 바가 없다

★ 위의 다섯 문장(131-135)은 <문자文子73)>에 있다.

老子曰:聖人天覆地載,日月照臨,陰陽和,四時化,懷萬物而不同,無故無新,無疏無親,故能法天也,天不一時,地不一財,人不一事,故緖業多端,趨行多方,故用兵者或輕或重,或貪或廉,四者相反,不可一也,輕者欲發,重者欲止,貪者欲取,廉者不利,非其有也,故勇者可令進鬥,而不可令持牢;重者可令埴固,而不可令凌敵;貪者可令進取,而不可令守職;廉者可令守分,而不可令進取;信者可令持約,而不可令應變。五者相反,聖人兼用而財使之。　※ 埴: 찰흙식 점토식

◐해석◑ 노자가 말씀하시기를 성인은 하늘로 덮고 땅으로 실어 담고 일월이 서로 비추고 음양이 조화롭고 사시가 변화하며 만물을 보듬어도 모두 같지 않으며 오래된 것도 없고 새로운 것도 없으며 먼 것도 없고 가까운 것도 없으므로 능히 하늘을 본딴다. 하늘은 한 때만 있는 것이 아니며 땅에는 한 재목만 있는 것이 아니며 사람도 한 가지 일만 있는 것이 아니다. 그러므로 여러 가지 사무가 복잡다단하며 행하는 바도 여러 방향이다. 그러므로 용병을 하는데 있어서 혹은 가볍게 혹은 무겁게 혹은 탐해야 하며 혹은 청렴하게 해야 하니 이 네 가지는 서로 상반되어 하나로 될 수 없다. 가벼운 것은 발산하려 하고 무거운 것은 멈추려고 하고 탐하는 것은 취하려 하고 청렴한 것은 이익을 취하지 않는데 본래부터 있었던 것이 아니다. 그러므로 용자는 나아가 싸우라 하되 단단히 지키라고 하지 않고 중자는 단단히 붙어 있으라 하되 적을 무찌르라고 하지 않고 탐자는 나아가 취하라 하되 자기의 직분을 지키라고 하지 않는다. 청렴한 자는 자신의 분수를 지키라 하되 나아가 취하라고 하지 않으며 신자는 약속을 지키라 하되 변화에 맞게 처신하라고 하지 않는다. 이 다섯 가지는 서로 상반되나 성인이 겸용하여 재물로 만들어 부리는 것이다.

右第六章은 言安而履之之謂禮라

우 제 6장은 편안하게 밟아 가는 것이 예라는 것을 말한 것이다.

---

73) 사부비요 권53 전게서 p29

제2편: 원문

黃石公素書序

黃石公素書六篇은 按前漢列傳애 黃石公이 坯橋所授子房素書이니 世人이 多以三略으로 爲是나 盖傳之者이 誤也라. 晋亂에 有盜이 發子房塚하야 於玉枕中에 獲此書하니 凡一千三百三十六言이라 上有秘戒호돼 不許傳於不道不神不聖不賢之人하고 非其人이면 必受其殃이오 得人不傳이면 亦受其殃이라하니 鳴乎이라 其愼重이 如此로다.

黃石公은 得子房而傳之하고 子房은 不得其傳而 葬之러니 後五百餘年而盜이 獲之하야 自是로 素書이 始傳於人間이나 然이나 其傳者는 特黃石公之言이라 而公之意을 豈可以言盡哉아. 余이 竊嘗評之컨대 天人之道이 未嘗不相爲用이니 古之聖賢이 皆盡心焉이라.

堯는 欽若昊天하시고 舜은 齊七政하시고 禹는 敍九疇하시고 傅說은 陳天道하고 文王은 重八卦하시고 周公은 設天地四時之官하시며 又 立三公하야 以燮理陰陽하시고 孔子는 欲無言하시고 老聃은 健之以常無有하시고 陰符經애 曰 宇宙이 在乎手하고 萬化이 生乎身이라 하니 道至於此則鬼神變化이 皆不能逃吾之術이온 而況於刑名度數之間者歟아.

黃石公은 秦之隱君子也이라 其書이 簡하고 其意深하니 雖堯舜禹文傅說周公孔老이나 亦無以出此矣라. 然則黃石公이 知秦之將亡과 漢之將興故로 以此書로 授子房而子房者이 豈能盡知其書哉아. 凡子房之所以爲子房者는 僅能用其一二耳라. 書에曰 陰計外泄者는 敗라하니 子房이 用之하야 嘗勸高帝하야 王韓信이오 書에曰 小怨不赦면 大怨必生이라하니 子房이 用之하야 嘗勸高帝하야 侯雍齒矣오 書에曰 決策於不仁者는 險이라하니 子房이 用之하야 嘗勸高帝하야 罷封六國矣오 書에曰 設變致權은 所以解結이라하니 子房이 用之하야 嘗勸四皓而立惠帝矣오 書에曰 吉莫吉於知足이라하니 子房이 用之하야 嘗擇留自封矣오 書애曰 絶嗜禁慾은 所以除累라하니 子房이 用之하야 嘗棄人間事하고 從赤松子遊矣라. 嗟乎라 遺粕棄滓도 猶足以亡秦項而帝沛公이론 況純而用之하고 深而造之者乎아.

自漢以來로 章句文辭之學이 熾而知道之士이 極小하니 如諸葛亮王孟房喬裴度等輩는 雖號爲一時賢相이나 之於先王大道하야는 曾未足以知髣髴이니 此書所以不傳於不道不神不聖不賢之人也이라 離有離無之爲道오 非有非無之謂神이오 有而無之之謂聖이오 無而有之之謂賢이니 非四者면 雖口誦此書나 亦不能身行之矣리라.

宋, 張商英, 天覺은 撰하노라.

原始章 第一

1. 夫道德仁義禮五者는 一體也이라

[張註] : 離而用之則有五하고 合而渾之則爲一이니 一은 所以貫五오 五는 所以衍一이라.

[魏註] : 夫有道者必有德 德者必懷仁 既懷其仁 必行其義 故有道德仁義之君 必以禮下於人 是以道德仁義禮五者闕一不可也.

2. 道者는 人之所蹈이니 使萬物로 不知其所由오

[張註] : 道之衣被萬物이 廣矣大矣라 一動息一語默과 一出處一飲食과 大而八紘之表와 小而芒芥之內이 何適而非道也이리오 仁不足以名故로 仁者이 見之에 謂之仁이오 智不足以盡故로 智者이 見之에 謂之智오 百姓은 不足以見故로 日用而不知也이라.

[魏註] : 君不違民利 使民遂成其性 為之道理.

3. 德者는 人之所得이니 使萬物로 各得其所欲이오.

[張註] : 有求之謂欲이니 欲而不得이 非德之至也이라 求於規矩者는 得方圓而已矣오 求於權衡者는 得輕重而已矣로되 求於德者는 無所欲而不得이니 君臣父子이 得之以爲君臣父子하고 昆蟲草木이 得之以爲昆蟲草木하고 大得以成大하고 小得以成小하고 邇之一身과 遠之萬物에 無所欲而不得也이라.

[魏註] : 為君之道 處其厚 不處其薄 法於天道 不言而信.

4. 仁者는 仁之所親이니 有慈惠惻隱之心하야 以遂其生成이오.

[張註] : 仁之爲體如天하니 天無不覆오 如海하니 海無不容이오 如雨露하니 雨露이 無不潤이니 慈惠惻隱은 所以用仁者也이라. 非親於天下而 天下이 自親之하야 無一夫不獲其所하고 無一物不獲其生이라 書에 曰 鳥獸魚鼈이 咸若이라하고 詩에 曰 敦彼行葦여 牛羊勿踐履라하니 其仁之至也이니라.

[魏註] : 爲人君親萬姓皆如赤子 使民仰之如慈親 故云人之所親.

[魏註] : 慈者常念萬物恐失其所 謂之慈, 惠者賜也與也. 重人之才而與方便各 得其所 謂之惠, 惻隱者能憫惻于微細 憂及于人 常念之如赤子也.

5. 義者는 人之所宜니 賞善罰惡하야 以立功立事오.

[張註] : 理之所在을 謂之義오 順理而決斷은 所以行義니 賞善罰惡은 義之理 也오 立功立事은 義之斷也이라.

[魏註] : 懲奸勸善 濟弱扶危 謂之義. 賞善者不以私嫌而廢功, 罰惡者不以親 戚而免誅 然後可以成功立事也.

6. 禮者는 人之所履니 夙興夜寐하야 以成人倫之序이니.

[張註] : 禮는 履也이니 朝夕之所履踐而不失其序者이 皆禮也이라 言動視聽 을 造次에 必於是면 放僻奢侈從何而生乎아.

[魏註] : 夫爲人君之長 晝夜恭勤于禮節 乃能化被于人倫 令尊卑有序 使非法 不行 謂之傳敎 詩云人而無禮胡不遄死.

7. 夫欲爲人之本인데 不可無一焉이니라.

[張註] : 老子이曰 失道而後에 德이오 失德而後에 仁이오 失仁而後에 義오 失義而後에 禮니 失者는 散也이라. 道散而爲德하고 德散而爲仁하고 仁散而爲義하고 義散而爲禮니 五者이 未嘗不相爲用이나 而要其 不散者는 道妙而已라 老子는 言其體故로 曰禮者는 忠言之薄而亂之 首라하고 黃石公은 言其用故로 曰 不可無一焉이니라.

[魏註] 에서는 7,故8번으로 본문이 이어져 있다.

8. 賢人君者는 明於盛衰之道하고 通乎成敗之數하고 審乎治亂之勢하고 達乎去就之理라.

[張註] : 盛衰有道하고 成敗有數하고 治亂有勢하고 去就有理라.

[魏註] : 能審乎盛衰者謂之賢人, 君有道即就明其盛也, 君無道即隱明乎衰也. 通乎成敗者 君有道 能匡君之美, 君無道 終不同其醜而故爲惡也. 雖居敗世而不亡身故云通.

[魏註] : 君有道則理可就而成之 君無道則亂可捨而去之 故曰去就之理也.

9. 故로 潛居抱道하고 以待其時하야

[張註] : 道는 猶舟也오 時는 猶水也니 有舟楫之利하고 無江河而行之면 亦 莫見其利涉也이라.

[魏註] : 潛者隱也 賢人君子混于世 非遇明君而不顯其道 故曰待其時也.

10. 若時至而行則能極人臣之位하고 得機而動則能成絶代之功하나니 如其不遇면 沒身而已라.

[張註] : 養之有素하야 及時而動이면 機不容髮이니 豈容擬議者哉아.

[魏註] : 君臣道合 能建立事功 華夷歸德 自然位極人臣. 若非道而處雖得之不久也.

[魏註] : 機者謀也. 夫人藏機于心 如弩之有關也. 若審其物而發 則物無不中, 乘其時而動 即物無不成. 故弩不可虛發 機不可亂施. 弩虛發即狂 機亂施即敗. 惟得時而動 得機而發 則如神而成功也.

[魏註] : 沒者隱也. 言君臣道不相合 不可以贊 則隱之于世 身不可妄仕, 身不仕 無禍及也. 是以其道足高而名垂于後世 謂之聖人.

11. 是以로 其道이 足高而名重於後代니라.

[張註] : 道高則 名隨於後而重矣라.

魏○是以其道足高而名垂于後世謂之聖人

[魏註] : 言行此道者 皆履于高貴 名播後代 是以謂之聖人.

右第一章은 言道不可以無始라.

正道章 第二

12. 德足以懷遠하며 信足以一異하며 義足以得衆하며 才足以鑑古하며 明足以照下면 此는 人之俊也오

[張註] : 懷者는 中心悅而誠服之謂也오 有行有爲而衆人이 宜之則得乎衆人矣라.

[魏註] : 不顧小節而謀遠大 是謂有德.

[魏註] : 天之於人 無言而四時行寒暑不差毫釐 故君子法於天 不可無信 設彼法度終始 如一.

[魏註] : 不私於財 不厚於己 然後能伏其衆也.

[魏註] : 才非文才也 謂公才也. 能思前王之行 有美德者行之 其不善者省而非之 此爲鑑古.

[魏註] : 夫君子處人之上 如鏡在臺無物不照 能參人是非 故爲明君也.

[魏註] : 行此五事得名之俊才也.

13. 行足以爲儀表하며 智足以決嫌疑하며 信可以使守約하며 廉可以使分財면 此는 人之豪也오

[張註] : 嫌疑之際는 非智면 不決이라.

[魏註] : 所行之事動合規儀 衆取則於我爲儀表.

[魏註] : 避嫌遠疑 是爲有智.

[魏註] : 受君之命 雖萬里越境而守信不可移也,

[魏註] : 不厚己而薄人,

[魏註] : 能行斯四者得名之豪士.

14. 守職而不廢하며 處義而不回하며 見嫌而不苟免하며 見利而不苟得이면 此는 人之傑也이니라.

[張註] : 孔子이 爲委吏 乘田之職이 是也오 迫於利害之際而確然守義者는 此不回也오 周公은 不嫌於居攝하시고 召公則有所嫌也오 孔子는 不嫌於見南子하시고 子路則有所嫌也이니 居嫌而不苟免은 其惟至明乎인져 俊者는 峻於人이오 豪者는 高於人이오 傑者는 桀於人이니 有德,有信,有義,有才,有明者는 俊之事也오 有行,有智,有言,有廉者는 豪之事也오 至於傑則才行으로 不足以明之矣라 然이나 傑勝於豪하고 豪勝於俊也이라.

[魏註] : 不曠其位而行今 謂之不廢.

[魏註] : 事君盡忠 見危盡命而匡救不移 謂之不回.

[魏註] : 非道之利 豈可苟得乎, 合義之難 豈可苟免乎 是謂人傑.

右第二章은 言道不可以非正이라

求人之志章 第三

15. 絶嗜禁慾은 所以除累오

[張註] : 人性이 淸靜하야 本無係累나 嗜欲所牽에 捨己逐物이라.

[魏註] : 君若躭玩於一事 則使民廢其業 競以所好來求寵也, 多欲卽牽累其心 是以不躭不欲 自然無其累也.

16. 抑非損惡은 所以禳過오

[張註] : 禳은 猶祈禳而去之也이니 非至於無抑하고 惡至於無損하면 過可以無禳矣라.

[魏註] : 抑者遏也 遏其是非之心, 損者減也 減其造惡之事 可以除己之過.

17. 貶酒闕色은 所以無污오

[張註] : 色敗精이니 精耗則害神하고 酒敗神이니 神傷則害精이라.

[魏註] : 酒色於人損而無益 使人神不淸 智不明, 神濁卽滅筭, 智暗卽聽政不審也.

18. 避嫌遠疑는 所以不悞오

[張註] : 於跡에 無嫌하고 於心에 無疑면 事乃不悞爾라.

[魏註] : 處於嫌疑 寧無禍患.

19. 博學切問은 所以廣知오 위노주에는 智라 했다

[張註] : 有聖賢之質하고 而不廣之以學問은 不勉故也이라.

[魏註] : 前王之教 傳於典籍 博而覽之以成學業, 切問者有不明之義 切而問之 以廣其智.

20. 高行微言은 所以修身이오

[張註] : 行欲高而不屈하고 言欲微而不彰이라.

[魏註] : 高行者處下而不深 居眾而不羣 謂之高. 行微言者習先王典誥垂教之 言以化人 謂之微言. 專而行之 謂之修身.

21. 恭儉謙約은 所以自守오 深計遠慮는 所以不窮이오

[張註] : 管仲之計, 可謂能九合諸侯矣나 而窮於王道하고 商鞅之計 可謂能強 國矣나 而窮於仁義하고 弘羊之計 可謂能聚財矣나 而窮於養民이니 凡有窮者는 俱非計也이라.

[魏註] : 恭恭於物 人能敬之 儉約謙和可保終吉.

[魏註] : 計不深而必敗, 慮不遠而必憂 故君子深遠計慮 而能不處於窮極之地 也.

22. 親仁友直은 所以扶顛이오 顛은 위노주에 隆로 되어있다

[張註] : 聞譽而喜者는 不可以友直이라.

[魏註] : 親於仁人 結彼直友 即能不怠其身於禍害.

23. 近恕篤行은 所以接人이오

[張註]: 極高明而道中庸은 聖賢之所以接人也이니 高明者는 聖賢之所獨이오 中庸者는 衆人之所同也이라.

[魏註]: 恕人之短 藏己之長 不傲於物 而行恭敬 即無人不接矣.

24. 任材使能은 所以濟務오 任材使能은 위노주에 任能使才로 되어 있다

[張註]: 應變之謂材오 可用之謂能이니 材者는 任之而不可使오 能者는 使之而不可任이니 此는 用人之術也이라.

[魏註]: 良匠無棄材 良將無棄士 度彼才能而用之 故各濟其務.

25. 癉惡斥讒은 所以止亂이오 癉惡은 도장에는 彈惡, 위노주에는 絶惡으로 되어 있다

[張註]: 讒言惡行은 亂之根也이라.

[魏註]: 閉讒說之門 塞姦邪之路 行於正道 固無禍亂也.

26. 推古驗今은 所以不惑이오

[張註]: 因古人之跡하고 推古人之心하야 以驗方今之事면 豈有惑哉아.

[魏註]: 君子必思其本末 不躁而求進於古先 無不立功業 而成大名 所以不惑.

27. 先揆後度는 所以應卒이오

[張註]: 執一尺之度而天下之長短이 盡在是矣니 倉卒事物之來而應之無窮者는 揆度이 有數也이라.

[魏註]: 軍機尚怯 故兵書曰 其要在豫謀 是以有備無患 不豫揆度 何以應卒

28. 設變致權은 所以解結이오

[張註] : 有正有變하고 有權有經하니 方其正有所不能行하면 則變而歸之於正也하고 方其經有所不能用이면 則權而歸之於經也이라.

[魏註] : 君子之性如水 能就其方圓 不可固而執之 必能變通 故可解其結.

29. 括囊順會는 所以無咎오

[張註] : 君子이 語黙以時하고 出處以道하야 括囊而不見其美하고 順會而不發其機는 所以免咎라.

[魏註] : 不累非道之財而能濟眾者 故無災害.

30. 橛橛梗梗은 所以立功이오 _{梗梗은 위노주에는 挺挺으로 되어 있고, 위노주에는 30, 31을 묶어 주를 같이 달았다.}

[張註] : 橛橛者는 有所恃而不可搖오 梗梗者는 有所立而不可撓라.

31. 孜孜淑淑은 所以保終이니라 _{孜孜淑淑은 위노주에는 兢兢業業으로 되어 있다.}

[張註] : 孜孜者는 勤之又勤하고 淑淑者는 善之又善이니 立功은 莫如有守하고 保終은 莫如無過也이라.

魏○橛橛梗梗所以立功 兢兢業業所以保終

[魏註] : 不墮不慢初終如一 所以長守其貴也.

右第三章은 言志不可以妄求라

本德宗道章 第四

32. 夫志心篤行之術은 長莫長於博謀하고 _{博謀는 위노주에 籌謨로 되어 있다.}

[張註] : 謀之欲博이라.

[魏註] : 小人以力爭 君子以謀勝 是以良將不戰而勝 故力事不如謀成.

33. 安莫安於忍辱하고 _{忍辱은 위노본에 忍欲으로 되어 있다}

[張註] : 至道曠夷하니 何辱之有이리오.

[魏註] : 忍其所欲則心神不撓, 心神不撓則四體安寧.

34. 先莫先於修德하고

[張註] : 外而成物하고 內而成己는 修德이라.

[魏註] : 修德為百行之先 故皇天無親 惟德是輔

35. 樂莫樂於好善하고 神莫神於至誠하고

[張註] : 無所不通之謂神이니 人之神이 與天地參이로되 而不能神於天地者는 以其不至誠也이라.

[魏註] : 崇奉正教 敬仰神祇謂之善.

[魏註] : 至誠感神 從精誠發于心 必能動天地 感鬼神矣.

36. 明莫明於體物하고 <small>위노주에 潔莫潔於愼濁 으로 되어 있다</small>

[張註] : 記애 云 淸明在躬에 志氣如神이라하니 如是則萬物之來에 豈能逃吾之照乎아.

魏○潔莫潔於愼濁

[魏註] : 戒愼無染可致高潔.

37. 吉莫吉於知足하고

[張註] : 知足之吉은 吉之又吉이라.

[魏註] : 任直體道 不非理以求富貴 故常保吉慶.

38. 苦莫苦於多願하고

[張註] : 聖人之道이 泊然無欲하야 其於物也에 來則應之하고 去則己之오 未嘗有願也이라 古之多願者이 莫如秦皇漢武이니 國則願富하고 兵則願强하고 功則願高하고 名則願貴하고 宮室則願華麗하고 姬嬪則願美艶하고 四夷則願服하고 神仙則願致나 然而國愈貧兵愈弱하고 功愈卑名愈鈍하야 卒至於所求不獲而遺狼狽者는 多願之所苦也이라. 夫治國者이 固不可多願이오 至於賢人養身之方하야는 所守를 其可以不約乎아.

[魏註] : 多願而少得 必苦於心也.

39. 悲莫悲於精散하고

[張註]: 道之所生之謂一이오 純一之謂精이오 精之所發之謂神이니 其潛於無也則無生無死하며 無先無後하며 無陰無陽하며 無動無靜하고 其舍於神也則爲明爲哲하며 爲知爲識하야 血氣之品이 無不稟受하나니 正用之則聚而不散하고 邪用之則散而不聚라 目淫於色則精散於色矣오 耳淫於聲則精散於聲矣오 口淫於味則精散於味矣오 鼻淫於臭則精散於臭矣니 散之不已면 其能久乎아.

[魏註]: 形者神之屋宅也 精散則形枯 形枯則神無所居 爲陰鬼所侵 雖金玉滿堂而不可贖其身妻子至親而不可延其命 故悲.

40. 病莫病於無常하고

[張註]: 天地所以能長久者는 以其有常也이니 人而無常이면 不其病乎아.

[魏註]: 君子之性必有常度 苟或不常是爲病也.

41. 短莫短於苟得하고

[張註]: 以不義得之면 必以不義失之니 未有苟得而能長也이라.

[魏註]: 不以其道 苟而得之 是爲不久長也.

42. 幽莫幽於貪鄙하고

[張註]: 以身徇物이면 闇莫甚焉이라.

[魏註]: 貪求向己 鄙悋於人 此是小人之行 故云幽.

43. 孤莫孤於自恃하고　自恃는 원노주에 自是로 되어 있다.

[張註] : 桀紂는 自恃其才하고 智伯은 自恃其强하고 項羽는 自恃其勇하고 高莽은 自恃其智하고 元載盧杞는 自恃其狡하니 自恃其氣면 驕於外而善不入하고 耳不聞善則孤而無助이니 及其敗에 天下이 爭從而亡之라.

魏○孤莫孤於自是

[魏註] : 人君常執自是以責人 非衆聰不與共聽 衆明不與共視 豈不孤矣.

44. 危莫危於任疑하고

[張註] : 漢疑韓信而任之하야 而信이 幾叛하고 唐疑李懷光而任仔하야 而懷光이 遂逆이라.

[魏註] : 既懷其疑即不可任 若任所疑必致死禍.

45. 敗莫敗於多私이니라

[張註] : 賞不以功하고 罰不以罪하며 喜佞惡直하고 黨親遠踈면 小則結匹夫之怨하고 大則激天下之怒이니 此는 私之所敗也이라.

[魏註] : 向公無憂多私必敗.

　　　　右第四章은 言本宗을 不可以離道德이라

遵義章 第五

46. 以明示下者는 闇하고   <small>闇은 위노주에 淺으로 되어 있다</small>

[張註] : 聖賢之道는 內明外晦이니 惟不足於明者는 以明示下하나니 乃其所以闇也이라.

[魏註] : 明不可炫 藏其心 不能自炤 可謂淺矣.

47. 有過不知者는 蔽하고

[張註] : 聖人은 無過可知하고 賢人之過는 微形而悟하나니 有過不知면 其愚蔽이 甚矣라.

[魏註] : 君子日新其德 慮恐有過不自改乎.

48. 迷而不返者는 惑하고

[張註] : 迷於酒者는 不知其伐吾性也오 迷於色者는 不知其伐吾命也오 迷於利者는 不知其伐吾志也이니 人本無迷로되 惑者이 自迷之라.

[魏註] : 日月時有虧盈 人豈無過不患, 有過而患不改 是不惑矣.

49. 以言取怨者는 禍하고

[張註] : 行而言之면 則機在我而禍在人하고 言而不行이면 則機在人而禍在我라.

[魏註] : 不慮其遠 以言傷人 既取其怨 久而成患 故曰口是禍之門.

50. 令與心乖者는 廢하고

[張註] : 心以出令이오 令以行心이라.

[魏註] : 令不可以心乖即民不敬.

51. 後令謬前者는 毀하고

[張註] : 號令不一이면 心無信而自毀棄矣라.

[魏註] : 法令繆行卽毀謗起.

52. 怒而無威者는 犯하고

[張註] : 文王이 不大聲以色하사되 四國이 畏之하고 孔子이 曰不怒而民威於 鈇鉞이니라.

[魏註] : 君子不重則不威 旣無威德 小人是以犯之也.

53. 好直辱人者는 殃하고   好直은 도장과 위노주에 好衆이라 되어 있다.

[張註] : 己欲沽直名而置人於有過之地는 取殃之道也이라.

[魏註] : 折辱於人 爲衆所恥 積怨蓄懷 久而成殃也.

54. 戮辱所任者는 危하고   任은 위노주에 仕로 되어 있다.

[張註] : 人之云亡에 危亦隨之라.

[魏註] : 曾受無辜之辱不可任之 得權得使必危也.

55. 慢其所敬者는 凶하고

[張註] : 以長幼而言則齒也오 以朝廷而言則爵也오 以賢愚而言則德也이니 三者을 皆可敬호되 而外敬則齒也爵也오 內敬則德也이라.

[魏註] : 合歸敬者而反慢之 必招禍矣.

56. 貌合心離者는 孤하고 親讒遠忠者는 亡하고 _{讒은 위노주에 佞으로 되어 있다}

[張註] : 讒者는 善揣摩人主之意而中之하고 忠者는 惟逆人主之過而諫之니 合意者는 多悅하고 逆意者는 多怒라 此이 子胥殺而吳亡하고 屈原放而楚亡也이니라.

[魏註] : 貌與心乖者 事多不同道 旣寡其朋 必孤獨也.

[魏註] : 不納忠良之言而聽讒邪之說 良臣去國奸佞在朝 此為滅亡之本也.

57. 近色遠賢者는 惛하고 女謁公行者는 亂하고

[張註] : 太平公主와 韋庶人之禍이 是也이라.

[魏註] : 好色而不親善事 此爲昏亂之君也.

[魏註] : 內戚外連公行私事 此乃禍亂之本.

58. 私人以官者는 浮하고 _{위노주에는 58가 57문장 사이 女謁公行者 앞에 있다.}

[張註] : 淺浮者는 不足以勝名器니 如牛仙客이 爲宰相之類이 是也이라.

[魏註] : 才器無堪而强處於祿位 如漚之在水浮而不久也.

★ 위노주에는 장주에는 없는 魏59, 魏60, 魏61의 세 문장이 장주의 58과 59사이에 있다.

59. 凌下取勝者는 侵하고 名不勝實者는 耗하고 _{凌下는 위노주에 凌弱으로 되어 있다}

[張註] : 陸贄曰 名近於虛나 於教에 爲重하고 利近於實이나 於義에 爲輕이니 然則實者는 所以致名이오 名者는 所以符實이니 名實相副則不耗匱矣라.

[魏註] : 倚尊凌卑 强取勝功 是謂侵欺 故非有德.

[魏註] : 張彼虛譽而無實功 其名日消 其道日耗.

60. 略己而責人者는 不治하고 自厚而薄人者는 棄하고

[張註] : 聖人은 常善救人而無棄人하고 常善救物而無棄物이라 自厚者는 自滿也오 非仲尼所謂躬自厚之厚也이니 自厚而薄人則人將棄廢矣라.

[魏註] : 顯己之長 責人之短 自恃其能 必不治也.

[魏註] : 自厚薄人 人不同心 故多棄叛.

61. 以過棄功者는 損하고 羣下外異者는 淪하고 _{위노주에는 以小過棄大功者損 로, 外異는 外思로 되어 있다}

[張註] : 措置失宜하야 羣情隔塞하고 阿諛並進하며 私徇並行하야 人人異心이면 求不淪亡이나 不可得也이라.

魏○以小過棄大功者損

[魏註] : 以小過掩大功 則使徒進日滅其志 故可損也.

魏○羣下外思者淪

[魏註] : 思歸於外即多離心 援寡德孤 淪亡之兆.

62. 旣用不任者는 疏하고

[張註] : 用賢不任則失士心이니 此는 管仲所謂害霸也이라.

[魏註] 에는 문장이 없다.

63. 行賞悋色者는 沮하고   원노주에는 悋色으로 되어있다.

[張註] : 色有靳吝이면 有功者이 沮이니 項羽之刓印이 是也이라.

[魏註] : 既疑勿使 既用勿疑.

64. 多許少與者는 怨하고

[張註] : 失其本望이라.

[魏註] 에는 문장이 없다.

65. 旣迎而拒者는 乖하고

[張註] : 劉璋이 迎劉備而反拒之是也이라.

[魏註] 에는 문장이 없다.

66. 薄施厚望者는 不報하고

[張註] : 天地不仁히야 以萬物爲芻狗하고 聖人이 不仁하야 以百姓爲芻狗하나니 覆之載之하고 含之育之나 豈責其報也이리오.

[魏註] 에는 문장이 없다.

67. 貴而忘賤者는 不久하고

[張註] : 道足於己者는 貴賤이 不足以爲榮辱하야 貴亦固有하고 賤亦固有로되 唯小人은 驟而處貴則忘其賤하나니 此所以不久也이라.

[魏註] 에는 문장이 없다.

68. 念舊怨而棄新功者는 凶하고

[張註] : 切齒於睚眦之怨하고 眷眷於一飯之恩者는 匹夫之量이라 有志於天下者는 雖仇나 必用은 以其才也오 雖怨이나 必錄은 以其功也이니 漢高祖이 侯雍齒는 錄功也오 唐太宗이 相魏鄭公은 用才也이라.

[魏註] 에는 문장이 없다.

69. 用人不得正者는 殆하고, 强用人者는 不畜하고

[張註] : 曹操이 强用關羽而終歸劉備하니 此는 不畜也이라.

[魏註] 에는 문장이 없다.

70. 爲人擇官者는 亂하고, 失其所强者는 弱하고

[張註] : 有以德强者하고 有以人强者하고 有以勢强者하고 有以兵强者하니 堯舜은 有德而强하고 桀紂는 無德而弱하고 湯武는 得人而强하고 幽厲는 失人而弱하고 周는 得諸侯之勢而强하고 失諸侯之勢而弱하고 唐은 得府兵而强하고 失府兵而弱이라 其於人也엔 善爲强 惡爲弱이오 其於身也엔 性爲强 情爲弱이라.

[魏註] 에는 문장이 없다.

71. 決策而不仁者는 險하고

[張註] : 不仁之人은 幸灾樂禍라.

[魏註] 에는 문장이 없다.

72. 陰計外泄者는 敗하고, 厚斂薄施者는 凋하고

[張註] : 凋는 削也이니 文中子이 曰 多斂之國은 其財必削이라

[魏註] 에는 문장이 없다.

73. 戰士貧하며 游士富者는 衰하고

[張註] : 游士는 鼓其頰舌하야 惟幸烟塵之會하고 戰士는 奮其死力하야 專捍疆場之虞하나니 富彼貧此면 兵勢衰矣라.

[魏註] 에는 문장이 없다.

74. 貨賂公行者는 昧하고

[張註] : 私昧公하고 曲昧直也이라.

[魏註] 에는 문장이 없다.

75. 聞善忽略하며 記過不忘者는 暴하고

[張註] : 暴則生怨이라.

[魏註] 에는 문장이 없다.

76. 所任不可信하며 所信不可任者는 濁하고

[張註] : 濁은 溷也이라.

[魏註] 에는 문장이 없다.

77. 牧人以德者는 集하고 繩人以刑者는 散하고

[張註] : 刑者는 原於道德之意而怨在其中이니 是以로 先王이 以刑輔德하고 而非專用刑者也이라 故로 曰 牧之以德則集하고 繩之以刑則散也이라.

[魏註] : 窮問盡理 量罪行誅 使不受於無辜 以道教化 謂之得眾人皆聚而歸化也. 不量輕重 不窮詞理 而行誅滅 令人恐懼 不復聊生 謂之暴虐 故散亡也.

78. 小功不賞이면 則大功不立하고, 小怨不赦면 則大怨必生하고, 賞不服人하며 罰不甘心者는 叛하고 위노주에는 賞不服人하며 罰不甘心者는 叛하고가 賞人恨之 罰人不甘心者叛로 되어 있다.

[張註] : 人心이 不服則叛也이라.

魏○小功不賞則大功不立, 小怨不赦則大怨必生, 賞人恨之 罰人不甘心者叛

[魏註] : 重賞之下 必有勇夫. 大人君子法象天地無不包容 不求小過于人 故天下無怨也. 功大而賞輕則恨起 過小而罰重則人必不甘.

79. 賞及無功하며 罰及無罪者는 酷하고 위노주에는 賞加無功者怨 無罪者罰 善人彼其酷暴로 되어 있다.

[張註] : 非所宜加者는 酷也이라.

○賞加無功者怨 罰及無罪者酷

[魏註] : 無功者賞 有功者怨. 無罪者罰 善人彼其酷暴.

80. 聽讒而美하며 聞諫而仇者는 亡하고, 能有其有者는 安하고, 貪人之有者는 殘이니라 위노주에 聽讒而美 膳 聞諫如仇者으로 되어 있다

[張註] : 有吾之有則心逸而身安이라.

[魏註] : 樂讒言如飮美膳 聞忠諫似見仇讎 去道日遠 不亡何待.

[魏註] : 能有其有者 滿而不溢 故安. 無道之君 貪人之有 非殘害者不可得也.

右第五章은 言遵而行之者는 義也이라

위노주에 있으나 장상영주에 없는 문장은 다음과 같다.

魏59. 上下相違者散

[魏註] : 君臣貴和 患在不睦 上違下拒 可散可離.

魏60. 上下相怠者無功

[魏註] : 上下相承功齊天地 是非各異 何功而成.

魏61. 上下相易者傾

[魏註] : 以勢奪權 以財易位 君臣俱傾危也.

安禮章 第六

81. **怨在不赦小過하며 患在不預定謀하고 福在積善하며 禍在積惡하고** _{赦는 위노주에 拾으로 되어 있다}

[張註] : 善積則致於福하고 惡積則致於禍ㅣ니 無善無惡이면 則亦無禍福矣라.

[魏註] : 拾小過而怨是稀也.

[魏註] : 不預定謀 臨難何悔.

[魏註] : 積善之家 必有餘慶.

[魏註] : 積不善之家 必有餘殃.

82. **飢在賤農하며 寒在惰織하고 安在得人하며 危在失事하고 富在迎來하며 貧在棄時하고** _{惰織은 도장 위노주에 墮織으로 되어 있다 도장에는 危在失士로 되어 있다. 棄時는 위노주에 後時로 되어 있다}

[張註] : 唐堯之節儉과 李悝之盡地利와 越王句踐之十年生聚와 漢之平準이 皆所以迎來之術也ㅣ라.

[魏註] : 守天之道 分地之利 何有饑寒之也.

[魏註] : 苟得其人 人必匡以政 故仁者安仁.

[魏註] : 士有宣力 匡君竭誠爲主 反遭毀棄則賢者退 國必危亡也.

[魏註] : 智者預謀 愚者後動.

83. 上無常躁면 下無疑心하고 下無疑心은 원노주에 下多疑心으로 되어 있으나 下無疑心이 맞는 듯하다

[張註] : 躁動無常하야 喜怒不節이면 羣情猜疑하야 莫能自安이라.

[魏註] : 君子居止不撓進退之儀 是爲有德. 心若躁靜不常 喜怒不節 人皆莫測 故多疑生也.

84. 輕上生罪하며 侮下無親하고

[張註] : 輕上이면 無禮하고 侮下면 無恩이라.

[魏註] : 慢上招禍 侮下情疏 君臣旣疏 故無親也.

85. 近臣을 不重이면 遠臣이 輕之하고 원노주에는 遠臣이 遠者로 되어 있다

[張註] : 淮南王이 言 去平津侯을 如發夢耳라.

[魏註] : 欲仰其君 先觀其臣 良臣在朝 德先歸於君. 國無良臣 若車無軔也.

86. 自疑면 不信人하며 自信이면 不疑人하고

[張註] : 疑暗而信明也ㅣ라.

[魏註] : 人君多自疑 不信忠直之言 若自誠信 則人化之情各盡誠 何勞疑矣.

87. 枉士난 無正友하며 曲上은 無直下하고 원노주에는 正友가 直友로 되어있다

[張註]: 李逢吉之友則八關十六子之徒ㅣ是也오 元帝之臣則弘恭石顯이 是也ㅣ라.

[魏註]: 枉者 曲也 夫好曲者必惡直 故云無直友也

[魏註]: 未有形正而影曲者 蓋上不正即使下多委曲也.

88. 危國에 無賢人하며 亂政에 無善人하고 _{위노주에 賢人은 賢臣으로 되어있다}

[張註]: 非無賢人善人이나 不能用故也ㅣ라.

[魏註]: 夫國之起禍 如身之有疾 善攝養者不使困弊 善理國者不致顛危 用忠信之言 其禍可救 從無益之計 其國必危 國既危矣 賢人何救 故云無賢臣也.

[魏註]: 上以風化下 故小人隨之也.

89. 愛人深者난 求賢急하며 樂得賢者난 養人厚하고

[張註]: 人不能自愛오 待賢而愛之하고 人不能自樂이오 待賢而養之라.

[魏註]: 昔周公欲成大國之美 而求天下之賢 吐哺進賓 握髮待士 居上位而不驕 輔成大業 垂芳萬古 謂之聖人.

[魏註]: 取魚必香餌 縻賢必厚祿 以香餌求魚 魚可竭 以厚祿養士 士畢至 故得天下賢人聚而歸之. 餌:먹이이. 縻:멜미 얽을미 고삐미

90. 國將霸者난 士皆歸하며 邦將亡者난 賢先避하고 _{위노주에 賢士徵不歸 亡國之證 國之將亡賢士先出라 하였다}

[張註]: 趙殺鳴犢故로 夫子ㅣ臨河而返하시고 微子去商과 仲尼去魯ㅣ是也ㅣ라.

魏○賢士徵不歸 亡國之證

[魏註]：君昏則賢去國 迎而不返者 是亡國之徵也.

魏○國之將亡賢士先出

[魏註]：微子去商 仲尼去魯.

91. 地薄者난 大物不産하며 水淺者난 大魚不遊하며 樹禿者난 大禽不棲하며 林疎者난 大獸不居하고 위노주에는 地薄者 大物不生 水淺者 大魚不遊 樹禿者 大鳥不栖 林疏者 大獸不居라 하였다

[張註]：此四者난 以明人之淺則無道德하고 國之淺則無忠賢也ㅣ라

[魏註]：此皆喩君德不廣 賢人無所容也.

92. 山峭者난 崩하며 澤滿者난 溢하고

[張註]：此二者난 明過高過滿之戒也ㅣ라.

[魏註]：言山無基腳 峭拔而獨高必崩 喩君無輔佐 而必政危亡.

[魏註]：澤不及江海之廣 而易爲滿溢 喩量狹之君 如澤之溢滿也.

93. 棄玉取石者난 盲하며 羊質虎皮者난 辱하고 棄玉取石者는 위노주에 棄玉如石者로 되어 있다

[張註]：有目이나 與無目者로 同하고 有表無裏면 與無表로 同이라.

[魏註]：玉石不分 賢愚不辯 如其盲瞽也.

[魏註]：不量才而用人 德不稱其位. 喩虎皮致于羊身 豈不辱其威儀哉.

원문: 安禮

94. 衣不擧領者난 倒하며 走不視地者난 顚하고

[張註] : 當上而下하고 當下而上이라.

[魏註] : 擧衣不從領必倒 用人不量才必亂.

[魏註] : 喩君子之德在乎寬審 不詳不審 必致顚墜也.

95. 柱弱者난 屋壞하며 輔弱者난 國傾하고

[張註] : 才不勝任을 謂之弱이라.

[魏註] : 峻宇必資於梁柱 明君須藉其良臣 輔佐非其人 如屋之無梁柱也 必致傾壞.

96. 足寒傷心하며 人怨傷國하고

[張註] : 夫沖和之氣生於足而流於四肢호되 而心爲之君이니 氣和則天君이 樂하고 氣乖則天君이 傷矣라.

[魏註] : 國以人爲本 明君能理民怨 常察民心 以遵所欲 太公曰國將亡而民先困也.

97. 山將崩者난 下先隳하며 國將衰者난 人先弊하고   위노주에

97, 98이 같이 이어져 있으며 山欲崩者先隳基 國將衰者人先弊 根枯枝朽 人困國殘라 하였다

[張註] : 自古及今에 生齒富庶하며 人民康樂而國衰者ㅣ 未之有也ㅣ라.

魏○ 山欲崩者先隳基 國將衰者人先弊 根枯枝朽 人困國殘

[魏註] : 山以基爲本 樹以根爲本 言亡其本 皆無以立也

98. 根枯枝朽하며 人困國殘하고

[張註] : 長城之役이 興而秦殘하고 汴河之役이 興而隋殘이라.

[魏註] 에는 97과 같이 이어져 있다.

99. 與覆車同軌者난 傾하며 與亡國同事者난 滅하고

[張註] : 漢武ㅣ 欲爲秦皇之事라가 幾至於傾호되 而能有終者난 末年에 哀痛自悔也ㅣ라 桀紂난 以女色亡而幽王之褒姒ㅣ 同之하고 漢은 以閹宦亡而唐之中尉ㅣ 同之라.

[魏註] : 前車已覆 後車宜改轍 亡國之令 亦宜改之 反與同行 自貽傾滅也

100. 見已生者난 愼將生하며 惡其跡者난 須避之하고 _{위노주에}
見已往 愼將來 惡其跡者豫避라 하였다

[張註] : 己生者난 見而去之也오 將生者난 愼而弭之也ㅣ라 惡其跡者난 急履而惡路ㅣ 不若廢履而無行이오 妄動而惡知ㅣ 不若紐心而無動이라.

魏○見已往 愼將來 惡其跡者豫避

[魏註] : 察彼興亡之道 可見吉凶之源 惡跡之人宜改而避之 終無累也.

101. 畏危者난 安하며 畏亡者난 存하나니 夫人之所行이 有道則吉하고 無道則凶이라 吉者난 百福所歸오 凶者난 百禍所攻이니 非其神聖이오 自然所鍾이니라   위노주에 畏

원문: 安禮 33

亡은 懼亡으로, 非其神聖은 非曰神聖으로 되어 있다.

[張註]: 有道者난 非以求福而福自歸之하고 無道者난 畏禍愈心而禍愈攻之하나니 豈有神聖이 爲之主宰리오 乃自然之理也ㅣ라.

[魏註]: 君子居安思危 所以長久. 不思不慮 恣情所欲 自取傾亡也.

[魏註]: 周公文王以德伏諸侯而天下歸之, 有兵不戰而取勝 有城不備而無敵, 子孫相承八百餘年 謂之吉君. 桀紂之君縱彼兇暴 以酒爲池 以肉爲林 積財如丘, 以募勇士能拔山扛鼎者 能陸地行舟者 能舒鉤斷索者 勇力之人可及數千 立見亡敗 身首異處 子孫滅亡 無道雖縱於一時 醜名自彰於百代 豈不哀哉.

[魏註]: 君行仁德 衆所歸之而成福 君行暴虐 衆所攻之而致禍.

[魏註]: 黃石公謙言云 非吾能致人之吉凶 乃隨人之所爲而致其禍福也.

102. 務善策者난 無惡事하며 無遠慮者난 有近憂니라

有近憂는 위노주에 無近憂라 하였다

[張註] 에는 주가 없다

[魏註]: 君子不務善策 如木不從繩 不有遠慮 其何免于憂乎

★ 이하 103부터는 장주에만 문장이 있다.

103. 同志相得하며

[張註]: 舜則八元八凱오 湯則伊尹이오 孔子則顏淵이 是也ㅣ라.

104. 同仁相憂하며

[張註]：文王之閎散과 微子之父師少師와 周旦之召公과 管仲之鮑叔이 是也ㅣ라.

105. 同惡相黨하며

[張註]：商紂之臣億萬과 盜蹠之徒九千이 是也ㅣ라.

106. 同愛相求하며

[張註]：愛財則聚斂之士을 求之하고 愛武則談兵之士을 求之하고 愛勇則樂傷之士을 求之하고 愛仙則方術之士을 求之하고 愛符瑞則矯誣之士을 求之니 凡有愛者난 皆情之偏이오 性之蔽也ㅣ라.

107. 同美相妬하며

[張註]：女則, 武後, 韋庶人, 蕭良娣ㅣ是也오 男則, 趙高, 李斯ㅣ是也ㅣ라.

108. 同智相謀하며

[張註]：劉備, 曹操, 翟讓, 李密이 是也ㅣ라.

109. 同貴相害하며

[張註]：勢相軋也ㅣ라.

110. 同利相忌하며

[張註] : 忌난 相刑也ㅣ라.

111. 同聲相應하며 同氣相感하며

[張註] : 五行五氣五聲이 散於萬物하야 自然相感應也ㅣ라.

112. 同類相依하며 同義相親하며 同難相濟하며

[張註] : 六國이 合從而拒秦하고 諸葛이 通吳而敵魏난 非有仁義存焉이오 特同難耳라.

113. 同道相成하며

[張註] : 漢承秦後하야 海內凋弊라 蕭何ㅣ以淸靜涵養之러니 何ㅣ將亡에 念諸將이 俱喜功好動하야 不足以知治道하고 時에 曹參이 在齊하야 嘗治盖公黃老之術하야 不務生事故로 引參以代相이라.

114. 同藝相規하며

[張註] : 李酉益之賊扁鵲과 逢蒙之惡后羿是也ㅣ니 規者난 非之也ㅣ라.

115. 同巧相勝하나니

[張註] : 公輸子九攻과 墨子九拒ㅣ是也ㅣ라.

116. 此乃數之所得이니 不可與理違니라

[張註] : 自同志下로 皆所行을 所可預知니 智者난 知其如此하야 順理則行之하고 逆理則違之라.

117. 釋己而敎人者난 逆하며 正己而化人者난 順이니

[張註] : 敎者난 以言이요 化者난 以道라 老子ㅣ曰法令滋彰하고 盜賊多有난 敎之逆者也오 我無爲而民自化하고 我無欲而民自朴은 化之順者也ㅣ라.

118. 逆者난 難從이로 順者난 易行이라 難從則亂하고 易行則理니

[張註] : 天地之道ㅣ 簡易而己오 聖人之道ㅣ 簡易而己니 順日月而晝夜之하고 順陰陽而生殺之하고 順山川而高下之난 此ㅣ天地之簡易也오 順夷狄而外之하고 順中國而內之하고 順君子而爵之하고 順小人而役之하고 順善惡而賞罰之하고 順九土之宜而賦斂之하고 順人倫而序之난 此ㅣ聖人之簡易也ㅣ라 夫烏獲이 非不力也ㅣ나 執牛之尾하고 而使之郤行則終日에 不能步尋丈호되 及以環桑之枝로 貫其鼻하며 三尺之綯로 繫其頸이면 童子도 服之하고 風於大澤에 無所不至者난 盖其勢順也ㅣ라.

119. 如此면 理身理家理國이 可也ㅣ니라

[張註] : 小大不同이나 其理則一이라.

원문: 安禮

위노주에만 있는 문장

102. 務善策者난 無惡事하며 無遠慮者난 有近憂니라 이후는 위노주에는 없으며
다음과 같은 내용이 있다.

魏103. 夫勇者可令進鬪 不可令持堅

[魏註]: 堅者 堅守.

魏104. 重者可令固守 不可令凌敵

[魏註]: 重 仁德深重是也.

魏105. 貪者可令攻取 不可令分財

[魏註]: 既能貪財 必能亡命.

魏106. 廉者可令主守 不可令進取

[魏註]: 孤守清潔 難與衆合.

魏107. 信者可令持約 不可令應變

[魏註]: 執情守信 必無變通也.

魏108. 五者各令隨其才而消息之 即無不亨也

右第六章은 言安而履之之謂禮라

<참고문헌>

1. 논어. 명문당. 서울. 1976
2. 대학. 대학 중용 부언해. 학민출판사 영인. 대전. 1990.
3. 맹자. 명문당. 서울. 1976
4. 비서삼종(황석공소서). 신태삼, 세창서관. 서울. 1966
5. 서전(書傳) 부언해(附諺解). 학민문화사영인. 대전. 1990
   권1:요전(堯典), 순전(舜典),
   권2:상서(商書) 이훈(伊訓), 주서(周書) 태서(泰誓) 上,
6. 시경(詩經). 명문당. 서울. 1983. 국풍(國風) 四, 鄘風·相鼠,
7. 시전(詩傳) 부언해. 학민문화사 영인. 대전. 1990. 권三 생민지십(生民之什)
8. 예기 권4. 학민문화사. 대전. 1990. 제24권 孔子閒居
9. 주역집주. 명문당. 서울. 1978.
10. 중용(原本備旨中庸集註). 明文堂. 서울. 1976.
11. 李一民. 道藏 第11冊. 道德經古本篇 卷下 11-485. 文物出版社 上海書局 天津古籍出版社.
12. 四部備要. 中華書局 中國書店 影印. 北京. 1989.
    제15책 史記, 제16책 전한서(前漢書), 권39 조참전(曹參傳),
    제53책 묵자 권13 공수(公輸), 노문(魯問), 제53책 문자(文子),
    제55책 文中子 中說 卷第一 王道篇
13. 上海書店編. 二十五史. 上海古籍出版社. 上海. 1994. 史記卷九十二 淮陰候列傳第三十二.
14. 中國史籍精華譯叢編委會. 中國史籍精華譯叢(左傳 戰國策 史記 漢書 後漢書). 靑島出版社 外. 1995.
15. 중문대사전편찬위원회. 중문대사전 권1. 중국문화대학출판부. 대북. 민국74년
16. 黃石公. 毛佩琦 主編. 李安安 譯注. 素書全集. 中國紡織出版社. 北京. 2012
17. 고문진보 후집 권7. 전통문화연구회. 동양고전종합DB. http://db.juntong.or.kr
18. 국사편찬위원회. 조선왕조실록. http://sillok.history.go.kr.
19. 권홍우. 1942년 미드웨이 해전. 오늘의 경제소사. hongw@sedaily.com 서울경제 2020년 6월 5일 금요일 31면
20. 승정원일기. 한국고전DB. sjw.history.go.kr.
21. ≪三略直解≫解題, 金成愛, 동양고전종합DB db.cyberseodang.or.kr › PopBookInfo 참조
22. 임용한. 일본함대의 오판. [임용한의 전쟁사] 〈92〉. 동아일보 dongA.com
23. 한국학중앙연구원. 한국민족문화대백과사전. encykorea.aks.ac.kr.
24. [네이버 지식백과] 문중자 [文中子], 왕통 [王通] (두산백과)
25. 百度百科 baike.baidu.com

색인

(ㄱ)

감림부주법	45
거섭(居攝)	22
걸(傑)	22
곤이지지(困而知之)	29
공수자	193
관숙(管叔)	24
관우	133
관중(管仲)	34, 35, 37, 38, 52, 126
관포지교(管鮑之交)	35
괄낭(括囊)	63
구괘(姤卦)	126
군기(軍機)	58, 59
굴원(屈原)	104
권(權)과 경(經)	59
권도(權道)	59
급암(汲黯)	151
기(機)	16

(ㄴ)

남궁 괄(南宮 适), 산의생(散宜生), 태전(太顚), 굉요(閎夭)	182
남자(南子)	24
노기(盧杞)	76, 81, 85, 86, 120
노자 도덕경	13

(ㄷ)

당요의 절검(唐堯之節儉)	144
당현종	187
도목지상(徙木之賞)	40
도척	183
도척(盜跖·盜蹠)	185

(ㅁ)

면강이행지勉强而行之	29
명독(鳴犢)	164
문왕 팔괘도	4
문자(文子)	200
문중자 (文中子)	135
미드웨이 해전	117
미자거상(微子去商)	164

(ㅂ)

박학절문博學切問	28
발종 지시(發縱指示)	79
번쾌(樊噲)	82
법이 쇠털 같다	43
변설	45
복희	4
봉몽	193
봉천(奉天)의 난	84
부인(婦人)의 인(仁)	127
불폐(不廢)	23
불회(不回)	23
붕당론(朋黨論) 歐陽脩	183

(ㅅ)

사마광의 德勝才, 才勝德	59
사복시	43
사인(私人)	119
산군(山君)	77
상(常)	74
상앙(商鞅), 상군(商君)	35, 37, 39, 40, 43
상도(常道)	59

상서 이훈	10	유비와 조조	187
서(恕)	47	유왕불회(惟王不會)	45
서전	89	유장	128
서충(鼠蟲)	12	육지	122
석현(石顯)	151	육지(陸贄)	119, 120, 122
성공과 실패의 수	14	의(義)	11
소백(小白)	34	이교	2
소하(蕭何)	79	이대기시(以待其時)	15
수서(首鼠)	63, 99	이봉길(李逢吉)	150
시황제	2	이세민	21
신경진(申景禛)	51	이윤	176
신억만(臣億萬)	183	이윤, 백이, 유하해, 공자 비교	179
신자후(躬自厚)	123	이윤(伊尹)	178
신책군(神策軍)	173	이이행지(利而行之)	29
심홍양	35	이임보(李林甫)	85
십년생취(十年生聚)	103, 145	이회(李悝)	145
		이회광(李懷光)	80
(ㅇ)		인작(人爵)	129
안연	176	일모도원(日暮途遠)	103
안이행지安而行之	29	일이(一異)	20
역린(逆鱗)	110		
역행 근호인(力行 近乎仁)	29	(ㅈ)	
연횡책	189	자(慈)	10
오자서(伍子胥)	102	자애(自愛)	159
오패(五覇)	34, 38	장구령(張九齡)	107, 109, 111
옹치(雍齒)	132	장량	2
와신상담(臥薪嘗膽)	103	장상영	6
왕안석(王安石)	121	장자방	1
왕통 [王通]	136	적양과 이밀	187
우선객(牛仙客)	106, 114, 115	전교(傳敎)	12
원재	76	절욕(折辱)	94
위서인	105	정(正)과 변(變)	59
유비	133		

정관(貞觀)의 치(治)	21	(ㅍ)	
제갈량(諸葛亮)	52, 80, 189	팔관십육자	150
조간자	163	팔괘도	4
조살명독(趙殺鳴犢)	163	팔원팔개	176
조조	133	팔원팔개(八元八凱)	176
조참(曹參)	192	편작	193
조획(鳥獲)	197	평준법(平準法)	146
존왕양이(尊王攘夷)	35	평진후(平津侯)	148
주 무왕(武王).	182	폭학(暴虐)	138
주공(周公)	24		
준(俊)	19	(ㅎ)	
중니거노(仲尼去魯)	165	하덕下德	13
지치 근호용知恥 近乎勇	29	학이지지學而知之	29
		한육견척(韓陸見斥)	86
(ㅊ)		합종	189
참(讒)	102	허로(虛勞)	27
창해역사	2	혜(惠)	10
채숙(蔡叔)	24	혜인(惠人)	51
천작(天爵)	129	호(豪)	21
충(忠)	102	호학 근호지(好學 近乎知)	29
측은(惻隱)	10	홍공(弘恭)	151
측천무후	105	황석공(黃石公)	1, 5
침기(侵欺)	122	황천무친(皇天無親)	67
		회남왕 유장(劉長)의 사건	148
(ㅌ)		회남왕(淮南王)	147
태평공주	105		

저자: 한의학 박사 **김태희** 약력

경희대학교 한의과 대학 한의학과 졸업
동 대학교 대학원 석사,박사 졸업(원전의사학전공)
  박사학위논문:내경의 맥진과 후대 의가설의 비교연구
동 대학교 부속한방병원 한방내과전문의과정 수료
전 상지대학교 한의과대학 교수
  동 대학교 한의과대학 학장
  동 대학교 부속한방병원 병원장
전 경원대학교(현가천대학교) 한의과 대학 교수
  동 대학교 부속서울한방병원 병원장
전 한의진단학회 회장
전 김태희한의원 원장

■ **황석공 소서素書**

인　쇄: 2020년 11월 09일
발　행: 2020년 11월 11일
저　자: 김태희
발행인: 안병준
발행처: 우공출판사
주　소: 서울 중구 을지로14길 12
전　화: 02-2266-3323
팩　스: 02-2266-3328
등　록: 301-2011-007
등록일: 2011년 1월 12일

값 22,000원

ISBN 979-11-86386-20-0 93140

@우공출판사